現代言語学入門 4 ―― 意味と文脈

現代言語学入門 4

意味と文脈

金水 敏・今仁生美……著

岩波書店

《現代言語学入門》のねらい

　今この本を読んでいるみなさんは,「言語学」についてこれまでどのような印象をもってきただろうか．ことばに関心があるからこそ，このような本を手にとったのだろうし，他にもことばをテーマにした本はたくさん出版されていることはご存じだろう．しかし，ことばが「理論的な」研究の対象になり，それを職業にする人までいるということなどは知らなかったかもしれないし，そもそも理論的な研究ということに関心をもつこともなかったのではないだろうか．

　日本の大学にも，国語や日本語，英語などの外国語に関する学科はたくさんある．けれども，言語の理論的な研究をおもな目的とする学科というものは少ないし，あってもあまり知られていない．そこで，この「現代言語学入門」シリーズは，言語学とは，とくに理論的な言語学とは，いったいどのようなことをするのか，今までにどのようなことがわかってきたのか，これから何をしなくてはいけないのか，という問題を中心にして，言語の理論的な研究に興味をもっていただくために，初歩的なことから説明をしていくものである．

　言語学の入門書がたくさんある中で，屋上屋を架けることにならないように，このシリーズは一味違う線をねらった．単なる総花的な概説（「眺める言語学」）や外来の理論の解説（「また聞きの言語学」）ではなく，身近な問題を実際に分析する力の養成（「自らやる言語学」）である．題材をどうやって見つけたらいいのか，どうすれば言語の研究者になれるのか，自分の言語に対する興味を学問レベルにまでもっていくにはどうしたらよいのか，そういう素朴な疑問に対して，具体的かつ実践的に解説し，アドバイスを与えることをめざした．その意味では，シリーズ全体が言語学の方法論について何らかの形で語っていると言える．

　対象とする読者はおもに大学の学部生だが，言語そのものを専攻する学科の学生に限らず，英語教育，日本語教育，言語情報処理など，言語に関係のある学科の教科書，サブテキストとしても使えるはずである．また，中学・高校以上の，ことばに関する教育の現場にいる人々の役に立つこともねらっている．

言語の研究というと,「文科系」の学問という見方がまだ強いかもしれない．今，この本を手にとっている読者の中にも，高校・大学と「文科系」の道を歩んできたという人も多いだろう．そういう人は，このシリーズで，科学的な研究とはどういうものかを是非学んでほしい．言語学の中でも比較的理論化の進んでいる分野を扱うのも，論理的に物事を考えることに重点を置き，題材を自分できちんと分析できるようになることを目標としたからである．論理的思考というのは暗記の産物ではないので，あらかじめ覚えておかなければならない知識はほとんどない．また，必要なのは，一部の天才しかもち得ない名人芸ではなく，体系的な訓練と論理的な思考を面倒くさがらないいささかの忍耐力である．先輩が少し手の内を見せてやれば，まねしてできるような部分があるので，きちんと勉強すれば誰にでもマスターできる．それによって，理論にはどのようなステップがあるのか，それをどのように追っていけばよいのかということを学んでいける．巻によっては，数式が登場することもあるが，それらは十分な説明を加えた上で導入されるので，高校で習ういわゆる文科系向けの数学程度の知識で十分読めるはずである．

　言語学が分析の対象とする言語の数は多いが，特定の言語のみに見られる現象よりは，人間の言語一般に見られる共通性・普遍性にこそ興味深いことが観察されるものである．そこでこのシリーズでは，逆説的だが，例として取り上げる言語は日本語を中心にした．実際，人間の言語に一般に見られる現象は，そのほとんどが日本語でも観察されるのである．また，それ以上に大切な理由は，他人の説を鵜呑みにするのでなく，自分で現象を観察しながら理論を作っていけるようになるために，例文などの判断が母語話者としてできるということが決定的に重要だからだ．つまり，他人の研究をただ眺めるのでなく，自ら実践するためには，自分の母語を分析するのが一番よいのである．理論的な分析がきちんとできていれば，そこから普遍性に広がっていけるはずである．

　このシリーズは全体で5巻の構成とし，第1巻で一般的な方法論を述べた後，第2巻で音韻論，第3巻で統語論と形態論の一部，第4巻で意味論と語用論(運用論)，第5巻で計算言語学というように，いちおう，言語学の伝統的な下位区分に沿った内容の巻が続く．けれども，このような構成はあくまでも便

宜的なもので，シリーズ全体を通して，ことばの研究の面白さを感じとっていただくのがねらいである．また，理論的な研究をするのにも，題材も道具立てもけっして特殊なものでなく，常識的なものであるということを体得していただこうと思っている．したがって，全体を通読すれば，言語学のさまざまな分野で，基本的には同じ手法が用いられていることが納得できるのではないかと思う．

各巻は，基本的に編集委員の一人が著者（の一人）として自ら執筆し，一人ないし二人で，全体を一貫した統一的な視点で書くようにした．そのために，著者の個性が強く感じられる部分もあるかもしれないが，それはこのシリーズの特徴であると考えてほしい．言語学の全体像を語るには，のべ5冊の書物をもってしてもけっして十分ではないが，いささか自負して言えば，このシリーズは量より質をとって，基本的なことがらを精選し，言語学の核心を伝えることに重点を置いたのである．

以下に各巻の概要をまとめておく．

1 『言語学の方法』
　言語学とはどういう学問で，何をめざすのか，その全体像を示した後，現象をとらえ，理論的な仮説を立て，それを検証するプロセスを一歩一歩具体的に解説する．自ら考え，理論を組み立て，データの分析，統計処理，などの技術を習得しながら言語学の方法を身につけていけるようにした．

2 『日本語の音声』
　日本語のさまざまな音声現象を分析する過程を通して，音韻論および言語学の基本的な考え方や分析方法を解説する．独学でも読めるレベルに抑えながら，日常使う日本語の身近な音声現象を題材として，そこに潜む規則性を見つけ，さらに一般的な法則，原理を発見することの面白さを示した．

3 『単語と文の構造』
　言語学で中心となる文法構造の基礎をわかりやすく解説する．統語理論をただ紹介するのではなく，単語や文の成り立ちを，一歩一歩納得してもらいながら，解き明かしていく．とりわけ日本語の構造について最新の成果をもとに具体的に説明するとともに，一定の手続きにより，日本語の文法

構造を取り出す面白さを示す．日本語と他の言語との共通性と相違点も見る．

4『意味と文脈』

最近研究の進展がめざましい意味と文脈(談話構造)について，基本事項を解説する．語や文のもつ意味とは何か，それをどうとらえるのか，また複数の文にわたる言語現象をどう捉えるのか，辞書と文法で決まる言語表現の文字どおりの「意味」と文脈によって決まる「言外の意味」との関係を豊富な例をもとに具体的に解説する．

5『言語とコンピュータ』

多様な言語現象に関する大量のデータを扱うのに不可欠なコンピュータの利用を，言語データの集成と分析に即して解説する．さらに進んで，自然言語処理の基本を体験し，人間とコンピュータの違いを理解した上で，コンピュータの可能性と限界を正しく認識し，賢く利用する方法を身につける．

各巻には，基本的な練習問題に加えて，ときには卒業論文や修士論文などの，より発展した研究にも結びつく可能性のある問題を演習問題として用意した．著者たちによる問題の選択を通して，言語学では何が重要で興味深いテーマとされるのかという雰囲気をわかっていただきたいと思う．また，このシリーズのような入門書をこえてさらに深く勉強したいと思う読者のために，読書案内という形で参考書を紹介しておいたので，一人歩きに自信がついたころに取り組んでいただきたい．

1999年4月

編集委員　窪薗　晴夫
　　　　　郡司　隆男
　　　　　田窪　行則
　　　　　橋田　浩一

はしがき

「意味」は，私たちの日常生活の中で，とてもなじみの深い言葉である．この交通標識の意味は何だったか，彼の（彼女の）別れ際のことばにはどんな意味があったのか，あの意味ありげな目つきには本当に意味があるのか，ないのか，大学に入って，就職して，結婚して何の意味があるのか，そもそも人生の意味って何だろう……私たちは，日々，意味を考え，意味に悩みながら暮らしていると言えよう．

言語学においても，もちろん意味は大問題である．音韻論（音の研究）や統語論（文法の研究）も，音や文の構造によってどのように意味が変わるかという観点で研究するのだから，結局言語学の研究はすべて意味の問題に結びついている．意味に寄りかかって研究していると言ってもよい．ところが，いざ，語や文から意味そのものを取り出して研究しようとすると，たちまち困難にぶつかってしまう．

その困難の理由は，大きく言って二つある．一つは，日常的な言語を使って日常的な言語の意味を説明することの困難さである．これは私たちが日々体験していることだが，わからない言葉の意味を言葉で説明するのはたいへんむずかしい．喩えて言えば，石斧で石を割るようなもので，むりやり割ってもどっちが割れるかわからないし，どちらも砕けてしまうかもしれない．

もう一つの困難さは，意味の正体があまりにも茫漠としているという点にある．第1章で詳しく触れるが，意味の正体とは，結局，我々をとりまく世界，世界を理解する私たちの心，そして心と心の間に交わされるコミュニケーションそのものである．世界とは，心とは何か．それはどのような構造をしているのか．またコミュニケーションとは何か．それはどのように可能であり，どのように不可能であるのか．これらはいずれも人類にとって永年の難問であり，誰一人完全な解答を持ち合わせてはいない．

このように言語の意味の探究は，あらかじめ相当な困難が約束されていると

言ってよいが，先輩の言語学者たちは，なんとか解決の糸口を見出そうと，さまざまな工夫を凝らしてきた．その工夫の，一つの軸が**形式意味論**である．形式意味論では，世界は集合論的なモデルに，文は代数論的な手続きによって論理式に置き換えられる．ここでは，文の意味は数学的な論理システムとして取り扱われるので，日常言語を用いて日常言語を説明する困難は取り除かれる．本書では，第2章がこの形式意味論の導入に，第3章がその自然言語への本格的な適用と実践に当てられている．

形式意味論は，近年特に発達を見た強力な意味の理論であり，現在も着々と成果を挙げつつある．しかし，形式意味論では捉えにくいにもかかわらず，日常的には非常に重要な意味の問題があることもしだいに明らかになってきた．それはつまるところ，コミュニケーションと，人間の心に深く関わる問題でもあった．なぜなら，形式意味論は文と世界との対応関係のみから意味の問題を取り扱っているのであり，コミュニケーションや人間の心の特性などはとりあえず棚上げされていたからである．コミュニケーションに関わる意味の問題は，伝統的に**語用論**と呼ばれている．また，人間の心の特性から意味の問題にせまるアプローチは，近年では**認知意味論**と呼ばれている．本書の第4章では，形式意味論の限界について概観し，第5章では主として語用論的な研究を，第6章では認知意味論的なアプローチを紹介していく．

形式意味論の研究が進むにつれ，今ひとつ明らかになってきた問題が，本書のもう一つのキーワードである**文脈**の取り扱いである．形式意味論は伝統的な論理学の枠組みに基づいて，単文の意味を中心に研究が進められてきたが，単文を見ているだけでは解決の付かない**照応**や**前提**などの問題がしだいに注目を集めるようになった．これらの文を越える意味の問題は，文脈，より詳しく言えば，文を包む**談話**や**発話状況**が，文の意味を支える重要な因子であるという事実を指し示している．談話や発話状況に対するアプローチは形式意味論の立場からも，語用論的・認知意味論的な立場からも進められている．前者の代表として，本書では3.3節で談話表示理論を取り上げる．また後者の代表として，5.3節で関連性理論を，また第7章でメンタル・スペース理論を導入する．

さて，どうも出だしから意味研究の困難さを強調しすぎて，これから勉強を

始めようとする皆さんの意欲をかえって萎えさせてしまったかもしれない．しかし，問題は困難であればあるほど，取り組み甲斐もあるというものである．それは私たちにとって，簡単にはかなえられないが永遠の夢である，宇宙への大冒険にも似ている．本書は，皆さんに送る，意味の大宇宙への招待状である．といって，何の準備もなしに皆さんをロケットに乗せて宇宙に放り出すわけにもいかない．本書では，地道な地上訓練や，ロケットの仕組みに関する学習を積み上げる一方で，随所に楽しい（あるいはちょっと苦しい？）本番さながらのシミュレーションも配し，宇宙飛行士の卵ぐらいには育っていけるよう精一杯工夫したつもりである．あとは，読書案内や参考文献に挙げた諸先輩方の研究に導かれ，さらにはそれらを踏み越えて，雄々しく意味の大宇宙へと旅立っていただきたい．

最後に，本書の成立過程について，簡単に触れておく．1.1節，1.2節と第4章から第7章までは金水が，1.3節から第3章までと付録は今仁が担当した．著者たちは単に分担の責を果たすだけではなく，とかく水と油になりがちな形式意味論と語用論，認知意味論をできるだけなめらかにつなげ，お互いが関連した学問であることを理解していただけるよう，執筆の各段階で話し合い，各章間の関連づけを工夫してみた．なお，本書の企画の段階から，編集委員の田窪行則氏と郡司隆男氏に基本的なコンセプトを提供していただくとともに，執筆の各段階で貴重な示唆を賜った．5.1節，5.2節は，田窪(1988)における田窪行則氏の用例や観察に多くを負っている．九州大学大学院の高井岩生氏には，第2,3章の原稿の初期段階で有益なコメントをいただいた．また，宝島格氏には付録の部分を通読していただき，重要なご指摘をいただいた．特に郡司隆男氏はドラフトを通読の上，懇切にして膨大なコメントを著者たちに与えてくださった．それらはいずれもきわめて適切かつ重要なもので，本書が一定の水準を保てているとすれば，それは郡司氏の貢献によるところが大きいと言うべきである．とはいえ，構成のまずさ，不適切あるいは曖昧な記述，誤解，誤記なども残されていると思うが，言うまでもなくそれらは偏に著者たちの責任に帰せられるべきものである．

さて，著者たちは日常的な研究教育活動と私生活の合間を縫い，正月も返上

して，決して楽ではない執筆を続けてきたが，その過程の中で，学生諸君，同僚・共同研究者の方々に対して多大なご迷惑をおかけしてきた．この場をお借りして，皆様の忍耐に対し深い感謝を捧げたい．また，よろよろと迷走しながらも本書が刊行に漕ぎ着けられた陰には，岩波書店の桑原正雄氏のねばり強いお励ましの力が大きかったことも申し添えておく．

2000年2月

西宮と多治見にて

金 水　　敏

今 仁 生 美

目次

《現代言語学入門》のねらい ・・・・・・・・・・・・・ v
はしがき・・・・・・・・・・・・・・・・・・・・・ ix

1 〈意味〉への接近・・・・・・・・・・・・・・ 1
1.1 意味と世界・・・・・・・・・・・・・・ 1
1.2 〈意味〉の意味・・・・・・・・・・・・ 5
 (a) 心的映像・・・・・・・・・・・・・・ 6
 (b) 辞書の記述・・・・・・・・・・・・・ 7
 (c) 指 示・・・・・・・・・・・・・・・ 7
 (d) 価値的意味と文体差・・・・・・・・・ 8
 (e) 臨時的・動的意味・・・・・・・・・・ 9
 (f) 発話の意図・・・・・・・・・・・・・ 10
 (g) 語より小さい単位の意味・・・・・・・ 11
1.3 語の意味論・・・・・・・・・・・・・・ 11
 (a) 同義語・・・・・・・・・・・・・・・ 11
 (b) 同音異義語と多義語・・・・・・・・・ 13
 (c) 曖昧性と漠然性・・・・・・・・・・・ 16
 (d) 意味素性・・・・・・・・・・・・・・ 17
1.4 文の意味論・・・・・・・・・・・・・・ 19
 (a) 含意と前提・・・・・・・・・・・・・ 19
 (b) 照応関係・・・・・・・・・・・・・・ 23
 (c) 真理条件的意味論・・・・・・・・・・ 25
読書案内・・・・・・・・・・・・・・・・・ 26
演習問題・・・・・・・・・・・・・・・・・ 26

2 論理と意味・・・・・・・・・・・・・・・・ 29
2.1 形式意味論と論理システム・・・・・・・ 30

目次

- 2.2 命題論理 34
  - (a) 論理式の定義(統語部門) 35
  - (b) 真理関数としての結合子の定義(意味部門) 36
  - (c) 選言と連言 39
  - (d) 含意 42
- 2.3 述語論理 44
  - (a) モデル理論 44
  - (b) 述語論理と自然言語 47
  - (c) モデルと真理条件 51
  - (d) 量化子 54
  - (e) スコープ 57
  - (f) 論理式の定義(統語部門) 59
  - (g) モデルに基づく定義(意味部門) 62
  - (h) Tarski による真理の定義 64
- 読書案内 66
- 演習問題 67

3 自然言語の形式意味論 69

- 3.1 構成的意味論 69
  - (a) 構成性原理 69
  - (b) 関数適用 73
  - (c) 構成的意味論 78
  - (d) PTQ における名詞句の扱い 81
  - (e) λ演算子 84
  - (f) 意味公準 88
- 3.2 一般量化子理論 90
  - (a) 量化子としての名詞句 91
  - (b) 一般的な制約 93
  - (c) 単調性 95
- 3.3 談話表示理論 97
  - (a) 談話表示理論の枠組み 98

（b）ロバ文 ･････････････････････････ *101*
　　　（c）Eタイプ代名詞および談話表示理論の問題点 ･･･ *104*
　3.4　内包と可能世界 ･･････････････････････ *109*
　　　（a）内包と外延 ･････････････････････ *109*
　　　（b）可能世界と様相論理 ･･････････････････ *112*
　読書案内 ･････････････････････････････ *116*
　演習問題 ･････････････････････････････ *117*

4　状況・文脈・認知と意味 ･･･････････････ *119*

　4.1　形式意味論の限界 ･････････････････････ *119*
　4.2　直　　示 ････････････････････････ *122*
　4.3　日本語の指示詞 ･････････････････････ *127*
　読書案内 ･････････････････････････････ *130*
　演習問題 ･････････････････････････････ *130*

5　発話とコミュニケーション ･･･････････････ *133*

　5.1　言語行為論 ･･･････････････････････ *133*
　　　（a）遂行的な文と叙述的な文 ････････････････ *133*
　　　（b）遂行分析 ･････････････････････ *135*
　　　（c）言語行為の分類と発話の力 ･･･････････････ *137*
　　　（d）適切性条件 ･････････････････････ *138*
　　　（e）間接言語行為 ････････････････････ *139*
　5.2　協調の原理と会話の含意 ･･･････････････････ *141*
　　　（a）協調の原理 ･････････････････････ *141*
　　　（b）量の原則 ･････････････････････ *143*
　　　（c）質の原則 ･････････････････････ *145*
　　　（d）関連性の原則 ････････････････････ *146*
　　　（e）様式の原則 ･････････････････････ *147*
　　　（f）会話の含意とその取り消し ･･･････････････ *148*
　　　（g）協調の原理の意義と限界 ････････････････ *150*

xvi　目　次

　5.3　関連性理論　　　　　　　　　　　　　　　　　　　　　151
　　（a）　関連性理論とは　　　　　　　　　　　　　　　　　151
　　（b）　関 連 性　　　　　　　　　　　　　　　　　　　　152
　　（c）　関連性の原理　　　　　　　　　　　　　　　　　　153
　　（d）　表意と高次表意　　　　　　　　　　　　　　　　　155
　　（e）　推　　意　　　　　　　　　　　　　　　　　　　　157
　　（f）　手続き的意味　　　　　　　　　　　　　　　　　　158

　読書案内　　　　　　　　　　　　　　　　　　　　　　　　159
　演習問題　　　　　　　　　　　　　　　　　　　　　　　　160

6　世界の認識と意味　　　　　　　　　　　　　　　　　　161

　6.1　カテゴリーが表すもの　　　　　　　　　　　　　　　161
　　（a）　古典的カテゴリー　　　　　　　　　　　　　　　　161
　　（b）　自然言語のカテゴリー　　　　　　　　　　　　　　162
　　（c）　プロトタイプ的カテゴリー　　　　　　　　　　　　164
　　（d）　プロトタイプ効果を示す言語表現　　　　　　　　　165
　　（e）　理想認知モデル　　　　　　　　　　　　　　　　　166
　　（f）　フレーム，スキーマ，スクリプト　　　　　　　　　167
　　（g）　基本レベル・カテゴリー　　　　　　　　　　　　　168

　6.2　メタファー論　　　　　　　　　　　　　　　　　　　170
　　（a）　比喩の機能　　　　　　　　　　　　　　　　　　　170
　　（b）　日常言語とメタファー　　　　　　　　　　　　　　170
　　（c）　メタファーと理解　　　　　　　　　　　　　　　　172
　　（d）　方向づけのメタファー　　　　　　　　　　　　　　175
　　（e）　想像上の運動・変化　　　　　　　　　　　　　　　177

　6.3　メトニミー論　　　　　　　　　　　　　　　　　　　178
　　（a）　メトニミーの機能　　　　　　　　　　　　　　　　178
　　（b）　メトニミーのヴァリエーション　　　　　　　　　　179
　　（c）　なぜメトニミーか　　　　　　　　　　　　　　　　181

　6.4　認知と文法　　　　　　　　　　　　　　　　　　　　183
　　（a）　文法概念のプロトタイプ理論　　　　　　　　　　　183

（b）作用連鎖・・・・・・・・・・・・・・・　*186*
　　　（c）文　法　化・・・・・・・・・・・・・・・　*188*
　6.5　意味と人間くささ・・・・・・・・・・・　*190*
　読 書 案 内・・・・・・・・・・・・・・・・・・・　*193*
　演 習 問 題・・・・・・・・・・・・・・・・・・・　*193*

7　意味から談話の構造へ・・・・・・・・・　*195*
　7.1　メンタル・スペース理論とは何か・・・・　*196*
　7.2　語用論的関数とアクセス原則・・・・・・　*197*
　7.3　スペースとコネクター・・・・・・・・・　*200*
　7.4　透明/不透明性・・・・・・・・・・・・・　*203*
　7.5　言表様相/事象様相・・・・・・・・・・・　*204*
　7.6　イメージ・スペースとドラマ・スペース・・・　*207*
　7.7　役　　割・・・・・・・・・・・・・・・・・　*210*
　　　（a）役割と役割関数・・・・・・・・・・・　*210*
　　　（b）役割が産み出す解釈の多様性・・・・・　*212*
　7.8　前　　提・・・・・・・・・・・・・・・・・　*216*
　　　（a）前提をめぐる問題・・・・・・・・・・　*216*
　　　（b）前提の投射・・・・・・・・・・・・・　*217*
　　　（c）表記法と規則・・・・・・・・・・・・　*218*
　　　（d）ケース・スタディ：条件文・・・・・・　*221*
　　　（e）前提投射の一般的性格・・・・・・・・　*223*
　7.9　メタファーの理解・・・・・・・・・・・・　*225*
　7.10　非現実条件文と混合スペース・・・・・・　*227*
　7.11　さらなる意味と文脈の探究に向けて・・・　*231*
　読 書 案 内・・・・・・・・・・・・・・・・・・・　*232*
　演 習 問 題・・・・・・・・・・・・・・・・・・・　*233*

付録　集合論の基本概念 ・・・・・・・・・・・・・・・ *235*
　A.1　集　　合 ・・・・・・・・・・・・・・・・・・ *235*
　A.2　順　　序 ・・・・・・・・・・・・・・・・・・ *238*
　A.3　集合族とべき集合 ・・・・・・・・・・・・・・ *238*
　A.4　関　　数 ・・・・・・・・・・・・・・・・・・ *239*
　A.5　関　　係 ・・・・・・・・・・・・・・・・・・ *242*
　A.6　意味公準 ・・・・・・・・・・・・・・・・・・ *243*

参考文献 ・・・・・・・・・・・・・・・・・・・・・ *247*
索　引 ・・・・・・・・・・・・・・・・・・・・・・ *255*

〈コラム〉　　多義語・同綴異義語と細分化　*15*
　　　　　　ラッセルのパラドクス　*32*
　　　　　　タブロー法　*40*
　　　　　　平行線公理　*46*
　　　　　　構成性原理の是非　*71*
　　　　　　タイプと集合　*79*
　　　　　　PTQ の全体像　*80*
　　　　　　日本語と英語の人称詞　*124*
　　　　　　視点について　*126*
　　　　　　総記の「が」と「量の原則」　*144*
　　　　　　丁寧性の原理　*148*
　　　　　　メタファーいろいろ(1)　*173*
　　　　　　メタファーいろいろ(2)　*177*
　　　　　　Langacker の認知文法　*191*
　　　　　　フォスフォラスとヘスペラス　*205*

〈意味〉への接近

　本章では,本書全体の導入として,意味とは何か,また意味論研究とは何をどのように研究していくのかという問題を概観しておく.まず,本書全体の狙いと構成を述べた上で,一般に考えられている〈意味〉の広がりを確認し,あらためて語の意味,文の意味に接近していくための導入を行う.

1.1　意味と世界

　言語とは,ごく単純化して言えば,音(形)と意味をつなぐ仕組みである.音によって作られる語,句,文といった単位が「入れ物」に喩えられ,意味がそれに盛られる内容物に喩えられることもある.したがって,言語の研究にとって,音とともに意味が重要な研究の対象となることは当然である.ところが音は物理的な現象であり,はっきりとした形を持っているのに対し,意味はとても複雑で曖昧・茫漠としている.近代的な言語学は約200年の歴史を持っているが,それはまず語の形の研究からはじまった.それに対し,意味の本格的な研究はずっと立ち後れ,いまだに発展途上にある.このことも,意味の研究がとてもむずかしいものであることを物語っている.
　意味の研究がむずかしいことの原因は,次のように説明することができる.言語を使ったコミュニケーションを,次のような簡単な図式で捉えてみよう.我々は,我々を取り巻く世界からさまざまな情報を受け取り,考え,組み立て

直した上で，その考えを語や文に載せて相手に伝える．それを受け取った聞き手は，語や文から意味をくみ取り，自分の知識と照らし合わせ，相手の伝えたかったことを理解しようとする．ここで，意味とは，まず世界そのものである．世界はあまりにも膨大であり，さまざまな情報に満ちている．意味の研究のむずかしさは，まず，世界そのものをどう表現するのかという点に求められる．

一方，意味とは，世界から情報を受け取った後，私たちの心の中で起こっている現象であると見ることができる．心の中の現象はすなわち我々の心理や主観の問題であり，客観的な研究対象とすることがたいへんむずかしいのである．たとえば，「犬」という言葉を聞いて我々はなにごとかを心の中に思い浮かべるであろうが，私が思い浮かべた対象とあなたが思い浮かべた対象が同じか異なるか，また異なるとすればどこがどのようにか，ということを説明するのは容易ではない．

また，次のようにも言える．同じ形の語や文が，使用される状況でさまざまに意味を変えるように見えることがある．たとえば次の例を見られたい．

(1)　a. 漱石は1867年に生まれた．
　　　b. 漱石は一番上の棚にある．
　　　c. 山田は漱石をやっている．

ここで，(1a)の「漱石」は人間としての夏目漱石を指し，(1b)の「漱石」は夏目漱石の著作物を指し，(1c)の「漱石」は文学研究の対象としての夏目漱石を指している．これらの「漱石」の指示対象は，お互いに強い関係を持ちながらも，意味をずらせていっている．「漱石」がどの意味で使われているかは，使われている文脈や状況を見なければ判断できないし，見ても曖昧な場合もある．また，「漱石」の使い方が上の(1a–c)で尽きているわけでもなく，どれほどの広がりがあるかもにわかには判断しにくい．このような現象から，意味とは，話し手，聞き手，そしてそれらを取り巻く状況の相互作用の中で生まれるという見方が出てくる．言い方をかえれば，意味は使用の中にあるということになる．語の使用状況もまた茫漠としており，分類・整理がたいへんむずかしいものである．

まとめると，意味とは世界，心(心理・主観)，(言語の)使用にまたがる問題

であり，三者のいずれに中心があるとも決めがたく，またそれぞれが研究対象として扱いにくいものなのである．

また，意味の単位を語と考えるか，文と考えるかという問題がある．語をさらに細分した形態素を意味の単位とする考え方もある．また，語を文に組み上げていく規則である統語論も意味の問題と関わる．統語論は，語の意味と文の意味を仲介する機構であると言えよう．

本書では，文の意味論を一つの中心に据え，文と世界の関係から意味を規定していく．そこで，文の指し示す(refer to)ものを，その文が正しい(真)か，誤っている(偽)かという「値」，すなわち**真理値**(truth value)と考え，文の意味とは，その文を真とするような世界の状態(これを**真理条件** truth condition と呼ぶ)と考えるのである．このような意味論の考え方を，**真理条件的意味論**(truth conditional semantics)と呼ぶ．たとえば図 1.1 を見られたい．図 1.1 はとても小さい世界を表しているとする．

図 1.1　小さな世界

また，次のような文がある．
(2)　a. 猫が走っている．
　　　b. 鼠が寝ている．
　　　c. 動物が走っている．
　　　d. 動物が寝ている．

e. すべての動物が寝ている．

図 1.1 が世界の状態を表しているとき，(2a, c, d) が真であり，(2b, e) が偽である．また逆に，図 1.1 の状態は (2a, c, d) の真理条件に当てはまるが，(2b, e) の真理条件には当てはまらない．

上の例では世界を絵で表したが，世界を要素の**集合**と捉えることもできる．たとえば，図 1.1 の状態は図 1.2 のような**ベン図**(Venn diagram)に表すことができる(ジョン，トラ，チュー太はそれぞれ犬，猫，鼠の名前である)．

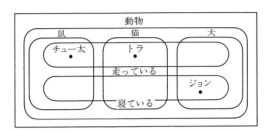

図 1.2　「小さな世界」のベン図

さらに，自然言語の文を一定の規則によって論理式に置き換え，その論理式と集合としての世界との関係を真理条件的に捉えることができる．(3)は，(2)の各文が表す論理関係を論理式で表したものである．

(3) a. $\exists x(\text{猫}(x) \wedge \text{走っている}(x))$
 b. $\exists x(\text{鼠}(x) \wedge \text{走っている}(x))$
 c. $\exists x(\text{動物}(x) \wedge \text{走っている}(x))$
 d. $\exists x(\text{動物}(x) \wedge \text{寝ている}(x))$
 e. $\forall x(\text{動物}(x) \rightarrow \text{寝ている}(x))$

このように，意味の問題を数学的な計算の問題として捉え直したのが，**形式意味論**(formal semantics)である．意味に数学的な形式性を与えることで，近代の意味論は飛躍的に発展したと言ってよい．第 2 章および第 3 章では，この形式意味論の方法をどのように自然言語に当てはめるかという問題を扱っていく．

文と世界との関係がある程度明らかになったとして，意味の心的側面，使用

的側面はやはり見逃すわけにはいかない．一般に，語や文の使用に関する研究を，意味論と対比して**語用論**（pragmatics）と呼んでいる（運用論とも言う）．また，意味の心的な側面からの研究は**認知意味論**（cognitive semantics）と呼ばれるようになってきた．語用論と認知意味論は近年，特に緊密な関係のもとで研究されるようになってきている．本書の後半部，第4章から第7章までは，そのような語用論的，認知意味論的な研究に焦点をあてて解説している．後半部の概観については，4.1節を参照されたい．

形式意味論と語用論・認知意味論は，一見，研究のアプローチがたいへん異なるため，まったく別の研究のように捉えられることがある．また，一方の研究者が他方の研究を軽視ないし無視しようとする傾向もないわけではない．しかし，それぞれは研究の重点の置き所や主たる研究手段が異なるだけであり，意味の総体を捉えるためにいずれもが必要な研究であることは間違いない．また，それぞれの研究を突き詰めていく先には，結局，人間にとって意味とはなにか，コミュニケーションとは何かという本質的な問題が立ち現れてくるのである．

たとえば，アプローチが異なっても，問題が似たところに収斂していく例として，**談話**（discourse）の取り扱いを挙げることができる．文の意味論から出発した形式意味論であったが，ある種の文の意味を取り扱うには，文を越える単位として談話を視野に入れなければならないことが次第に明らかとなり，談話を形式的に扱う枠組みがいくつか提案された．3.3節で取り上げる談話表示理論（DRT）もその一つである．一方，言語の認知的側面を強調した研究からも，談話の構造を動的に取り扱う枠組みが研究されている．第7章で取り上げるメンタル・スペース理論がそれである．これらの二つの研究が，似たような問題を取り扱っているだけでなく，仕組みとしてもよく似た特徴を持っていることはたいへん興味深い．

1.2 〈意味〉の意味

私たちは，日常生活の中で，「意味」ということをよく口にする．「人生の意

味とは何か」「電話しながらおじぎしても意味ないじゃん」などなど．言語に関することに限っても，じつはさまざまな〈意味〉の使い方がある．その〈意味〉の中には，言語研究の対象になりにくいもの，なりやすいもの，またアプローチの仕方がたいへん違ってくるものなどさまざまである．この節では，まず，日常的に用いられていることばの〈意味〉の種類を確かめた上で，言語学の対象になる意味とそうでない意味をふるい分け，前者について，本書の取り扱いを述べておく．

(a) 心的映像

　素朴な意味で，ある語の意味を知っているかどうかを確かめるときに，その語の指す対象を心に思い浮かべることができるかどうかというテストを行うことがある．たとえば「イグアナって知ってる?」と言われて，イグアナの姿が思い浮かべられれば「知ってる」と答えられるわけである．この心に思い浮かべた像を**心的映像**と呼び，語の意味とはすなわち心的映像である，とする考え方がある（心的"映像"と言っているが，視覚的な情報だけでなく，聴覚，触覚など知覚可能な情報すべてを含む）．

　この考え方は，我々の直感に訴える，わかりやすい考え方であるが，言語学で扱うにはさまざまな問題がある．まず，心的映像は基本的に我々一人一人の主観的な体験であり，客観的なデータとなりえない．私の心的映像とあなたの心的映像が同じか異なっているかを確かめる方法がないのである．また，「イグアナ」のように心に浮かべやすいものはよいが，たとえば「考古学」や「幸せ」といった抽象的な概念の場合はどうか．これらの語を聞いて何らかの心的映像（たとえばエジプトの発掘現場や一家団欒の風景など）を思い浮かべるかもしれないが，それが「考古学」や「幸せ」そのものかというと，疑問と言わざるを得ない．助詞の「が」や接続詞の「しかし」などに至っては，何らかの心的映像を思い浮かべることさえむずかしい．だからと言って，「が」や「しかし」に意味がないということになっては困る．

　以上のような理由から，言語学的な意味論研究において，心的映像は直接的な「意味」そのものとしては取り扱われない．しかし，心的映像が含むさまざ

また情報は，語の意味記述に重要なデータとなりうる．心的カテゴリー論やフレーム（スキーマ，スクリプト）論，また認知文法などは素朴な心的映像論を今日的な方法で洗練させた理論と言うこともできるであろう（第6章を参照）．

(b) 辞書の記述

語の意味と言われてまず国語辞典のような辞書を思い浮かべる人も多いであろう．国語辞典の記述の基本は，**同義語**および**上位語・下位語**による言い換えであろう．たとえば次のようなものである．

(4) 同義語 （見出し語「歯医者」に対し）<u>歯科医</u>．
　　 上位語 （見出し語「イグアナ」に対し）ガラパゴス島に棲む<u>トカゲ</u>の一種．
　　 下位語 （見出し語「イグアナ」に対し）<u>陸イグアナ</u>と<u>海イグアナ</u>がある．

その他，上の例の「ガラパゴス島に住む」のような属性記述や，反対語の指定（たとえば「寒い」に対して「「暑い」の反対語」など）も重要であるが，基本的には同義語および上位語・下位語が中心といってよいであろう．1.3節以下で詳しく述べるように，同義語および上位語・下位語は語の意味記述にとって重要な概念であり，厳密な定義を与えることもできる．ただし，国語辞典のような一般的な辞書は，一般的な言語の使用者の常識に訴えて語義を説明するものであり，言語学的な厳密な研究に耐える記述にはなっていない．何より問題なのは，（若干の挿し絵や図表などもあるが）原則として言葉の言い換えに終始しており，原理的に循環的な定義を避けがたいことである．意味論の研究のためには，何らかの形で**指示**(reference)の問題に触れざるを得ないのであり，一般的な辞書に欠けているのも指示の問題である．

(c) 指　　示

意味論の古典的著作であるC. K. OgdenとI. A. Richardsの『意味の意味』(Ogden & Richards 1923)には，**意味の三角形**と呼ばれる次のような図が掲げられている．

(5)

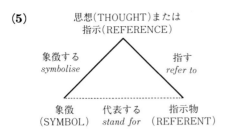

　Ogden と Richards によれば，言語は**象徴**の一種であり，言語の意味とは，言語が人間の思想を介して事物を**指示**する(refer to)作用を言う．そして，指示の対象である**指示物**(referent)は言語外の存在物であり，言語は間接的にしか指示物にたどり着くことができないとしている．しかし，指示の作用がなければ意味の作用としては完全でないこともこの図式は示している．指示の問題を考える場合には，語だけでなく句，文のレベルにわたって指示対象を定義しなければならない．この観点からのアプローチは，形式意味論において全面的に展開されている．詳細は，第2章および第3章を参照されたい．

(d)　価値的意味と文体差

　語は指示的意味だけでなく，文化的，社会的な価値を同時に表す場合がある．たとえば「食べる」と「喰う」は指示的な意味は同じで，同義語と言ってよいが，あきらかにニュアンスが異なる．「喰う」は男性は使えるが女性は使いにくく，男性でも公の席では使いにくい．「喰う」にはぞんざいで乱暴なニュアンスがある．「喰う」は「食べる」の**卑語**と言われることがある．「めし」と「御飯」と「食事」にも同じようなニュアンスの違いがある(ただしこれらの3語は指示的意味も少し違っている)．

　日本語の場合，面白いことに，指示的意味の範囲はよく似ている**類義語**であるものでも，その語が**和語**(日本語固有の語)であるか，**漢語**(漢字音で構成された語)であるか，**外来語**(漢語以外の外国語起源の語，およびこれらの混種語)であるかによって，上に見たような文化的・社会的価値が異なる場合がある．柴田(1976)は次のような組み合わせを挙げている．

(6)

	A	B	C
1	宿屋	旅館	ホテル
2	軽業	曲芸	アクロバット
3	回り道	迂回路	バイパス
4	取り消し	解約	キャンセル
5	思いつき	着想	アイディア

Aは和語，Bは漢語，Cは外来語である．柴田(1976)によれば，一般にAは意味（指示対象）が広く，B,Cの順で狭くなる．物を表す1,2,3の場合はAよりもB，BよりもCのほうが近代的な物を表している．4,5を含めて，AよりもB，BよりもCの方が内容が高等，優秀だという感じを与える，としている．

　ここで見たような〈意味〉の相違は，文体差とも関係している．たとえば公的な文書では「めしを喰う」のような用語はふさわしくないと排除され，「食事をする」のような表現が選ばれるであろう．「腹」「お腹」「腹部」などの語彙では，文体的な選択はより微妙になる．

　「食べる」と「召し上がる」，「見る」と「御覧になる」のような，敬語に類する語彙も，関連する問題を持っているが，敬語の場合は，話し手と指示対象の人物および話し手と聞き手との社会的関係が使用の要因となっている．話し手が選択の基準となるという点で，直示の問題と深い関係を持っている(4.2節参照)．

　文化的・社会的価値に関わる意味の問題は，本書ではこれ以上直接触れるところがないが，〈意味〉の問題を総体的に取り扱うためには，何らかの理論的位置づけが必要であろう．5.3節で触れる関連性理論のような考え方で，文脈処理に対する制約付けの一種として取り扱うことが可能かもしれない．

(e)　臨時的・動的意味

　我々が日常生活の中で，

(7)　イグアナはどこへ行った?

と言うとき，文字通りトカゲの一種であるイグアナ（の特定の1匹）を指し示す場合があるが，それ以外にも，次のような場合が考えられる．

(8) a. 「イグアナ」というあだ名の人物を指す．
    b. イグアナの絵がプリントされたTシャツを指す．
    c. イグアナの絵がプリントされたTシャツを着た人物を指す．

(8a)は一種の**固有名**であり，普通名詞の「イグアナ」と同音異義語の関係になる．これに対し，(8b)や(8c)は，イグアナのイメージをもとにして，臨時的・動的に特定のTシャツや人物を「イグアナ」という語で指し示している．

次のような例はどうか．

(9) 田中にとって家庭は牢獄のようなものであった．田中は一日も早くこの牢獄から出たいと願った．

(9)では，第1文で「家庭」が牢獄に喩えられているので，第2文の「この牢獄」はじつは田中の「家庭」であることがわかる．

(8b,c)は**メトニミー**(換喩)，(9)は**メタファー**(隠喩)と呼ばれる修辞法の一種であり，文脈や状況に依存して動的・臨時的に指示対象が文字通りの意味から変更されている．修辞法と言ってもよぶんな飾りのようなものではなく，メトニミーやメタファーなくしては日常言語が成立しないほど重要な役割を果たしている．第6章で詳しく取り上げる．

(f) 発話の意図

次の対話を見られたい．

(10) A: ねえ，今日は日曜日よ．
     B: え？　どういう意味？

Bの話し手の言う「意味」とは，普通の場合，Aの話者の文字通りの意味(指示的意味)を指しているわけではない．なぜなら，Aの発話の文字通りの意味は真理条件がきわめて明瞭であり，真理値もすぐに判明するからである．Bがわからなかったのは，Aがどういうつもりで，何のために発話しているかという，発話の意図だったのである．発話の意図は，問い返すまでもなくただちに聞き手に伝わる場合が多いが，聞き手がしばらく考えなければわからないこともあるし，誤って伝わってしまうこともある．発話を理解するということの裏には，聞き手の推論が必要とされる．聞き手は話し手の文字通りの発話を受け

取るだけでなく，そこから状況に応じて何らかの推論を行い，その帰結をも含めて相手の意図を判断するのである．このように，日常会話における〈意味〉で重要なのは，発話の文字通りの意味に加えて，推論によってもたらされる文脈的帰結なのであり，文脈的帰結をも含めてわれわれはコミュニケーションを交わしているのである．ここで見た発話の意図に関する問題は，第5章で詳しく検討される．

（g）　語より小さい単位の意味

語の中には，複数の形態素から構成された**複合語**もある．複合語の意味は，形態素の意味を素材としているわけであるが，複合語を構成する形態素の意味と，できあがった複合語の意味との関係は一様ではない．その中には，偶然的・語彙的としか言いようのないものも多い一方で，規則的・文法的なものも多数ある．日本語の例で言えば，ある種の複合動詞（「書き始める」「書き終わる」など），自動詞と他動詞の対応（「切れる」と「切る」など），形容詞の名詞化接辞（「赤い」と「赤さ」など）といったものは，形態素と語の意味の関係に規則的な対応が見られ，言語研究の対象として興味深い．これらの研究のためには，規則性を見出すために**意味素性**を活用したり，ある種の意味表示レベルを仮定するなどして，めざましい成果が挙げられているが，本書ではほとんど触れられない．読書案内[5]を参照されたい．

1.3　語の意味論

これまで意味をさまざまな角度から見てきた．以下では，もう一歩踏み込んで，語や文がどのような意味論的性質をもっているかを具体的に見てみよう．この章ではまず語と文の基本的な意味的現象を扱うことにし，第2章以降では語と文の意味がどのように理論化されるかを解説することにする．

（a）　同　義　語

同義語（synonym）というのは，語形は異なるが，意味が同じである語のこと

である．たとえば，「歯医者」と「歯科医」がそれで，両者は同じ意味を持つ．ここで，「歯医者」と「歯科医」が同じ意味を持つというのは，誰かが歯医者であれば，その人は（必ず）歯科医であるということである．このように，複数の語が同義語かどうかは，それらが同じものを指示するかどうかに基づいて決定される．指示に基づいた同義性は，語のレベルを超えて定義されることがある．たとえば，文が指示するものは「真」または「偽」であるという考えを取るならば，真である文はすべて同義である（偽である文も同様）ということになる．指示に基づいて理論を構築するこの方法は，第3章で述べる形式意味論でフルに活用される．

上位語（hypernym）および**下位語**（hyponym）は，語を分類するときに使われる．たとえば，「犬」は「哺乳類」の下に分類されるので「哺乳類」の下位語である．このとき「哺乳類」は「犬」の上位語である．(11)が示すように，上位語と下位語の入れ換えを行う際，上位語を含む文から下位語を含む文を推論してもよいが（(11a)），その逆の場合は推論の正しさが保証されない（(11b)）．

(11) a. 哺乳類はへそを持つ．だから，犬はへそを持つ．
　　　b. 犬は四本足である．だから，哺乳類は四本足である．

同義語および上位・下位語は，**分析的真理**（analytic truth）という概念とも関係する．分析的真理とは，語の意味に依存して成り立つ真理である．たとえば，

(12) a. 叔父は，男性である．
　　　b. 山田君が独身者であるなら，彼は結婚していない．

は真であるが，これは，語の意味に依存して成り立っている．このような真理は，言語形式のみから成り立つ**論理的真理**（logical truth，たとえば「山田君は独身者であるか独身者でないかだ」は「独身者」の意味とは無関係に常に真である）と区別される．

練習問題 1.1

（i）同義語は，厳密には，どのような文においても常に入れ換え可能な語のことを言う．しかし実際にこのような厳密な意味での同義語を見つけるのはむずかしく，次の対も厳密な意味では同義語ではない．これらの対が入れ換え不可能な場合を考えなさい．

(a) 学生—生徒, (b) 人—人間, (c) 道—道路
(ii) 次の文に関して，それが分析的に真かどうかを考えなさい．
(a) 山田君が係長になれば，彼は管理職につくことになる．
(b) チョコレートは，甘い．

(b) 同音異義語と多義語

同音異義語(homonym)というのは，音形は同じであるが，意味が異なる語のことである．同音異義語には，(同音)同綴異義語と(同音)異綴異義語がある．異綴異義語の例は「話す」と「離す」である．同綴異義語としてよく引き合いに出されるのは，bank(銀行)と bank(土手)である．jam(ジャム)と jam(混雑)も同綴異義語である．辞書では，よく番号をつけて区別される．

さて，理論的な観点から見てすっきりと行かないのは，同綴異義語かどうかをどう判定するかという点である．語源的に見て，二つの語がたまたま同じ語形をもっていることが明らかな場合は迷いなく同綴異義語とされ，実際のところ，辞書の編纂などでは語源が主な基準となっている．たとえば，bank(銀行)と bank(土手)は，語源が異なり，また，明らかに語の意味も異なるので，同綴異義語として扱うことに問題はない．しかし，現実問題として，二つの同綴語の語源が常に判明しているとは限らない．また，一つの語が n 個の意味をもっている場合，それを，n 個の同綴異義語として扱うべきかどうかという問題も生じる．例として(13)と(14)の「犬」を見てみよう．

(13) 犬は，ネコ目イヌ科の哺乳類である．

(14) 犬になって告げ知らせし某(『ひらかな盛衰記』)

(13)の「犬」は，私たちの身近にいる四本足の動物である．しかし，(14)の「犬」は，人の隠し事を嗅いで回る「回し者」の意味であり，なにもだれかが実際に犬に変身するわけではない(現在でも「警察の犬」という言い回しがある)．つまり，(13)と(14)の「犬」は，意味が異なる．もう一例，見てみよう．

(15) 犬が，走っている．

(16) 道路が，走っている．

(15)と(16)の「走る」は，意味が異なる．つまり，道路が走るといっても，犬が走るのとはわけが違う．では，この「犬」や「走る」の例は，同綴異義語の例なのであろうか．

理論的には，二つの考え方がありうる．「犬」を例に取ってみよう．一つは，(13)の「犬」と(14)の「犬」は，語としては一つであるが，それの意味は「犬」という語が置かれる言語環境に応じてイヌ科の哺乳類であったり回し者であったりするという考え方である．この場合，(13)と(14)の「犬」は**多義語**（polynomy）であり，一語と見なされる．もう一つの考え方は，語と意味は一対一に対応しているものであるから，(13)の「犬」と(14)の「犬」は，二つの異なる語なのだとするものである．この場合は，二つの「犬」は同綴異義語であることになる．

多義語
犬　「犬」の意味1＝ネコ目イヌ科の哺乳類
　　「犬」の意味2＝回し者

同綴異義語
犬1　「犬1」の意味＝ネコ目イヌ科の哺乳類
犬2　「犬2」の意味＝回し者

形式意味論では，特に語の意味分析を行っているのでない限り，(13)と(14)の「犬」を同綴異義語とする考え方が暗黙のうちに仮定されている．これは，同綴異義語として見ておいた方が理論が複雑になるのを防ぐことができるという便宜的な理由からである．

ところで，同綴異義語あるいは多義語から区別されるものとして**慣用句**（idiom）がある．慣用句の特徴は，語の組み合わせ方に生産性がないという点である．次の(17)と(18)の「油を売る」や「目が届く」は，慣用句の例である．

(17)　裏の駐車場で，店員が油を売っている．
(18)　目が届くところにいてください．

「油を売る」や「目が届く」の意味は独立している．たとえば，「油を売る」が無駄話をして怠けることであるからといって，「タコを売る」が何かそれとは違う怠け方を表すわけではない．このように，慣用句では，句を形成している語

多義語・同綴異義語と細分化

　ある語が多義語であるとする考えにも同綴異義語であるとする考え方にも，じつは問題点がある．まず同綴異義語とする考え方であるが，ここでは，哺乳類の「犬1」と回し者の「犬2」が区別される．この方法では，語と意味は一対一に対応しているため，理論的には整然としているように見える．しかし，この場合，「犬1」と「犬2」はまったく別の語であることになり，「犬」という一つの語形から複数の意味が派生した点を理論的に捉えることができない．また，コンピュータ科学への応用という観点から見た場合もっと深刻なのは，「犬」という語の数が下手をすると膨大な数になる可能性があるということである．もう一つの考え方，多義語とする方法でも，語が一つの語形として独立している点は理論的に保証されても，今度は意味の数が爆発的に増える可能性が出てくる．

　このように，同綴異義語か多義語かという問題にはしばしば灰色の部分，特に，語あるいは意味の数が爆発する可能性が残ってしまう．これは，現象の細分化あるいは分類をどこまで，また，どうやって押し進めていくかという，より一般的な問題が潜んでいるからである．たとえば，このような逸話がある．古代ギリシアの時代，一人の教師が生徒に「人間」という語の定義をしてみせた．その教師の定義とは，「「人間」とは，二本足で，体には羽毛がなく，歩行する動物である」というものである．いたずらな生徒はどの時代にもいるもので，翌日，その教師が教室に入ると，羽毛を抜かれた1羽の鶏が教室を歩き回っていた…．定義の中に「人間」の諸特徴を増やしていったところで，「人間」の定義はとうていできない．赤ん坊もいれば，凍傷にかかって指をなくした人もいる．この種の細分化の問題は，特に，語の意味を研究対象とする場合，しばしば突き当たる問題である．

　多義語については，第6章の議論も参照されたい．

の本来の意味はほぼ完全に失われている．このため，たとえ慣用句の一部を同義語で置き換えても，慣用句としての働きを失ってしまう．たとえば，「尻尾をつかむ」は慣用句であるが，「尾をつかむ」は慣用句ではない．これに対し，先の「道路が走る」は慣用句とは見なされない．なぜなら，「線路が走る」や「山脈が南北に走る」のように，「走る」と他の語との組み合わせに関してある程度生産性があるからである．第6章も参照されたい．

（c）曖昧性と漠然性

　日常語の「あいまい」という語は，ことばに対してだけではなく，態度や意見に言及する場合にも用いられる．たとえば，「嫌いというわけじゃないけど」と言われると，はっきりしてくれと懇願したくなる．他方，意味論では「あいまい」という語，またさらに「漠然」という語は，以下に述べるような狭い意味で用いられる．

　一つの語形が二つ以上の意味を持つ場合，**曖昧性**（ambiguity）が生じる．たとえば，「円」は，丸い形状と通貨の二つの意味を持っており，この二つの意味に関して曖昧であると言う．

　(19)　円に関する話にはおもしろいものが多い．

(19)では，「円」が丸い形状のものを指すのか日本通貨を指すのかわからない．先の「油を売る」も，実際に油を売る場合と怠ける場合とで2通りに曖昧である．ところで，この「曖昧」という用語は，言語学では広い範囲で用いられる．つまり，一般に，一つの言語形式がn通りの読みを持つ場合，その形式はn通りに曖昧であると言う．(19)の例は語彙的曖昧性を持つ場合であるが，構造的に曖昧な例としては，(20)や(21)のような例がある．

　(20)　大きなリスとネズミが，けんかした．
　(21)　どの人も，七つの癖をもっている．

(20)では，「大きなリス」と「ネズミ」がけんかしたのか，「大きなリス」と「大きなネズミ」がけんかしたのかで，2通りに曖昧である．つまり，統語的に見て，[大きな[リスとネズミ]]という分析の仕方と[[大きなリス]とネズミ]という分析の仕方がある．(21)は，各人がそれぞれ自分なりの癖を七つもってい

るという読みと，人はみんな同じ七つの癖をもっているという読みとがあるので，この場合も2通りに曖昧である．(20)の統語的曖昧性は，統語論で扱われる．(21)の曖昧性はスコープの曖昧性と呼ばれるものであるが，スコープについては，2.3節(e)で解説する．

漠然性(vagueness)というのは，ある事柄が言語表現だけからは特定化できないときのことを指す．たとえば，(22)の例では，何がけんかしているのか，象なのかライオンなのかといったことはわからない．また，(23)では，学生の性別や人数はわからない．

(22) 大きな獣が，けんかしている．

(23) 学生が，居眠りしている．

この例からもわかるように，漠然性は，語のいろいろなレベルにわたって存在する．しかし，漠然性があるからこそ，私たちは，効果的に言語伝達ができるのだと考えることもできる．伝達行為における文の曖昧性・漠然性とその解消については，5.3節を参照されたい．

練習問題 1.2

次の文は曖昧な文である．それぞれどのような読みをもつかを考えなさい．
- (a) 昨日山田君が作った塀が風で倒れてポチが大けがをした．
- (b) 山田君と私は，ポチの飼い主に5千円支払った．
- (c) 犬が二匹，なにかを見つけた．

(d) 意味素性

前項までは，語が何を指すかという観点から語の意味の分析を行ってきた．語の意味論では，語の内部構造にも注目する．内部構造の分析として広い応用範囲を持つものは，**成分分析**(decompositional analysis)と呼ばれるものである．この方法は，統語論や音韻論でも用いられる．

「妻」という語を考えてみよう．「健児の妻は独身者だ」という文は奇妙であるが，これは，妻であれば既婚者だという知識を私たちがもっているからである．この知識は，世界についての知識であるが，見方を変えれば，語が担わさ

れている知識でもある．そして，語のこの種の性質を表すのに用いられるのが，**意味素性**(semantic feature)という概念である．意味素性は，[+Married] や [−Married] のように表示される．成分分析では，語の意味はこういった意味素性の集まりであるとされ，たとえば「妻」は [+Human, +Married, −Male, +Adult, ...] と表示される．また，意味素性は構造を成すこともある．この例としては「殺す」がよく用いられる．殺すという行為は，相手が死ぬという状態を引き起こす．たとえば，「健児は妻を殺した」という文であれば，妻は死んだのである．この「殺す」の成分分析は，

(24)　[+Cause(X, Die(Y))]

である．Cause(X, Z) は「X が Z を引き起こす」を表す．Z は (24) では Die(Y) を表し，Die(Y) は「Y が死ぬ」を表す．したがって，[Cause(X, Die(Y))] は，「X が Y が死ぬのを引き起こす」ということを表す．このように，語の意味をさらに分解して記述する方法を**意味分解**(semantic decomposition)と言う．

これらは語の内部を素性分析したものであるが，語が他のどのような語と連結可能か（または不可能か）といういわば語の環境もまた素性を用いて記述することができる．これは，**選択素性**(selectional feature)と呼ばれるものである．例から見てみよう．

(25)　車が，歩いている．

私たちは，(25)を奇妙であると感じる．しかし，次の文ならば問題はない．

(26)　車が，ゆっくり走っている．

スピードという点では，「歩く」と「ゆっくり走る」に大きな違いはない．したがって，私たちは，世界の知識に基づいて(25)の文を奇妙と感じているわけではない．これは，「歩く」という動詞がたまたま有性 [+Animate] という素性をもった主語を要求するのに対し，「走る」の方は [Animate] に関して + か − かが無指定(unspecified)であるためである．なお，選択素性は，意味論の中だけで扱うことはできない．これは，主語や目的語といった統語的な環境も指定する必要が出てくるからである．

1.4 文の意味論

私たちは，語を並べて文を作ることができる．文は，一つのまとまった内容を表し，情報をより正確にあるいは詳しく聞き手に伝達することができる．意味論では，この文のレベルも研究対象となる．この節では，主に文の基本的な意味論的性質について見ることにする．

(a) 含意と前提

文のレベルになると，私たちは推論をすることが可能となる．推論のうち意味論的な推論としてもっともよく知られているのは，**含意**(entailment)である．まず，例を見てみよう．

(27) a. チュー太は，黄色い．
b. チュー太は，ネズミだ．
c. チュー太は，黄色いネズミだ．

(27)では，(27a)と(27b)が真ならば(27c)も真である．このとき，(27a)と(27b)は(27c)を含意するという．より一般的な言い方をすると，文A(Aは複数個であってもよい)が真であるならば必ず文Bが真であるとき，AはBを含意するという．含意はかなり強力な意味論的概念である．あなたは，チュー太が何を指すかはわからなくても，(27a)と(27b)が真であることがわかれば，(27c)が真であるという情報を自動的に手に入れることができる．つまり，(27)の場合，「チュー太」が実際に何を指していようともそれとは関係なく，つまり，実際の発話状況を調べてみなくても，推論の正しさはすでに保証されている．含意の例をもう一つ挙げておこう．(28a)は(28b)を含意する．

(28) a. ワイルスが，フェルマーの最終定理を証明した．
b. 誰かが，フェルマーの最終定理を証明した．

含意は統語論的な概念ではない．たとえば，(27)と同じ統語形式をもつ(29)を見てみよう．

(29) a. チュー太は，小さい．

b. チュー太は，ネズミだ．
　　　c. チュー太は，小さいネズミだ．
(29)では，(29a)と(29b)が真であっても，(29c)も真であるとは限らない．「チュー太」がどぶネズミのチュー太を指すとしよう．チュー太は，ネズミだから小さいが，どぶネズミはネズミの中では大きい部類に入る．したがって，(29a)と(29b)が(29c)を含意するとは言えない．「小さい」や「多い」といった形容詞は，相対的な量を表す．このため，何と比べて「小さい」とか「多い」とか言っているのかを発話状況で確かめる必要がでてくるのである．

練習問題 1.3

次の(a)は(b)を含意するかどうかを述べなさい．
　(a)　東京駅に千人を超す人が集まった．
　(b)　東京駅にたくさんの人が集まった．

　同じ推論でも，統語的に推論が正しいかどうかが決まるものもある．古代ギリシア時代のAristotelēs（もしくはAristotelēs学派）により開発された**三段論法**(syllogism)がその一例である．三段論法は，二つの前提から結論を導くものである．たとえば，
　　すべてのAはBである
　　すべてのAはCである
　　したがって，すべてのCはBである
といった形式を持つ（ちなみに，これは正しい推論ではない）．Aristotelēs（学派）は，推論形式が正しいか正しくないかは，主語・述語を表す語の「列」に着目するだけで（つまり，ことばの意味によらずに）判断できるということを示そうとした．「すべての」に加え「或る」および否定を用いると，このような形式を持つものは256個あり，古代ギリシアでは，そのうちで妥当な推論はどれかを見いだすことを目的としたのである．たとえば，だれかが，
　　すべてのアンドロイドは夢を見る（すべてのAはBである）
と言い，さらに，
　　すべてのアンドロイドはロボットである（すべてのAはCである）

と言ったとしよう．しかし，それを聞いて，「そうか，じゃあ，ロボットはみんな夢を見るんだ（すべての C は B である）」と結論づけてはならない．アンドロイドでないロボットは，夢を見ないかもしれないからである．このアンドロイドの例で重要なのは，推論が間違っていることは語の列を調べさえすればわかるという点である．アンドロイドがほんとうに夢を見るのかとか，彼らがほんとうにロボットであるのかといったことは知らなくてよいのである．（上の推論の結論は，「アンドロイド」と「ロボット」を，「日本人」と「人間」に置き換えると，「人間はみんな夢を見る」となって，この場合は正しい（赤ん坊も夢を見るとして）．しかし，これは，たまたま結論が正しかったというだけのことである．）Aristotelēs（学派）の功績はそれだけではない．三段論法の論理規則は，ことばを記号に置き換えること，つまり抽象化によって記述されており，その着想が今日にもたらした意義には計り知れないものがある．

練習問題 1.4

次の三段論法による推論は正しいかどうか，また正しくない場合はその理由を述べなさい．
(a) すべてのロボットは，夢を見る．
あるアンドロイドは，夢を見る．
したがって，あるアンドロイドは，ロボットである．
(b) すべての哺乳類は，へそをもっている．
山田君は，へそをもっている．
したがって，山田君は，哺乳類である．

さて，含意とよく似ているものに**前提**(presupposition)がある．前提も広い意味での推論の一つであるが，これは意味論的な概念ではなく，語用論的なものである．とはいえ，前提は意味論とも深い関わりをもってきた概念なので，以下で簡単に見ておくことにしよう．文 A から，文 B が真であることがだいたい推測できる，あるいは B が真であると予測してもよい場合，A は B を前提とするという．

例を見てみよう．

(30) a. 健児が，会社を退職した．
　　　b. 健児が，会社で働いていた．

会社を退職するためには，当然，その前に会社で働いている必要がある．したがって，(30b)は(30a)の前提である．前提は，(30a)の文を否定文あるいは疑問文に変えても保持されるのが特徴である．

(31) a. 健児が，会社を退職しなかった．
　　　b. 健児は，もう会社を退職したのか．

(31a)と(31b)も(30b)を前提としている．また，前提は，後続する発話によってうち消されることもある．(32)はその例である．

(32) a. いつ，健児は会社を退職したの．
　　　b. あいつは，一度も就職したことないよ．

(32a)の前提は(30b)であるが，(32b)はこの前提をうち消す働きをしている．こういった前提の働きは，含意にはない．たとえば，(28a)の否定文は「ワイルスはフェルマーの最終定理を証明しなかった」であるが，だからといって，誰かがその定理を証明したとは限らない．

　前提の中でも取り上げられることの多いものは，存在的前提と事実的前提である．**存在的前提**(existential presupposition)というのは，文字通り，あるものの存在を前提にすることを指す．例を見てみよう．

(33) a. 山田家の犬は，尻尾が長い．
　　　b. フランスの現国王は，ハゲである．(The king of France is bald.)

(33a)では，山田家の犬が存在することが前提となっている．(33b)は，B. Russellによるもので，存在的前提の古典的な例である．この文は，フランス王が存在することを前提としている．ところが，現在フランスには国王はいないので，この存在的前提は満たされないことになる．一般に，前提が満たされない場合，私たちは，文が真であるかどうかという問いに答えることができない(この問題に対しては，第三の真理値を導入する方法なども提案されている)．存在的前提はきわめて頻繁に用いられるものであるが，この前提がなくてもよい例としては(34)がある．

(34)　山田君は，一角獣を探している．

事実的前提(factual presupposition)についても，まず例から見てみることにしよう．
 (35) a. 健児が司法試験に合格したとは驚きだ．
    b. 私は，健児が司法試験に合格したことを知っている．
(35)では，健児が司法試験に合格したことは事実であることが前提となっている．事実的前提は**叙実的述語**(factive predicate)と呼ばれるものを含む文に見られるもので，補文が事実であることを前提とする．叙実的述語には，(35)の述語以外に，「～とわかる」「～ということに驚く」「～を残念がる」「～を秘密にしておく」などがある．

 自然言語と前提に関する研究は数多く，この項で見た前提はそのほんの一部でしかない．そもそも私たちの日常的な行動そのものがいろいろな種類の前提を用いているわけであり，その意味で，前提と自然言語のシステムとの関連を対象にする研究は射程が広いと言える．なお，文脈との関係からの前提の取り扱いについては7.8節を，また前提と深い関わりをもつ会話の含意(conversational implicature)については5.2節を見られたい．

練習問題 1.5

 次の文において，何が前提とされているかを述べなさい．
  (a) 賄賂を受け取ったのはいつなんだ．(警察の取り調べで)
  (b) 私は無実だ，刑事さん．私はもう賄賂を受け取るのは止めたんだ．

(b) 照応関係

 言語学では，研究対象に関して意味論や統語論，語用論の間である程度の棲み分けが行われている．しかし，一つの言語を扱うのであるから，意味論の研究対象が他の理論のそれとある程度重なることもある．**照応関係**(anaphoric relation)は，そういった研究対象の一つである．照応関係の例を見てみよう．
 (36) a. チョムスキーと私は，彼の理論を検討した．
    b. 山田商事が，破産宣告をした．あの会社は，前から危なかった．
(36a)の「彼」は，たとえば話し手から5メートル離れたところでポチと遊ん

でいる山田君を指す場合もあるが，文脈の中に**先行詞**(antecedent)，この場合は「チョムスキー」をもつ場合もある．(36b)でも同じで，「あの会社」は山田商事の親会社である場合もあるが，「山田商事」を先行詞として持つこともある．一般に，二つの表現が照応関係にあることを示すために，言語学では伝統的に**添字**(index)が利用される．照応関係は文の統語構造と深い関わりをもつため，統語論において活発に議論，分析が展開されてきた．(36)を次の(37)と比べてみよう．なお，* は，文の容認可能性が低いことを示す記号である．

　　(37)　a. *彼$_i$と私が，チョムスキー$_i$の理論を検討した．
　　　　　b. *あの会社$_i$が，山田商事$_i$の専務を解雇した．

(37a)は，「彼」の先行詞，すなわち，「チョムスキー」が「彼」の後ろに現れるという点で(36a)と異なる．(37b)も同様である．統語論的なアプローチでは，こういった構造的な違いに注目して文の容認(不)可能性が説明される．（実際には，(37)の容認不可能性を説明するためには，二つの語の線形的前後関係の他に，c–統御と呼ばれる制約も必要となるのであるが，詳しい点については本シリーズ第3巻を参照されたい．また，日本語の照応関係は，英語のそれと現象を同じくするわけではない．この点についても第3巻に当たられたい．）

　意味論でも，照応関係は研究の対象となる．統語論とその研究領域を共有する場合もあるが，意味論では構造よりもむしろ指示に注目し，指示に関する制約といった意味論的観点から照応関係を捉えることが多い．次の英語の文を見てみよう．

　　(38)　Every farmer$_i$ loves his$_i$ wife.

his の先行詞の Every farmer は，John といった固有名詞と異なり，特定の個体を指さない．つまり，(38)の意味的な内容は，農夫ジョンが妻アンナが好きで，農夫ペドロが妻サンドラが好きだといったものである．形式意味論では，このような複数のペアを含む照応は，every という量化表現(数量を表す表現)を述語論理を用いて定義することで解決される．また，照応は文の境界を越える場合がある．

　　(39)　a. John$_i$ is walking in a park. He$_i$ is whistling.
　　　　　b. *Every boy$_i$ is walking in a park. He$_i$ is whistling.

この場合，He がなぜ(39a)では先行詞を持つことができ，(39b)では先行詞を持つことに失敗するのかが説明されなければならない．(39b)の every boy と異なり，a boy の方は，文の境界を越えても照応関係が成り立つことにも注意されたい．

(40)　A boy$_i$ is walking in a park. He$_i$ is whistling.

このような例の詳細は第 3 章の談話表示理論で扱うことにする．なお，照応関係については 4.3 節，7.2 節および 7.7 節も参照されたい．

(c)　真理条件的意味論

語と異なり，文は真であったり偽であったりする．次の(41)を見てみよう．

(41)　山田君がたこ焼きを食べている．

山田君が実際にたこ焼きを食べている場合，(41)は真である．山田君がたこ焼きではなくお好み焼きを食べている場合は，(41)は偽である．第 3 章で解説する意味論は，文がどういう場合に真であるか(あるいは偽であるか)，つまり，文が真である場合の条件を明らかにすることを目的とする．このため，このような意味論は，**真理条件的意味論**と呼ばれる．

真理条件的意味論では，文は，ある状況下で実際に用いられているその**発話**(utterance)と区別される．たとえば，

(42)　これの内角の和は 190 度だ．

という文は，「これ」という語を含んでいる．真理条件的意味論で「文」という場合，普通，「これ」が実際に何を指しているのかまでは論じない．しかし，(42)がある状況下で実際に発話される場合，つまり発話である場合，「これ」が指すものはたとえば球の外側に描かれた三角形である．聞き手は，(42)を聞き，また，「これ」が状況下で何を指すのかを認識することで，その三角形の内角の和を知るわけである．このように，発話は，言語使用の現場にあって，文だけでは得られない情報も聞き手に伝えることができる(「これ」のような直示表現の意味については 4.2 節および 4.3 節参照)．また，「今日は暑い」と口にすることが，クーラーを入れてほしいという遠回しな要求であったりするが，このような発話が引き起こす言語効果も，真理条件的意味論では扱われない(この

ような会話の含意については第5章を参照).真理条件的意味論では,(42)が状況を離れても持つ特性が研究の対象となるのである.

読書案内

[1] 柴田武(1995):『日本語はおもしろい』岩波新書.
[2] 柴田武・國廣哲彌他(編著)(1976, 1979, 1982):『ことばの意味1～3:辞書に書いてないこと』平凡社選書.
[3] 森田良行(1989):『基礎日本語辞典』角川書店.
 以上の3組は,日本語の意味的現象について広い視野から概説したものである.気楽に読み進めながら,語彙の意味分析方法のこつをつかむことができる.
[4] 杉本孝司(1998):『意味論1: 形式意味論』『意味論2: 認知意味論』くろしお出版.
 意味に関する一般的な概念から形式意味論,認知意味論まで丁寧に解説してある.豊富な参考文献の紹介も便利.
[5] 影山太郎(1999):『形態論と意味』くろしお出版.
 日本語と英語を中心に,語形成と意味の関係へのアプローチをやさしく説いた入門書.本書の欠を補う役目を果たす.松本他(1998)の第1章も参照されたい.

演習問題

1.1 接頭辞「不」「非」「無」「未」のつく語(たとえば,「不幸」「非難」「無事」「未解決」)を書き出して,それらがどのような原則に基づいて使い分けられているかを考えなさい.また,「再」「復」(たとえば「再考」「復興」)についても考えなさい.

1.2 私たちは,日常生活のあらゆる場面でさまざまな推論をしながら生活している.しかし,常に正しい推論を行うとは限らない.三段論法は推論の一形式であるが,学生に次の三段論法

 すべてのロボットは,夢を見る.
 すべてのアンドロイドは,夢を見る.
 したがって,すべてのアンドロイドは,ロボットである.

は正しいかどうかを判断してもらうと,以下のような理由で正しいとする者,あるいは,正しくないとする者がいた.(a)から(f)の理由づけについて,それぞれどこ

が誤っているのかを考えなさい．なお，○ は正しいという判断，× は正しくないという判断を表すものとする．
- (a) ×　なぜなら，たとえば，犬も夢を見るから．
- (b) ×　なぜなら，ロボットとアンドロイドの数は異なるから．
- (c) ×　なぜなら，たとえば，ロボットは走ることができないが，アンドロイドは走ることができるから．
- (d) ×　なぜなら，ロボットとアンドロイドは同じ夢を見るわけではないから．
- (e) ○　なぜなら，アンドロイドは，ロボットの一種だから．
- (f) ○　前提(premise)は 'A, C' と 'B, C' だから，A と B は置換の関係にある．つまり，'A=B' ということである．したがって，結論(conclusion)を 'A=B' としてよい．

1.3　次の文には前提があるか，また，ある場合はどのような前提かを考えなさい．
- (a)　京大登山隊は，エベレスト登頂に失敗した．
- (b)　完全な円を描くことは，不可能だ．

論理と意味

　文字列は，そのままだと，単なる紙の上のシミでしかない．チョコレートの包みにはアラビア文字が印刷されていることがあるが，アラビア文字を知らなければなにやら不思議な模様がのたくっているとしか見えない．音にしても同じである．「キャタピラ」と誰かがつぶやくのを耳にしても，それが音でしかないうちは本人は余裕である．ところが，「ケムシ」という音には（過剰）反応する．私たちは，文字列や音，さらには手話の動作など，それらを外部世界と関連づけることができて初めて，意味がわかると感じるのである．外部世界は，必ずしも目の前に実際に広がっている必要はない．小説を楽しむことができるという事実は，私たちが直接外部世界に接していなくても意味を追っていくことができることを示している．文字列や音と外部世界を結びつけるもの，それが意味というものの一側面である．そして，文字列や音が世界と結びつくこの点を理論化するのが **形式意味論** である．

　形式意味論は現在もっとも精力的に研究が進められている分野である．ただ，形式意味論は論理システムおよび集合論を用いるため，形式意味論をこれから学ぼうという人にとって，論理学や集合論は避けて通れないものとなっている．意味一般について解説を行った第1章でも，論理はすでに見え隠れしている．そこで本章では，形式意味論，特に真理条件的意味論と呼ばれる理論で用いられる論理システムの基礎を解説する．この章で学ぶ内容は，第3章で見る真理条件的意味論を理解する上で必要なものである．私たちは，言語を用いて情報

をやり取りする際，論理を利用している．論理学は嫌いだと公言する人も，論理を日常的に用いている．論理は，自然言語の中に潜むシステムなのである．論理学に馴染むためにも，本章を読み進む際は，練習問題を同時に解いていくことをお薦めする．

2.1 形式意味論と論理システム

　形式意味論の教科書を開くと，必ずといっていいほど，命題論理と述語論理の章がある．形式意味論とは何なのか，また，どうして形式意味論に論理学が使われるのだろうか．

　鳥が空を飛ぶ姿を見て，人は自分も飛んでみたいものだと夢見る．長い翼を背中に背負って高所から飛び降りてみたり，自転車に翼をつけてこいでみたり，たいへんな努力（と怪我）である．鳥がどうやって空を飛んでいるのか．da Vinci のデッサンにもあるように，まずは飛行を観察することから始めなければならない．そのうちに空気の流れや渦などに法則があることがわかる．近代科学は，この法則を表す道具として数学の厳密な言葉を用い，そうやってよりいっそう観察の精度を上げることに成功したのである．結果として得られた数式の列は，もちろん，鳥の飛行そのものではない．しかし，鳥がどうやって飛んでいるかを知る一つの方法であることには間違いない．私たちが飛行について研究を行う場合，このように，それについて「語る」道具が必要となる．数学は，飛行とはまったく別のシステムであるが，数学を「語る」道具として用いることで，飛行という一つの対象について多角的な分析が可能となるのである．

　意味の研究に論理学が援用されるのも事情は似ている．私たちは，意味の謎に迫りたいと望む．そして自然言語の意味を観察していくうちに意味の特性がわかってくる．このとき，その特性を表すために何か言葉が必要となる．現在その言葉として広く利用されているのが論理学である．論理学の世界は広い．私たちは，自然言語の分析に興味があるわけだから，その世界の中から自然言語を分析するのに最も効果的な論理システムを選び，それを「語る」道具とし

て用いるのである．以下で解説する命題論理や述語論理は，自然言語を分析するのに役立つと考えられている論理システムである．論理システムは，しかし，もともと自然言語分析を念頭に置いて開発されたものではないので，自然言語を語る言葉として不十分な点もある．現時点では，談話表示理論(DRT)や一般量化子理論，動的意味論など，意味を論理システムを用いて分析するための理論が並立しているのであるが，これは論理システムを改良し自然言語の現象をより広く捉えようとする努力が続けられているためである．

さて，ここにあるのは，「語られる」対象と「語る」道具という図式である．この対象と道具は，しかし，まったく別の二つのシステムであるとは限らない．「語られる」対象と「語る」道具が同じである場合もある．次の例を見てみよう．

(1) a. イグアナは，トカゲである．

b. イグアナは，カタカナである．

(1a)はイグアナという動物についての記述であるが，(1b)は「イグアナ」という文字についての説明である．自然言語は非常に豊かなシステムであるため，(1b)のように，自分自身について自分の言葉で語ることができる．一般に，ある言語に言及するのに用いられる言語を**メタ言語**(metalanguage)，言及されている言語を**対象言語**(object language)という．(1b)では，対象言語(「イグアナ」)も日本語，メタ言語も日本語である．ただ，(1b)のように対象言語とメタ言語を組み合わせて用いる場合，注意しなければならない点がある．次の文を見てみよう．

(2) (2)は偽である．

(2)が真であるとする．つまり，「(2)は偽である」というのは本当のことを言っているとする．この場合，「(2)は偽である」というのは本当のことなのだから，(2)は偽である．今度は，(2)が偽であるとする．この場合は，「(2)は偽である」は嘘であるから，(2)は真である．つまり，(2)では，(2)が真とか偽とか言うことがそもそも最初から不可能となっている．これは，**自己言及型**(self-referential)のパラドクスと呼ばれる．

こういったパラドクスの問題が一つの契機となって，論理的あるいは数学的

ラッセルのパラドクス

もともと真や偽という概念を扱う意味論は，パラドクスの影が忍び寄りやすい領域である．パラドクスの存在そのものは古代ギリシア時代から知られており，中でも「嘘つきのパラドクス」はよく知られている．「私は嘘をついている」というのがそれで，これも自己言及型のパラドクスである（これの原型は，「「すべてのクレタ人は嘘つきである」とクレタ人の預言者 Epimenidēs が言った」である）．自己言及型のパラドクスは，19世紀後半，G. Cantor によってほぼ完成の域に達していた集合論の上に暗い影を落とすことになる．カントルの集合論は，当時，徐々にその勢力を広げつつあったのであるが，このカントルの集合論の中に自己言及型パラドクスが生じることを1902年に B. Russell が指摘するのである．カントルの集合論がパラドクスを引き起こすことは，すでにいくつかの事例で知られていたのであるが，ラッセルのパラドクスは，カントルの集合論の根底をくつがえすものであっただけに，きわめて深刻なものであった．では，ラッセルのパラドクスとはどのようなものなのであろうか．

集合とは，ある性質を満たすものの集まりのことである．たとえば，集合 M が「偶数である」という性質を持つものの集まりであるとすると，2はその集まりの一つである．このとき，2は M の要素であるといい，$2 \in M$ のように表記する．3は M の要素ではない．これを $3 \notin M$ と表記する．さて，集合がものの集まりだとして，集合 N が自分自身つまり N を含むということがあるだろうか．答は，含む場合もあるし含まない場合もある．たとえば，集合 S が「すべての集合からなる」という性質を持つ場合を考えてみよう．「すべての」と言っているのだから，S は，その要素として自分も含んでいるはずであり，したがって，$S \in S$ である．「人間である」という性質を持ったものを集めた集合 H は，$H \notin H$ である．なぜなら，人間集団そのものが人間であることはないからである（そうだったら怖い）．では，自分自身を含まない集合すべてからなる集合 T はどうだろうか．T がもし T 自身を含んでいなかったとすると，T は「自分自身を含まない」という性質を満たしているので，$T \in T$ である．逆に，T がもし T 自身を含んでいたとすると，「自分自身を含まない」という性質を満たしていないことになるので，$T \notin T$ である！

システムを構築する際は、そこで用いられる概念を正確に定義し、また、体系の作り方にも厳密な手順が用いられるようになった。システムを作るにあたってまず必要なのは、そこで用いられる「言語」である。この場合の言語とは、自然言語のことではなく、数学的に定義された文字列のことである。次の結合律を見てみよう。

(3) $(x+y)+z = x+(y+z)$

(3)は、一種の文とみることができる。これが関数の結合律であれば、

(4) $(h \circ g) \circ f = h \circ (g \circ f)$

と記述されるのが普通である。つまり、言語が異なれば、表記法も異なる。これは、自然言語で、空を飛ぶ動物を、日本語では「鳥」、英語ではbirdと表記するのと同じである。命題論理や述語論理も言語の一つであるから、これらの論理システムを構築する際は、そのシステムの中でどのような語や文および規則が用いられるのかをあらかじめ定義しておく必要がある。この定義を行うのが命題論理の統語部門である。他方、論理システムの意味部門は、通常、統語部門に対応する形で与えられる。すなわち、語が連結されて文を形成していく過程に沿って意味が与えられる。あるいは、文が連結されてより大きな文の連続になるその過程に沿って意味が与えられることになる。以下では、まず、命題論理のための言語(これを言語Lと呼ぶことにする)の統語論と意味論を解説し、その後、述語論理のための言語(これを言語L′と呼ぶことにする)の統語論と意味論を解説する。ただし、あくまで意味部門に重点を置いて解説を行うことにしたい。

練習問題 2.1

次の文中で、メタ言語に相当する部分があれば、それを指摘せよ。
(a) 金星は、惑星である。
(b) 三文字は、三文字である。
(c) 三文字が三文字であるという文は、十文字である。

2.2 命題論理

命題論理(propositional logic)は，もっとも単純な構造を持つ論理である．そこで用いられるのは，自然言語の文に相当する諸記号（pやqなど）と結合子（英語のandやor, notなどに相当するもの）だけである．命題論理は，記号と結合子の組み合わせを対象にして，どのような記号列が真であるか，または，偽であるかを形式化する．たとえば，命題論理では「ϕかつϕでない」という形式の記号列は常に偽であると見なされる．これは，自然言語でも同じである．例を見てみよう．

(5) 地球は自転している．

という文は真である．このとき，(5)を否定した文(6)は偽となる．

(6) 地球は自転していない．

そして，(5)と(6)が同時に真になることはない．つまり，

(7) 地球は自転しており，かつ，地球は自転していない．

は，常に偽である．これは当たり前といえば当たり前だが，見落としてはならないのは，「ϕかつϕでない」という形式を持つ文ならばどんなものであっても常に偽になるという点である．このような個々の文の具体性を離れても残る規則性，それを捉えるのに命題論理は適していると言える．

ただ，自然言語を命題論理を用いて分析する場合，すべての面でうまくいくわけではない．たとえば，自然言語の文の中には真か偽かを決められないものがある．(8)や(9)のような疑問文，命令文がそれである．

(8) 何を探しているの？

(9) こっちへ来い！

命題論理は真偽を対象にするのである以上，これらの文のように真偽について判断できない文は，とりあえず対象外としておく必要がある．そこで，形式意味論では，文の中でも真偽を問えるものを**命題**(proposition)と呼ぶことにし，この命題だけを理論の対象にするという方法が取られる．

(a) 論理式の定義(統語部門)

まず，命題論理 L の中でどのような記号(列)を用いるかを決めておかなければならない．記号は，命題を表す記号(p, q, r など)と結合子，および括弧から成り，これらすべてを集めたものが L の**語彙**(vocabulary)である．

(1) 命題変項 p, q, r, …
(2) 結合子(論理演算子) ¬, ∧, ∨, →, ↔
(3) 括弧 (,), …

結合子 ¬, ∧, ∨, →, ↔ は，それぞれ，**否定**(negation)，**連言**(conjunction)，**選言**(disjunction)，**含意**(implication)，**同値**(equivalence)と呼ばれる．直感的には，¬p は「p でない」，p∧q は「p かつ q」，p∨q は「p あるいは q」，p→q は「p ならば q」に相当する．p↔q は p と q の真理値が常に同じであることを表す．

次は**統語規則**(syntactic rule)であるが，この規則によって生成される記号列は**論理式**(well-formed formula，略して wff)と呼ばれる．たった一つの記号から成る記号列は**原子命題**(atomic proposition)，また，いくつかの記号列と結合子とから成る記号列は**複合命題**(composite proposition)と呼ばれる．命題論理 L の論理式は，次のように定義される．

(i) L における命題変項は，L の論理式である．
(ii) ϕ が L の論理式ならば，¬ϕ も L の論理式である．
(iii) ϕ と ψ が L の論理式ならば，$\phi \wedge \psi$, $\phi \vee \psi$, $\phi \rightarrow \psi$, $\phi \leftrightarrow \psi$ も L の論理式である．
(iv) (i)–(iii)を有限回繰り返して生成されたものだけが，L の論理式である．

このような定義は，**帰納的**(あるいは**再帰的**，recursive)定義と呼ばれる．これは，定義からいったん得られた論理式を，(必要ならば)(ii)と(iii)の前提(「A ならば」の A が前提である)の部分に再度使うことによって，そしてこれを繰り返すことによって，より複雑な論理式を得るという方法である．なお，(iv)は暗黙の了解として省略されることも多い．

一般に，演算を行う場合は，なにが演算子の範囲内に入るのかがはっきりとわかるようにしておかなければならない．これは，通常，括弧を用いて行われる．たとえば，(10a)と(10b)は同じではない．

(10)　a.　(2+3)−5
　　　b.　2+(3−5)

これは命題論理でも同じで，たとえば，上の統語規則によって作られる(11a)と(11b)は，括弧のつけ方が異なるので，異なる論理式である．

(11)　a.　((¬p → q) ∧ r)
　　　b.　(¬p → (q ∧ r))

なお，括弧は，曖昧性が生じないときは省略されることが多い．(11)では，いちばん外側の括弧は省略可能である．

(b)　真理関数としての結合子の定義（意味部門）

論理的・数学的対象を形式化し，その内容の正しさについて研究する方法は，大きく分けて二つある．一つは証明論（公理論），もう一つは以下で見る意味論（モデル理論）である．**証明論**(proof theory)では，公理系（公理，推論規則，語彙，形成規則からなるものが公理系である）からすべての論理式が機械的に導出されるようなシステムを考え，その中で論理の性質を研究する．ここでは，論理式が真か偽かということは問題にされない．いわば，形の上だけの操作で，ある論理式が，公理や（論理的に常に成り立つ）別の論理式から導かれるようにする．つまり，さまざまな思考対象を記号列として捉え，また推論などをその記号列の間の機械的導出によって表そうとするものである．これに対し，**意味論**(semantics)では，命題の真偽を対象にし，命題がどのような場合に真であるか（または偽であるか）を研究する．以下では，命題論理をこの意味論の立場から解説する．

まず，命題の真理値（真あるいは偽）をどうやって表すかという表記上の取り決めをしておこう．ここでは，(12)の表記法を用いることにする．なお，pは命題を表すものとし，「真」を1，「偽」を0と表記する(1と0のほかに，t(true)とf(false)が用いられることもある)．

2.2 命題論理　37

(12)　V(p) = 1

これを自然言語に適用すれば，たとえば，(13)のようになる．

(13)　V(地球は自転している) = 1

(13)は，「「地球は自転している」という命題の真理値は1である」と言うべきところを，見やすいように単に記号化しただけである．ここで，V は，「地球は自転している」という記号列の真理値が1であることを示す働きをする．V は value(値)の頭文字である．「地球は自転している」というのは，そのままだと記号列でしかない．そこで，V に，「地球は自転している」という記号列に真理値を与える働きをさせるのである．

もう少しきちんと言うと，V は「地球は自転している」に真理値を割り当て，また1か0のどちらかを割り当てるので，**付値関数**(valuation function)と呼ばれる．(「関数」というのは，一口で言えば，あるものを他のものに対応づける(割り当てる)働きを指す．関数のより詳しい内容は，付録を見られたい．)

命題が実際に現実の世界で真か偽かは，命題論理では問題とならない．なぜなら，命題論理が捉えようとしているのは，命題を組み合わせたときの論理的性質の方だからである．このため，(14)のように，V が「北極星は北半球から見える」に0を割り当てることがあってもかまわない．しかし，V が一つの命題に1と0を同時に割り当てるということはない．

(14)　V(北極星は北半球から見える) = 0

さて，論理式の定義に対応する形で，結合子が命題と結びつくときの真理値が定義される．以下は，結合子の意味的定義である．なお，iff は，if and only if の略記である．α iff β は，β は α の必要十分条件であるということである．

(ⅰ)　$V(\neg\phi) = 1$ iff $V(\phi) = 0$
(ⅱ)　$V(\phi \wedge \psi) = 1$ iff $V(\phi) = 1$ かつ $V(\psi) = 1$
(ⅲ)　$V(\phi \vee \psi) = 1$ iff $V(\phi) = 1$ あるいは $V(\psi) = 1$
(ⅳ)　$V(\phi \to \psi) = 1$ iff $V(\phi) = 0$ あるいは $V(\psi) = 1$
(ⅴ)　$V(\phi \leftrightarrow \psi) = 1$ iff $V(\phi) = V(\psi)$

(ⅰ)は，「$\neg\phi$ が真であるのは，ϕ が偽であるとき，そして，そのときに限る」と読む．他の定義も同様である．任意の記号列がもちうる真理値は，すべてこの

意味規則から一意的に決定できる．結合子は，このことから，**真理関数**(truth function)とも呼ばれる．

命題論理は，それ自体は自然言語とは独立したシステムであるが，同時に，自然言語の中にある論理性を抽出し，またそれに依拠して組み立てられている．形式意味論が命題論理(あるいは命題論理を含む論理システム)を利用するのはこのためである．ただし，命題論理は自然言語を分析するための道具として万能であるわけではない．この点について，(i)を例に取ってみよう(定義の(ii)から(iv)は以下の項で見る)．たとえば，¬¬φ の場合，φ が真であるとすると，¬φ は偽である．¬¬φ は，¬φ をもう一度否定したものなので真である．では，自然言語ではどうなっているだろうか．

(15) お腹がすいていないのではない．

(15)も二重否定である．そして，(15)が真であるなら，「お腹がすいている」も真である．このことは，「お腹がすいている」を他の文に入れ替えても同じである．このことから，自然言語の否定は，真理値に関して(i)と同じであることがわかる．しかし，(15)は，お腹がすいているという事実だけを述べているわけではない．話し手は，暗に食べたくないと言いたいのかもしれない．また，聞き手の方でも，話し手がわざわざ言語形式の複雑な(15)を発話したことから，話し手が何か他の情報も伝えているのだと推察するかもしれない．自然言語のこういった側面は，5.2節で見る H. P. Grice の協調原理の一つ(よけいなことを言ってはならない)によって説明されるのであるが，真理値だけを対象とする命題論理はこのような点を捉えることができないので注意が必要である．

ところで，実用という観点から見ると，上の意味規則は真理値の分布がわかりにくい．そこで，表 2.1 のような真理値表がしばしば用いられる．

表 2.1　真理値表

ϕ	ψ	$\phi \vee \psi$
1	1	1
0	1	1
1	0	1
0	0	0

ϕ	ψ	$\phi \wedge \psi$
1	1	1
0	1	0
1	0	0
0	0	0

ϕ	ψ	$\phi \rightarrow \psi$
1	1	1
0	1	1
1	0	0
0	0	1

表 2.2　$((\phi \vee \psi) \to \neg \psi)$ の真理値表

ϕ	ψ	$\phi \vee \psi$	$\neg \psi$	$((\phi \vee \psi) \to \neg \psi)$
1	1	1	0	0
0	1	1	0	0
1	0	1	1	1
0	0	0	1	1

　上の真理値表を組み合わせれば，たとえば $((\phi \vee \psi) \to \neg \psi)$ のような長い式であってもそれの真理値が計算できる(表 2.2)．

　なお，複合命題が，その部分の原子命題の真偽に関わらず常に真であるとき，その複合命題を**トートロジー**(または恒真，tautology)と呼ぶ．また，それが常に偽であるとき，その複合命題を**矛盾**(または恒偽，contradiction)と呼ぶ．

練習問題 2.2

　(i)　$\phi \vee \neg \phi$ がトートロジーであることを真理値表を用いて確かめなさい．

　(ii)　命題論理 L において，次の文がトートロジーであるかどうかを述べなさい．

　　　このケーキを食べると，私は豚になる．したがって，このケーキを食べないなら，私は豚にならない． $(\phi \to \psi) \to (\neg \phi \to \neg \psi)$

(c)　選言と連言

　選言 $\phi \vee \psi$ には，真理値の割り当て方に関して 2 通りある．前項で見た意味的定義の(ii)の選言は，ϕ と ψ がどちらも偽であるときのみ偽であるのだが，これは**包括的選言**(inclusive disjunction)と呼ばれる．もう一方の選言は，**排他的選言**(exclusive disjunction)と呼ばれる．排他的選言の場合は，$\phi \vee \psi$ は，ϕ と ψ のどちらか一方のみが真であるときのみ真となる．

　日本語や英語でも，選言文には包括的選言と排他的選言の 2 通りの用法がある．(16)と(17)を見てみよう．

(16)　最後まで戦うか，ここで降伏するかだ．$(\phi \vee \psi)$

> **タブロー法**
>
> 真理値表は，(i)〜(v)の意味規則を視覚的に捉えやすくするという点で便利なのであるが，記号列が長くなると煩雑になるという短所がある．このような場合には，真理値表にかわる便利な方法として，(意味論的)**タブロー**(tableau)**法**と呼ばれているものがある．タブロー法にはいろいろ種類があるが，基本的には，ある論理式が偽であると仮定して，その式から矛盾が生じれば真，矛盾が生じなければ偽とする．
>
> たとえば，$(\phi \wedge \psi) \rightarrow (\phi \vee \psi)$ であれば，$\phi \wedge \psi$ を真，$\phi \vee \psi$ を偽と置いてみる（A→B が偽であるのは，A が真，B が偽のときである）．$(\phi \wedge \psi)$ が真であるのは，ϕ も ψ も真であるとき（のみ）である．このとき，$\phi \vee \psi$ は偽でありえず，矛盾が生じる．したがって，$(\phi \wedge \psi) \rightarrow (\phi \vee \psi)$ は真であると判断できる．

(17) 8c の席が空いているか，12g の席が空いているかだ．$(\phi \vee \psi)$

(16)の通常の読みは，「最後まで戦う」と「ここで降伏する」のどちらか一方が真であるというものである．降伏して，しかも，最後まで戦うのは奇妙だというのが常識であろう．したがって，(16)は排他的選言の例である．他方，(17)は包括的選言の例である．ここでは暗い劇場で席を探しているとする．この場合，たまたま 8c の席も 12g の席も空いていたとしても，嘘を言ったことにはならない．暗闇の中での発話であるから，どちらの席も空いていることはありうる．このような場合は，(17)は，どちらの席が空いていても真である．実際は，包括的選言の例を自然言語の中に見つけるのはむずかしいのだが，論理学の中では，通常，包括的選言が用いられる．その理由の一つとして，排他的選言は，包括的選言と他の結合子を用いた論理式に置き換えられるということがある．(18)は，∨ を包括的選言と見なすことにすると，排他的選言と等しい．

(18) $(\phi \vee \psi) \wedge \neg(\phi \wedge \psi)$

── **練習問題 2.3** ──────────
(18)は ∨ を包括的選言と見なすことにすると排他的選言と等しいことを，

> 真理値表を作って確かめなさい．

ところで，(16)や(17)の統語的扱いを多少複雑にしているのが，これらの文には独立した語としての結合子がないということである．つまり，次の(19)の or のような，記号列としての結合子 ∨ に直接相当する語は(16)や(17)には含まれていない．

(19)　Tokyo is the capital of Japan <u>or</u> Osaka is the capital of Japan.

(16)や(17)を命題論理で扱う方法の一つは，「＿か＿かだ」を結合子と見なすことである．つまり，先の統語・意味規則の選言の部分を次のように書き換えればよい．

(20)　a. ϕ と ψ が論理式ならば，「ϕ か ψ かだ」は論理式である．
　　　b. $V(\phi か \psi かだ) = 1$ iff $V(\phi) = 1$ あるいは $V(\psi) = 1$

命題論理は文のレベルの論理を扱うことが目的なので，このように，文以外の部分を結合子(真理関数)と見なせばよい．他の結合子に関しても同様である．

次は**連言**(conjunction)の例を見てみよう．自然言語と命題論理は，連言においては真理値に関して同じように振る舞う．

(21)　東京は日本の首都であり，NYはアメリカの首都である．($\phi \wedge \psi$)

東京が日本の首都であるというのは真であるが，NYがアメリカの首都だというのは偽である．したがって，(21)は偽である．ところで，次のような文も連言文である．

(22)　健児が事業に失敗したので，奈緒子が家を出た．($\phi \wedge \psi$)

(23)　健児が事業に失敗したのに，奈緒子が家を出た．($\phi \wedge \psi$)

(22)は順接，(23)は逆接であるが，こういった相違は命題論理では考慮の対象にならない．命題論理では真偽のみを対象にするため，これらの文も連言文の例として扱われる．また，自然言語では，連言肢の順序が，時間的前後関係や因果関係を表すのに重要となるが，この点も命題論理の対象外である．たとえば，(24)で表される因果関係は(22)のそれと異なるが，命題論理では，(22)と(24)は論理的に等価である．

(24)　奈緒子が家を出たので，健児が事業に失敗した．($\psi \wedge \phi$)

ところで，自然言語の中には，命題論理にない結合子もある．次の(25)の結合子「＿でも＿でもない」がそれである．

(25) 奈緒子が悪いのでも，健児が悪いのでもない．

なぜなら，この文が真であるのは，二つの命題「奈緒子が悪い」と「健児が悪い」がともに偽のときのみであるからである．

練習問題 2.4

「＿でも＿でもない」という結合子の真理値表を作成しなさい．

(d) 含　意

以下で定義する含意は，**実質含意**(material implication)と呼ばれているものである．実質含意は自然言語の中に対応するものを見つけるのがむずかしい結合子である．しかし，あえて実質含意にもっとも近い表現を探すならば，それは「ならば」「たら」といった条件表現である．「ϕならばψ」のϕは**前件**(antecedent)，ψは**後件**(consequence)と呼ばれる．

命題論理では，含意文が偽であるのは，前件が真で後件が偽のときである．これは，真であるものから偽であるものを導いてはならないということである．自然言語でこれを見てみよう．天文学の本を読んでいて，次のような記述があったとする．

(26) 海王星は惑星であり，冥王星も惑星である．$(\phi \wedge \psi)$

あなたが冥王星は惑星だということを知らなかったとすると，あなたは(26)を読んで「そうか，冥王星は惑星なのだ」と結論づけるだろう$((\phi \wedge \psi) \to \psi)$．(26)が真である限り，「冥王星は惑星である」が真であることも信用する，というのが正しい推論である．このこと，つまり，真であるものから偽であるものを導いてはならないというのは直感的にもわかりやすい．

しかし，命題論理は文の意味内容にまで立ち入らないので，実際は，直感にあまりそぐわない例がでてくる．たとえば，(27)の前件と後件は，私たちの世界では真である．したがって，(27)そのものも真であることになる．

(27) 冥王星が惑星であるならば，蛙は両生類だ．$(\phi \to \psi)$

私たちは(27)のようなものを推論とは呼ばないが，命題論理では，前件・後件が真であれば(27)は真である．前件が偽の場合も，私たちの直感に合わない場合が多い．命題論理では，前件が偽であれば，後件の真偽によらず，命題は真なのであった．そこで，(28)の前件が偽である場合を考えてみよう．

(28) 地球が平らであるなら，海で泳ぐのは危険だ．

命題論理では，前件が偽であるので，海で泳ぐのは危険だ($V(\psi)=1$)という結論を導いてよいし，海で泳ぐのは危険ではない($V(\psi)=0$)という結論を導いてもよい．つまり，地球が平らであるときは，どちらの結論を導いてもよい．前件が偽の場合，言いたい放題が許されるのである．しかし，これでは推論にならないのではないか．このことは，次のように考えることができる．(28)では，前件が偽の場合，海で泳ぐのは危険かどうかは判断しようがない．といって，(28)を最初から嘘(偽)と決めてかかることもできない．そこで，一応，前件が偽の場合は何を言ってもよい，つまり，命題全体を真と見なしておこうというのである．なお，命題論理でϕが偽のとき全体の式を真とするのは，たとえば，$\phi \to \phi$は常に成り立つ式であるため，ϕが偽であっても$\phi \to \phi$は真である必要があるからである．

また，自然言語では，実質含意の前件と後件が因果関係の関係にあったり，時間の前後関係にあったりすると，奇妙な結果が生じることがある．たとえば，真理値表で確かめればわかることであるが，$\phi \to \psi$は$\neg\psi \to \neg\phi$と同値である．しかし，(29a)と(29b)は，明らかに意味が異なる．

(29)　a. 試験がないならば，勉強をしない．
　　　　b. 勉強をすれば，試験がある．

いずれにせよ，肝心なのは，実質含意そのものはあくまで論理のシステムであるという点であり，自然言語がそれにどう対応するかは一応別の問題である．

命題論理は人工言語あるいは論理言語であり，自然言語とは独立した一つのシステムである．すなわち，意味論に基づく命題論理では，論理式を組み立てるのにどの記号を用いるかを決め，またそれについての規則(統語規則)と意味に関する規則(意味規則)を定めるところから始まり，すべての演算はその中でのみ行われる．しかしその一方で，命題論理の結合子や真偽の概念は，私たち

が用いる自然言語と密接に関連していることも上で見てきた通りである．命題論理（および命題論理を内蔵する論理システムや理論）が自然言語の分析に用いられるのは，この点に大きく依拠している．

2.3 述語論理

　命題論理が命題の論理的特性を明らかにすることを目的としていたのに対し，**述語論理**（predicate logic）は命題の内部構造に立ち入って，命題の構成要素が互いに組み合わさっていくことで，最終的にどのように命題の真理値と結びつくかを定式化する．述語論理ではモデル理論という考え方が用いられる．（命題論理でもモデル理論による形式化は可能であるが，モデル理論がその真価をもっとも発揮するのは述語論理においてである．）そこで，まず，モデル理論一般について見た上で，モデル理論で用いられる道具立てを導入し，その後，述語論理の解説を行う．

(a) モデル理論

　形式意味論は，しばしばモデル理論的意味論と呼ばれる．これは，形式意味論の理論的基盤がモデル理論であることから出た名称である．では，そもそも，**モデル**（model）とは何であるのか．
　次の文を考えてみよう．
　(30)　月面に立った宇宙飛行士は，10人である．
(30)は，どういう場合に真（あるいは偽）だろうか．この問いに答えるには，月面に立った宇宙飛行士が10人いるかどうか数えてみる必要がある．仮に，この世界には，3人の宇宙飛行士と5人の科学者だけが住んでいるとしよう．この場合，月面に立った飛行士の数が10人になることはないので，(30)は偽である．しかし，30人の宇宙飛行士と3人の科学者からなる世界では，(30)は真になるかもしれない．つまり，(30)の真理値は，(30)が置かれている状況（世界）がどうなっているかに応じて決まる．モデルというのは，一口で言えば，この世界のことである．たとえば，3人の宇宙飛行士と5人の科学者からなる世界

2.3 述語論理

は一つのモデルである．このモデルでは，(30) は偽である．30 人の宇宙飛行士と 3 人の科学者からなる世界もモデルである．このモデルでは，30 人の宇宙飛行士の一人一人について，その人が月面に立ったかどうかも判定できるようになっている（という仮定に立って理論が組み立てられる）．そうでないと (30) の真理値はわからないままになってしまうからである．(なお，ここで注意しなければならないのは，命題論理のときもそうであったが，(30) が現実の世界で真か偽かということとは無関係であるということである．筆者は，何人の宇宙飛行士が月面を歩いたかじつは知らないのであるが，それでも 3 人の宇宙飛行士しかいない世界では (30) が偽となることはわかる．) 真とか偽という概念は，このように，世界に相対的なものである．モデルをもつ述語論理が捉えようとしているのもこの点である．つまり，この論理では，**どういう場合に命題が真（あるいは偽）になるか**ということが理論づけられる．

ところで，モデルという概念は，論理学の中にいきなり生まれたわけではない．モデルという概念が生まれるきっかけとなった要因の一つは，ユークリッド幾何学の中の平行線公理である．これは，「直線 L と L 上にない点 P が与えられた場合，P を通って L に平行な（つまりいくら延ばしても L と交わらない）L′ はたった一つだけある」というものである．

この公理は，他の公理に比べその内容がかなり煩雑であるため，じつは公理なのではなく他の公理から導ける（つまり定理である）ことを証明しようとしたり，もっと単純な形に還元しようとする人が後を絶たなかった．しかし，彼らの挑戦は，18 世紀に別の形で終止符が打たれる．そこで明らかになったのは，ユークリッド幾何学は唯一可能な幾何学なのではなく，別の幾何学（非ユークリッド幾何学と呼ばれる）も考えられる，ということであった．一つは楕円幾何学と呼ばれるもので，ここでは平行線は存在しない．もう一つは双曲線幾何学で，ここでは二つ以上の平行線が存在する．この発見は，非ユークリッド幾何学というきわめて豊かな領域へ踏み出す一歩となった．しかし，それだけではない．それは，公理というものの性質を見直すという方法論的な転機ももたらすことになるのである．それまでは，公理というのは絶対的な真理を表すものであると思われていたのであるが，ここに至って，公理（の集合）が真である

平行線公理

　ユークリッドの公理は五つある．このうちの5番目が，平行線公理と呼ばれるようになったものである．
- 公理1　任意の点から任意の点に直線を引くことができる．
- 公理2　有限の直線を連続的に直線に延長することができる．
- 公理3　任意の中心と半径を持つ円を描くことができる．
- 公理4　すべての直角は一致する．
- 公理5　1本の直線が2本の直線に交わるとき，同じ側にある内角の和が2直角より小さいならば，2本の直線は，それらを延長すると，内角の和が2直角より小さくなる側と同じ側で交わる．

　平行線公理は，もう少しわかりやすい表現で言えば，「直線 L が一つあったとして，L 上にない点 P を通る直線のうち，L に交わらないものはたった一つ（平行線）である」である．授業で，この平行線公理の反例を考えてきなさいという課題を出したことがある．だれも思いつかないだろうと高を括っていたら，翌週，予想に反して珍妙奇抜な答がいくつも返ってきた．その中の一つに次のようなものがあった．一所懸命に考えたけど，思いつかない．友達と食堂で，うーん，なんだろうと考えていた．目の前のジュースの缶を何気なくにらんでいて，あっと気がついた，というのである．ジュースの缶は円筒形である．この缶の下側にくるりと直線 L を引く．今度は，上側に点 P をつけてそれを通る直線をくるりと描くのであるが，このとき，L は下の方にあるので，P を通る直線は，L に交わることなくいくつも描ける！　理論的にみて完全な反例と言えるかどうかはともかくとして，これには脱帽した．

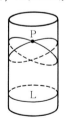

と言うとき，それは何についてなのかを明確にする必要性があるという認識が生まれる．そして，この「何」に相当するものがモデルと呼ばれるものなのである．

命題の真偽に関しても，同じことがあてはまる．すなわち，一般に，ある命題が真であるか偽であるかは，その命題がどのような世界を背景としているかがわからなければ決められない（モデルに依存しない，つまり，どのような世界でも成立するのは，トートロジーだけである）．モデルに基づく論理は，このように世界とことばの関係に踏み込んでいくという性質を持っている．また，形式意味論では，この性質を利用することで，言語の論理的特性をより細かく調べることが可能となる．

(b) 述語論理と自然言語

本節では，自然言語が述語論理を用いてどのように分析できるかを見ながら，同時に，述語論理の意味論の基本的なポイントも解説する．なお，述語論理の統語的・意味的定義に先に目を通しておきたい読者は，本節(f)(g)を見られたい．

述語論理は，それ自体は自然言語から独立したシステムであるが，自然言語の構造と似ている部分を多くもっている．そのため，形式意味論における意味分析には，しばしばこの述語論理の道具立てが利用されてきた．本節で見るのは，もっとも基本的な形式をもつ述語論理である．現在提唱されている形式意味論のいくつかは，この述語論理を発展させたものを用いるか，あるいは，他の論理システムと組み合わせたものを用いている．ただし，述語論理そのものは，命題論理と同じく，本来，自然言語を分析するために開発されたものではない．自然言語を中心に据えて，その意味研究に論理システムを実際に組み込むという方法は，次章のモンタギュー意味論などの形式意味論においてなされる．本節では述語論理の意味論の基本を学ぶが，それと同時に，述語論理のどのような点が自然言語の意味分析に応用されるのかも見ていくことにしたい．

述語論理も，命題論理と同じく，統語部門と意味部門をもっている．各部門の働きのポイントは，次のように示すことができる．

- 統語部門　式（命題）を生成する．たとえば，walk と a という記号から，walk(a) という命題が生成される．
- 意味部門　命題 walk(a) がどのような場合に真（または偽）になるかをモデルを用いて定義する．

また，述語論理をメタ言語として用いることで，次のような文を意味的に分析することができる．

(31) 　a. アームストロングが，歩いている．
　　　 b. アームストロングが，マリアを愛している．
　　　 c. どの飛行士も，だれかを愛している．

述語論理をメタ言語として用いるというのは，飛行という現象を理解するのに流体力学をメタ言語として用いるのと同じである．(31) の文は，このままでは，単なる記号列でしかない．(31) の各文が意味的にどういった点で共通しているのか（または異なっているのか）といったことや，語の意味がどのように組み合わさって文の意味が形成されるのかといったことを知るには，まずはそれについて語ることばが必要となる．ただし，語ることばは 1 種類だけであるとは限らない．このことを次の例で見てみよう．

あなたの目の前に，リンゴ 3 個とバナナ 2 本が置いてあるとしよう．「果物はいくつあるか」と問われれば，あなたは 5 と答えるだろう．このように答えることができるのは，あなたが，リンゴとバナナは異なる果物だという点を無視し，単にそれらの「数」を数えたからである．この数を数える，つまり「計算」の仕組みについて語ることばとは，ここでは 10 進法の足し算である．ただし，10 進法が唯一のメタ言語であるわけではない．場合によっては 2 進法をメタ言語として用いる方が便利であることもあるだろう（つまり $11 + 10 = 101$）．

このことは自然言語でも同じである．自然言語の場合は，たとえば，次のように語られるもの（自然言語）と語るもの（述語論理 L′）を対応づけることができる．

2.3 述語論理

(32) a.「アームストロングが歩いている」の統語分析
　　　⇔ walk(a)
　　b.「アームストロングが歩いている」が真であるための条件
　　　⇔ I(a) ∈ I(walk)

詳しい内容は以下で述べていくことにして，まずは，直観的に述語論理 L′ のメタ言語としての働きをつかむことから始めよう．(32a,b) の右辺が以下で見る述語論理 L′ の表記である．(32a) の右辺は，「アームストロングが歩いている」が「アームストロング」と「歩いている」という語の組み合わせから成っていることを表し（「が」はここでは無視する），(32b) の右辺は，この文が真である条件はアームストロングが歩いている者のうちの一人であることを表す．これは述語論理 L′ をメタ言語として用いる一つの例であるが，別の述語論理 L″ をメタ言語として用いる方がより深く自然言語の意味分析ができることがわかるということもあるかもしれない．実際，モンタギュー意味論の章で見る分析方法では，(33) のような別のメタ言語が用いられる（いまは walk の位置が (32) と逆になっていることを確認するだけでよい）．

(33) a.「アームストロングが歩いている」の統語分析
　　　⇔ A(walk)
　　b.「アームストロングが歩いている」が真であるための条件
　　　⇔ I(walk) ∈ I(A)

実際には，(32) と (33) で用いられている論理言語（つまり L′ と L″）以外にも，さまざまな論理言語が自然言語分析のためのメタ言語として提唱されている．ただ，先の 10 進法と 2 進法（これらは基本的には等価である）と異なり，自然言語に対して現在提唱されているいくつかのメタ言語にはいずれも一長一短がある．そのため，形式意味論ではメタ言語の改良が日々続けられて（競われて）いる．メタ言語は述語論理でなければならないわけではないが，現在の形式意味論では，述語論理 L′ あるいはその発展形を基礎として自然言語の意味が分析されることが多い．そこで以下では，(32) の文が述語論理 L′ をメタ言語として用いることでどのように分析されるかを見てみよう．

まず，(31a) にどのような論理表記が対応するかを見てみよう．述語論理 L′

では，命題は，統語的には**項**(argument あるいは term)と**述語**(predicate)の二つの部分から成る．ここでは，項を表すものとして a, b, c, … を用い，述語を表すものとして astronaut, walk, love, … を用いることにする．意味的には，項 a が指すものは**個体**(individual)である．個体というのは，いわばこれと指せるもののことである．項のこの働きは，自然言語の固有名「アームストロング」がたとえばアポロ11号の船長アームストロングその人を指すのと同じである．ここでは，自然言語のことばと述語論理のことばが混ざらないように，用語の使い方を一応次のように区別しておこう．

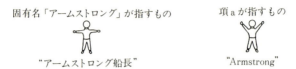

自然言語の「アームストロング」および述語論理の a が指すものはアームストロングという名をもつ当人であるが，ご本人に登場してもらうわけにもいかないので，以後は，便宜上「アームストロング船長」と Armstrong という記号を当人のかわりに用いることにする．

述語は，意味的には**属性**(property)・性質を表す(「属性」という用語は後の章で見る内包と呼ばれる概念と関連づけられることが多いが，ここでは単に述語の意味的性質を指すものとする)．自然言語の動詞も属性を表すので，述語論理の述語はこの点で自然言語の動詞と同じである．

さて，述語論理 L′ の統語規則により，項と述語から命題が形成される．たとえば，項が a，述語が walk の場合，命題は(34a)のように表記される．

(34)　walk(a)

自然言語で(34)に対応すると考えられるのは(35)である．

(35)　アームストロングが歩いている．

(35)には「ている」によって表されるアスペクトやテンスおよび「が」といった助詞が含まれているが，ここでは理論が複雑になるのを避けるためにこれらを無視することにしよう．そうすると，統語的には，(35)の「アームストロング」は(34)の項 a に相当し，「歩いている」は述語 walk に相当することになる．

(c) モデルと真理条件

今度は，(34)に意味がどのようにして与えられるかを見てみよう．先にも述べたように，述語論理は，(34)がどういう場合に真になるか(または偽になるか)ということを理論化するのであった．これは，モデルを用いて行われる．まず，3人の宇宙飛行士，Armstrong, Boar, Kim および Maria と Olga だけからなる世界を考えてみよう．この5人の集まりは，**談話領域**(universe of discourse)D と呼ばれる(図2.1)．述語論理では(34)の項 a に談話領域の要素を割り当てる(「対応づける」とも言う)ということが行われるのであるが，それを行うのが**解釈関数**(interpretation function)I である．ここでは，解釈関数 I は，項 a に Armstrong を割り当てる働きをするものとしよう．このことは，(36)のように表記される．

(36)　I(a) = Armstrong

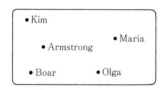

図 2.1　談話領域 D

次に，この談話領域においては，Armstrong と Maria の2人が歩いているとしよう．この2人を囲って，その囲いを G とすることにすると，図2.2のようになる．

述語論理 L' では，述語 walk には集合が対応づけられる．図2.2で言えば，

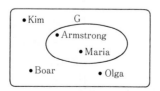

図 2.2　談話領域上の集合 G

この集合は G である．つまり，walk には，歩いている 2 人の集まり，すなわち，集合 G = {Armstrong, Maria} が対応づけられる（集合およびその表記法に馴染みのない読者は付録を見られたい）．walk に集合 G を対応づけるのも解釈関数 I である．以上のことは，(37) のように表される．

(37)　I(walk) = {Armstrong, Maria}

さて，walk には I(walk)（つまり集合 G）が，a には I(a)（つまり Armstrong）が対応づけられることがわかったので，ここで(34)に戻ろう．述語論理 L′ では，(34)が真であるのは，Armstrong が集合 G の要素である場合である．つまり，(38)の場合，(34)は真である．

(38)　I(a) ∈ I(walk)

(38) は，I(a) が集合 I(walk) の要素であるということを表す．これは，(34)が真である場合の条件を表しているため，**真理条件**(truth condition) と呼ばれる．このことをもう少しきちんと書くと，(39)のようになる．

(39)　(34)が真であるのは，I(a) ∈ I(walk) のときである．

このように，モデルを用いると，(34)がどのようなときに真であるか，つまり，その真理条件を述べることができる．そして，先にも述べたように，この真理条件を明らかにすることが形式意味論の目的なのである．

　自動詞と同じ意味的扱いを受けるものに，普通名詞と形容詞がある．たとえば，「犬」という普通名詞を考えてみよう．お隣のポチは犬である．しかし，「犬」という普通名詞はポチそのものを指すわけではない．「犬」はむしろポチの属性を表す．そして，この点では，自動詞や形容詞も変わりはない．したがって，「犬」も「白い」も，集合を表すものとして扱われる．(40)は，自然言語の「ポチは犬である」に対応する述語論理表記とそれの真理条件である．

(40)　a.　dog(p)　　（ポチは犬である）
　　　 b.　(40a)が真であるのは，I(p) ∈ I(dog) のときである．

(31b)に移ろう．(31b)は，二つの固有名と他動詞「愛している」からなる文である．述語論理では，二つの項と述語からなる命題がこれに相当する．この命題は，(41a)のように論理表記される．

(41)　a.　love(a, m)

b. アームストロングがマリアを愛している.

ところで,自然言語の他動詞では,主語と目的語を入れ換えると意味が変わってしまう.

(42) アームストロングがマリアを愛している ≠ マリアがアームストロングを愛している

これは,「マリア」と「アームストロング」が「愛している」という関係において,順序を持っているということである.この点は述語論理 L′ でも同じで,love(a, m) ≠ love(m, a) である.図でこれを見てみよう.まず,愛情関係にある2人を図2.3のように集めたとする.

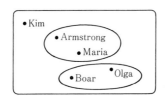

図 2.3 談話領域 D 上の二つの集合

図2.3では,しかし,どちらがどちらを愛しているのかまだわからない.そこで,順序を明らかにするために,⟨a, b⟩ という表記が用いられる.⟨a, b⟩ の場合,a と b は,a が第1項(つまり主語),b が第2項(つまり目的語)という順序を持つ.ここでは,Maria は Armstrong を愛し,Boar と Olga は相思相愛の仲であるとしよう.このとき,love には次の三つの順序対の集合が対応づけられる(「順序対」の定義などについては付録を見られたい).

(43) I(love) = {⟨Maria, Armstrong⟩, ⟨Boar, Olga⟩, ⟨Olga, Boar⟩}

このときの(31b)の真理条件は(44)である.

(44) (31b)が真であるのは,⟨I(a), I(m)⟩ ∈ I(love) のときである.

したがって,(31b)は,(44)により,当モデルでは偽であることになる.

─ 練習問題 2.5 ─

次の文が真であるようなモデルを作りなさい.
 (a) アームストロングは,自分を愛している.

(b) マリアは,アームストロングを愛していない.

(d) 量化子

(31c)に移る前に,(31b)を少し変えて,「アームストロング」を人称代名詞「彼」と,「マリア」を「彼女」と入れ換えてみよう.この扱いは,(31c)の分析を理解する上でも役立つものである.

(45) 彼が彼女を愛している.

(45)の「彼」と「彼女」は,このままでは何を指すかわからない.これらが指すものは,(45)が用いられている文脈に依存して決まるからである.つまり,文脈に応じて,たとえば「彼」が指すものがアームストロングであったりボーアであったりする.これは,たとえば,方程式 $x+2=y$ の変数 x と y が持つ働きと似ている.つまり,x と y はここに何か数字が入るという標識のようなものであるが,「彼」や「彼女」といった代名詞も,この x や y と同じく,一種の標識と見なすことができる.述語論理でこのような標識の働きをするものは,**変項**(variable)と呼ばれる.たとえば,変項が二項述語 love の項の位置を占める場合,(46)のように表記される.そして,この(46)に対応するものが(45)である.

(46) love(x, y)

さて,述語論理では,どのようにして,変項に談話領域の要素を割り当てるのであろうか.これは,**割り当て関数**(assignment function,単に**割り当て** assignment ともいう) g を用いて行われる.割り当て関数 g は,一口で言えば,変項に談話領域の要素をとにかく何か一つ割り当てるという働きをする.g は,変項に何を割り当てるかに応じて,$g_1, g_2, \ldots$ と区別される.たとえば,g_1 と g_5 は,それぞれ,(47a)と(47b)のように,x と y に要素を割り当てる関数であるとしよう.

(47) a. $g_1(x) = $ Armstrong, $\quad g_1(y) = $ Maria
b. $g_5(x) = $ Kim, $\quad g_5(y) = $ Maria

ここでも(43)を使うとすると,(47a)の場合,(46)は $\langle $Armstrong, Maria$\rangle \notin$

I(love) であるので偽である．また，(47b)の場合も，(46)は ⟨Kim, Maria⟩ ∉ I(love) であるので偽である．

この割り当て関数は，(31c)の分析に威力を発揮する．まず，(48)を見てみよう．

(48)　a.　∀x walk(x)
　　　b.　∃x walk(x)

(48a)は「すべての x が歩いている」ということを表し，(48b)は「ある x が歩いている」(あるいは「歩いているような x が存在する」)ということを表す．なお，∀は**全称量化子**(universal quantifier)，∃は**存在量化子**(existential quantifier)と呼ばれる．また，(48a)の ∀x は x を**束縛**(bound)し，(48b)の ∃x は x を束縛すると言う．ちなみに，(48a, b)に対応する自然言語の文は(49a, b)である．

(49)　a.　みんなが，歩いている．
　　　b.　だれかが，歩いている．

(48a)が真であるのは，談話領域の中の要素がすべて歩いているときである．そこで，これをチェックするために，割り当て関数 g が用いられる．チェックするのに用いるのは，どの g でもよい．そこで，ここでは，(47a)の g_1 を用いてみよう．g_1 は，x に Armstrong を割り当てるのであった．さて，モデルを調べてみて Armstrong は歩いていることがわかったとしよう．しかし，他の人は歩いていないかもしれない．そこで，他の人が歩いているかどうかもチェックするために，x の値を変えてみるという方法が用いられる．いま問題にしているのは x の部分だけなので，チェックの間，y には同じ要素(この場合は Maria)が割り当てられているものとする．つまり，(50)のように，割り当て関数を変えてみるのである．なお，$g_1[x, d]$ は，x に d を割り当てたときの g を表す．

(50)　a.　$g_1[x, \text{Kim}] = \text{Kim}$, 　$g_1(y) = \text{Maria}$
　　　b.　$g_1[x, \text{Boar}] = \text{Boar}$, 　$g_1(y) = \text{Maria}$
　　　c.　$g_1[x, \text{Maria}] = \text{Maria}$, 　$g_1(y) = \text{Maria}$
　　　d.　$g_1[x, \text{Olga}] = \text{Olga}$, 　$g_1(y) = \text{Maria}$

これで談話領域の中のすべての要素について，それらが歩いているかどうかをチェックできるようになった．図2.2によれば，歩いているのはArmstrongとMariaだけであるから，(48a)は偽である．これをまとめると(51)となる．

(51) (48a)が真であるのは，g_1 および g_1 の x の割り当てを変えた $g_1[x,d]$ をもつモデルにおいて，当の g によって walk(x) の x に値が割り当てられた命題がすべて真であるとき(つまり談話領域 D のすべての要素が歩いているとき)である．

他方，(48b)は，五つの g をチェックしていって歩いているものが存在すれば真である．チェックが完了して，そういうものが存在しなければ偽である．したがって，(52)となる．

(52) (48b)が真であるのは，g_1 および g_1 の x の割り当てを変えた $g_1[x,d]$ をもつモデルにおいて，当の g によって walk(x) の x に値が割り当てられた命題のうち少なくとも一つが真である(つまり談話領域 D の要素のうち歩いているものが存在している)ときである．

なお，以下の本節(g)で全称量化子および存在量化子をもつ命題に対する厳密な意味的定義を与えるが，その定義の実質的な内容は(51)および(52)と同じである．

今度は，これまで見てきた考え方を用いて別の例を見てみよう．たとえば，自然言語の(53)は，どのような論理式に対応するだろうか．

(53) どの宇宙飛行士も，歩いている．

先の(49a)と異なり，(53)が真であるためには3人の宇宙飛行士が歩いていれば十分で，たとえば，マリアは歩いていなくてもよい．このことは，(54)の論理表記によって表される．

(54) $\forall x(\text{astronaut}(x) \rightarrow \text{walk}(x))$

(54)が表しているのは，「すべての x に関して，x が宇宙飛行士であれば，x は歩いている」ということである．したがって，(54)が真かどうかは，宇宙飛行士に関してのみ，彼らが全員歩いているかどうかをチェックすればよい．(55a)の場合は(55b)が対応する．

(55) a. 宇宙飛行士が，歩いている．

　　　　b. $\exists x(\text{astronaut}(x) \wedge \text{walk}(x))$

(55b)が表しているのは,「宇宙飛行士であって,かつ,歩いている x が存在する」ということである.この場合は,歩いているものの中に宇宙飛行士がいるかどうかをチェックすればよい.ところで,先に見た(48)であるが,この(48)には自然言語の(49)が対応するのであった.しかし,じつは,上の図2.2のモデルにたとえば犬のポチも含まれている場合,この対応関係はもはや成り立たない.なぜなら,(49)の「みんな」や「だれか」は人間に対してのみ用いられるからである.そこで,この場合は,人間とポチを区別する必要がでてくる.このことは,いま見た(54)と(55b)を応用することでうまく処理することができる.すなわち,モデルの中にポチも入っている場合は,(49)に対応する論理式は(56)であると考えればよい.

(56)　a. $\forall x(\text{human}(x) \rightarrow \text{walk}(x))$
　　　 b. $\exists x(\text{human}(x) \wedge \text{walk}(x))$

これまでは量化子が一つだけ使われる例について述べてきた.用いられる量化子が二つ以上になると,作用域というものを考慮する必要が出てくる.そこで,次項で作用域について解説した後,量化子が二つ以上用いられる場合を見てみることにしよう.

練習問題 2.6

次の論理式は,どのようなモデルで真(または偽)であるかを述べなさい.
(a)　$\forall x(\text{dog}(x) \wedge \text{sleep}(x))$
(b)　$\exists x(\text{dog}(x) \rightarrow \text{sleep}(x))$

(e) スコープ

量化子の作用が及ぶ範囲は,**スコープ**(あるいは作用域,scope)と呼ばれる.たとえば,(57)の下線部が,$\forall x$ のスコープである.

(57)　$\forall x \underline{(P(x) \rightarrow Q(y))} \wedge S(x)$

(57)では,$\forall x$ は $P(x)$ の x を束縛している.しかし,$S(x)$ の x は,$\forall x$ のスコープの外にあるので,$\forall x$ に束縛されていない.また,$Q(y)$ の y は,y を束

縛する演算子がないので，**自由変項**(free variable)と呼ばれる．さらに，次の(58)では，∃x が束縛すべき変項 x が ∃x のスコープの中にない．

(58) $\exists x(P(y) \wedge Q(y))$

このような場合を**空量化**(vacuous quantification)と呼ぶ．

式が量化子を二つ以上含む場合，量化子の間にスコープの違いが生じる．これを自然言語の例で見てみよう．(59)は2通りの読みをもっており，したがって，曖昧性をもつ．

(59) だれもが，だれかを愛している．

一つの読みは，どの人も，それぞれ愛している人がいるというもので，この読みでは，全員が同じ人物を愛しているとは限らない．たとえば，アームストロングはマリアを愛していて，ボーアはオルガを愛しているといった具合である．もう一つの読みは，どの人も，だれか特定の人，たとえばマリアを愛しているというものである．この二つの読みは，それぞれ次のように表される．

(60) a. $\forall x \exists y\ love(x, y)$
   b. $\exists y \forall x\ love(x, y)$

これを図示すると，それぞれ図 2.4 のようになる．すなわち，(60a)の方は，すべての x のそれぞれに，x が愛している人 y が存在するということを表し，(60b)の方は，ある y が存在して，その人をすべての x が愛しているということを表す．

(60a)の場合，存在量化子は全称量化子のスコープの内にある．このような場合，全称量化子のスコープは存在量化子のスコープより広い(**wide**)という．あるいは，存在量化子のスコープは，全称量化子のそれより狭い(**narrow**)という．(60b)はこれの逆で，存在量化子のスコープが全称量化子のそれより広い．

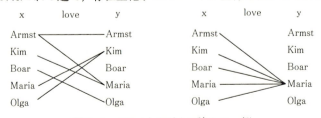

図 2.4 (60a)と(60b)の読みの一例

次の(61a)も二つの量化表現を含み，2通りに曖昧である．この場合は，(61b,c)の二つの論理式が対応する．

(61) a. どの宇宙飛行士も，だれかを愛している．
b. $\forall x(\text{astronaut}(x) \to \exists y(\text{human}(y) \land \text{love}(x,y)))$
c. $\exists y(\text{human}(y) \land \forall x(\text{astronaut}(x) \to \text{love}(x,y)))$

また量化表現が否定と結びつく場合も，曖昧性を生じる場合がある．次の(62)がその例である．

(62) a. 全員が宇宙飛行士ではない．
b. $\forall x \neg(\text{astronaut}(x))$
c. $\neg \forall x(\text{astronaut}(x))$

(62b)は宇宙飛行士ではないということが全員にあてはまるという読みに対応し，(62c)は全員が宇宙飛行士であるわけではないという読みに対応する．なお，(62b)の読みは宇宙飛行士である人は存在しないという読み(¬∃)と同じであり，(62c)の読みは宇宙飛行士でない人が少なくとも一人存在するという読み(∃¬)と同じである．つまり，∀と∃の間に(63)が成立する．

(63) $\forall x \neg Ax \leftrightarrow \neg \exists x Ax, \quad \exists x \neg Ax \leftrightarrow \neg \forall x Ax$

練習問題 2.7

次の文に対応する論理式を書きなさい．また，(a)に関しては，スコープにおける曖昧性を持つかどうかも述べなさい．
(a) だれかが，だれかを愛している．
(b) アームストロングがポチを愛しているなら，ポチは幸せである．
(c) アームストロングがだれかを愛しているか，ポチがだれかを愛しているかだ．

（f） 論理式の定義（統語部門）

述語論理においても，命題論理のときのように，まず言語 L′ が定義される．まず，言語 L′ の語彙に相当する記号であるが，記号は，論理記号と非論理記号とから成る．述語論理 L′ の**論理記号**(logical symbol)は，以下の四つのグルー

プに分類される．なお，これまで「項」という用語を用いてきたが，項は変項と定項の総称である．

　（個体）変項　x, y, z, …

　結合子（論理演算子）　¬, ∧, ∨, →, ↔, ∀, ∃

　括弧　(,), …

非論理記号(non-logical symbol)は次のものである．

　（個体）定項　a, b, c, …

　n–項述語を表す記号　walk, astronaut, love, introduce, …

論理記号の論理的性質はどの述語論理に対しても固定されている(fixed)が，非論理記号は同じものであるとは限らない．論理・非論理記号の集合は，言語L′の語彙(vocabulary)と呼ばれる．このとき，言語L′は，次のように定義される．

　（ⅰ）　RがL′のn–項述語で，$t_1, \cdots, t_n$ のそれぞれがL′の項であるならば，$R(t_1, \cdots, t_n)$ は，L′の論理式である．

　（ⅱ）　ϕ がL′の論理式ならば，¬ϕ もL′の論理式である．

　（ⅲ）　ϕ と ψ がL′の論理式ならば，$\phi \land \psi$, $\phi \lor \psi$, $\phi \to \psi$, $\phi \leftrightarrow \psi$ もL′の論理式である．

　（ⅳ）　ϕ がL′の論理式で，xがL′の変項であるならば，$\forall x \phi$ と $\exists x \phi$ はL′の論理式である．

　（ⅴ）　（ⅰ）–（ⅳ）を有限回繰り返して生成されたものだけが，L′の論理式である．

ここで注意すべきことは，命題論理のときと異なり，真理値がそのままでは決まらないものも論理式として認めるという点である．たとえば，walk(x)はL′の論理式である（walk(x)は割り当て関数によってxに値が割り当てられて初めて真理値を持つ）．

練習問題 2.8

　述語論理L′の統語規則を用いて，次の文にもっとも対応すると考えられる論理式を書きなさい．

> (a) ポチは，だらしないが，勇敢だ．
> (b) ポチとシロが，勇敢だ．
> (c) ポチは，勇敢な犬である．
> (d) ポチは，勇敢な犬ではない．

言語 L' では個体変項が束縛の対象である．このように量化子が個体変項を束縛する論理を**一階述語論理**(first-order predicate logic)と呼ぶ．量化子は，さらに，述語変項を項に取ることもでき，その場合の論理は**二階述語論理**(second-order predicate logic)と呼ばれる．総じて，これを繰り返したものを**高階述語論理**(higer-order predicate logic)と呼ぶ．たとえば，二階述語論理の場合，量化子は関係 X を束縛することができるので，$\forall X(X(\text{Armstrong}) \to X(\text{Maria}))$ のような論理式が得られる．この式は，アームストロングが持っている属性はすべてマリアも持っている，ということを表したものである．

ところで，日本語の文を述語論理を用いて分析する際に注意が必要なのは，次の(64)の「宇宙飛行士」のようないわゆる裸名詞句を持つ文である．**裸名詞句**(bare noun phrase)とは，英語の限定詞(a や every など)に相当するものを持たず，普通名詞がそのまま名詞句として用いられる場合を指す．

(64) 宇宙飛行士が歩いている．

(64)の場合は，(65)のように存在量化子を持つ論理式を対応づけるのが(言語 L' においては)もっとも自然である．

(65) $\exists x(\text{astronaut}(x) \land \text{walk}(x))$

しかしながら，裸名詞句を持つ文の中には，存在量化されているとは考えにくいものもある．次の文を見てみよう．

(66) 犬は賢い．

(66)は，賢い犬が存在すると言っているのではなく，犬一般に関してそれが賢いと言っているのである．このような文は**総称文**(generic sentense)と呼ばれる．総称文にはしばしば全称文と同じ論理式(67)が与えられる．

(67) $\forall x(\text{dog}(x) \to \text{clever}(x))$

ただ，厳密には総称文は全称文と同じではない．総称文は，少数の例外，すな

わち，賢くない犬が何匹か存在していても真となることができるからである．(言語 L′ では，総称文と全称文のこの違いを処理できない．しかし，L′ より強い言語の中では，この違いを捉えるために，「ほとんど」に相当する量化子，もしくは，総称演算子（G-operator）という特殊な演算子が適用されることがある．総称演算子に関しては G. Carlson(1989)を見られたい．)

裸名詞句は，さらに，照応に関しても注意が必要である．(68)を見てみよう．

(68) 男が入ってきた．男は犬をつれていた．

最初の文は，(64)と同じで「男」が存在量化されていると考えてよい．しかし，二つ目の「男」も存在量化されていると見なすと，最初の文の「男」と二つ目の文の「男」は，別の男を指していることになる．このことを(69)で見てみよう．なお，(68)の二つの文は，連言で結ばれているとする．

(69) $\exists x(man(x) \land come\text{-}in(x)) \land \exists y \exists z (man(y) \land dog(z) \land be\text{-}with(y, z))$

(68)の二つの「男」が同一人物を表すためには，(70)のように，最初の man(x) を束縛する存在量化子の作用域の中に，二つ目の man の変項が入っていなければならない．

(70) $\exists x(man(x) \land come\text{-}in(x) \land \exists y(man(x) \land dog(y) \land be\text{-}with(x, y)))$

なお，二つ目の man(x) とそれに続く連言結合子は，結果的には省略してもかまわない．そのことによって(70)の式に影響がでることはない．

ところで，日本語におけるこのような問題は，英語では生じない．

(71) a. A man came in. He was with a dog.

b. A man came in. A man was with a dog.

(71)が示すように，入ってきた男と犬を連れた男が同一人物である場合，英語では必ず代名詞が用いられなければならない．言いかえれば，(71b)の二つの a man は別人物を指していなければならないのであるが，(69)はこの点をうまく捉えることができている．

(g) モデルに基づく定義（意味部門）

述語論理 L′ のモデル M は，(i)（空でない）領域 D と(ii) D への(into)解釈関数 I から成るものをいう．すなわち，モデル M は(i)と(ii)の対 M = ⟨D, I⟩ で

ある．また，L′ では，変項に対する割り当て関数 g も用いられる．

解釈関数と割り当て関数については前項で具体的に見たので，ここでは簡単に復習しておくに留める．解釈関数 I は，**定項**(constant)に D の要素，n-項述語に順序 n-組(の集合)を割り当てる関数である．定項というのは，love(a, m) の a や m を指す．このとき，a と m には D の要素 Armstrong と Maria が対応しているとすると，I(a) = Armstrong, I(m) = Maria である．I(a) は，定項 a の**解釈**(interpretation)と呼ばれる．場合によっては，I(a) は，定項 a の**指示物**(denotation, referent)と呼ばれることもある．割り当てられる指示物がいわば決まっていると考えることができる定項に対し，変項 x は特定の指示物をもたない．たとえば，love(a, x) は，このままでは真理値をもつことができない．しかし，この x に指示物を割り当ててみることは可能である．そして，これを行うのが，割り当て関数 g である．たとえば，g が x に Maria を割り当てる関数だとすると，love(a, x) は g のもとで love(a, m) と同一である．したがって，love(a, x) は，g のもとで，Armstrong が Maria を愛しているならば真である．変項に値を割り当てるという考え方は，全称文と存在文の意味的定義においてその威力を発揮する．

まず，定項と変項の解釈の定義から見てみよう．$V_{M,g}$ は「M と g における付値」を表す．

［定義 1］

　　t が L における定項であるなら，$V(t)_{M,g} = I(t)$

　　t が変項であるなら，$V(t)_{M,g} = g(t)$

定義 1 に基づき，意味規則は次のように定義される．

［定義 2］

（ⅰ）　$V_{M,g}(R(t_1, \cdots, t_n)) = 1$ iff $\langle V(t_1)_{M,g}, \cdots, V(t_n)_{M,g} \rangle \in I(R)$

（ⅱ）　$V_{M,g}(\neg \phi) = 1$ iff $V_{M,g}(\phi) = 0$

（ⅲ）　$V_{M,g}(\phi \wedge \psi) = 1$ iff $V_{M,g}(\phi) = 1$ かつ $V_{M,g}(\psi) = 1$

（ⅳ）　$V_{M,g}(\phi \vee \psi) = 1$ iff $V_{M,g}(\phi) = 1$ あるいは $V_{M,g}(\psi) = 1$

（ⅴ）　$V_{M,g}(\phi \rightarrow \psi) = 1$ iff $V_{M,g}(\phi) = 0$ あるいは $V_{M,g}(\psi) = 1$

（ⅵ）　$V_{M,g}(\phi \leftrightarrow \psi) = 1$ iff $V_{M,g}(\phi) = V_{M,g}(\psi)$

なお，$V_{M,g}(\phi)=1$ であるなら，「ϕ はモデル M と g において真である」という．定義2の(i)は，各項と述語の解釈から全体の値が決まり，また，(ii)から(vi)でも，真理値を割り当てられた ϕ や ψ から全体の値が決まるということである．その意味で，この定義は，部分から全体を構成するという方法で構成されている．しかし，この方法は，∃xP(x) といった存在量化子を持つ式や∀xP(x) といった全称量化子を持つ式に用いることはできない．なぜなら，これらの量化子を持つ式は，解釈を持つ諸部分に分割することができないからである．たとえば，∃xP(x) を ∃x と P(x) に分解するとする．このとき，∃x の部分は，それに対応する解釈をモデルの中にもたない．そこで，∀ と ∃ を含む文も解釈できるように援用されるのが割り当て関数 g である．具体的には，量化子を含む式の定義は，次のようになる．

[定義3]
(vii)　$V_{M,g}(\forall x\phi)=1$ iff すべての $d \in D$ において，$V_{M,g[x,d]}(\phi)=1$
(viii)　$V_{M,g}(\exists x\phi)=1$ iff 少なくとも一つの $d \in D$ において，$V_{M,g[x,d]}(\phi)=1$

定義3についての具体的な例については，本節(d)を見られたい．なお，定義3の g[x,d] は，x に d を割り当てたときの g を表す．注意しなければならないのは，割り当て関数 g が d という値をあてはめてみるのは x という変項に対してのみであるということである．つまり，x 以外の部分への値割り当ては(当面関係ないので)固定しておいて，x の部分だけを変えて何が起こるかを見るのである．

なお，一階述語論理 L′ では，非論理記号である n-項述語と定項に指示物が割り当てられる．これに対し，量化記号(∀ と ∃)や結合子(∧, ∨ など)および括弧などは指示物を割り当てられず，直接定義の中に導入される．前者は**範疇的**(categorematic)な記号，後者は**共範疇的**(syncategorematic)な記号と呼ばれる．

(h)　Tarski による真理の定義

意味論的(自己言及型)パラドクス(2.1節のコラムを見られたい)は，「真」や「偽」，「嘘」などの表現が，他の表現と同じレベルで用いられていることによ

2.3 述語論理

り生じる．たとえば，(72)では，「偽である」という言葉が「(72)は…」の(72)そのものの中に(入れ子のように)入る結果となっており，そのことがパラドクスを生じる原因となっている．

(72) (72)は偽である．

「X は偽である」という形式は，これまで見てきた命題論理や述語論理の中でも用いられている．では，これらの論理で，パラドクスは生じないのだろうか．この問題を解決する糸口をつけたのは A. Tarski である．Tarski は，真偽を明確な形で定義することで，真偽という概念を安全に用いることができるのではないかと考える．そこで，命題・述語論理の意味論を離れる前に，Tarski の考えを見ておこう．

次の定義の仕方は，基本的には，命題・述語論理で用いられてきたものである．

(73) 「ゴンタは鳥である」は真である iff ゴンタは鳥である

(73)で用いられている考え方は，一口で言えば，(73)の定義には二つの言語が用いられているというものである．一つの言語 O (対象言語)には「ゴンタは鳥である」その他の命題が含まれており，もう一方の言語 M (メタ言語)には言語 O がもっている命題の他に少なくとも「真である」という述語も含まれているとしよう．Tarski のアイデアは，この言語 M に言語 O の真偽を語らせようというものである．(73)そのものを語っているのは言語 M であるが，そのうち，iff の左辺の「ゴンタは鳥である」は M が内蔵している言語 O の命題である(なお，Tarski は，iff の左辺の「ϕ は真である」の ϕ の部分に入るものは命題の名前に相当するものと考えた)．iff の右辺には，ϕ が真であるというのを保証する部分，つまり，どういうとき ϕ が真であるのかをきちんと述べる部分が入る．つまり，図式的には(74)のようになる．左辺の ϕ が言語 M がもつ言語 O の命題である．

(74) 「ϕ」は真である iff (どんなとき ϕ は真か)

これは，いわば，言語 M が言語 O というシステムを外から眺めて，あれは真だとかあれは偽だとか言っているようなものである．ただこのとき，どうして真(あるいは偽)だと思うのかというその根拠を言語 M がきちんと持っていな

ければその判断も怪しい．iff の右辺は，この根拠を明示する部分なのである．このことから，言語 M が(73)で述べているのは，「ゴンタは鳥である」という命題はゴンタがとにかく鳥であるとき(究極の根拠！)真であるということになる．Tarski は，このようにして，すなわち，語られる言語すなわち対象言語 ϕ とそれについて語る言語すなわちメタ言語(「ϕ」は真である iff ϕ)とを区別するという方法を編み出すことで，自己言及型パラドクスをシステムから締め出したのである．

命題・述語論理の意味の定義は，この考え方に基づいている．たとえば，$\phi \wedge \psi$ の定義は(75)であった．

(75)　$V(\phi \wedge \psi) = 1$ iff $V(\phi) = 1$ かつ $V(\psi) = 1$

(75)の左辺の $\phi \wedge \psi$ が(言語 M がもつ)言語 O の命題である．また，右辺は，この命題が真であるための条件，つまり真理条件である．

なお，iff の右辺の部分について言うと，そこで主張されていること，つまり，ゴンタは鳥であるということが実世界で現実に起こっていることなのかどうかまで理論が保証してくれるわけではない．このことを見るために，(76)の定義を見てみよう．

(76)　「デカルトは鳥である」は真である iff デカルトは鳥である

(76)は，定義としてはこれで正しいのである．ただ，この定義は，いま述べたように，デカルトが鳥であることが現実に真であるかどうかまでを保証するものではない．「デカルトは鳥である」が真であるのは，理論上，デカルトが鳥であるときに限ると言っているだけである．つまり，「デカルトは鳥である」という文が実際に真と言えるかどうかは，世界が実際にどうなっているかを見渡してみて初めてわかることなのである．

読書案内

論理学の参考書は，日本語で書かれたものも数多く出版されている．しかし，命題論理や述語論理を日本語で解説したもので，自然言語を射程に入れており，しかも初学者向けのものとなると，見つけるのに苦労するくらいである．ここでは，比較的新しく読んでいて挫折しない(可能性の高い)本を3冊あげておくことにする．

[1] 郡司隆男・阿部泰明・白井賢一郎・坂原茂・松本裕治(1998):『意味』,岩波講座言語の科学,第4巻,岩波書店.
現在研究が進んでいる意味論の分野について,わかりやすく解説してある.トピックが豊富で,現在意味論で何が研究されているかがよくわかる良書である.本巻を読み終えたら,この本を読んでみることをお勧めする.

[2] 清水義夫(1984):『記号論理学』東京大学出版会.
命題論理や述語論理について(どうしても)もっと詳しく学びたい読者にはこの本がよい.気楽に読める手の本ではないが,細かいところにまで気を配ってある.

[3] Gamut, L. T. F.(1991): *Logic, Language and Meaning*, Vol.1, University of Chicago Press.
Gamut なる人物は存在しない.この参考書は,自然言語の論理分析で第一級の仕事をしている5人の論理学者の手によるもので,当然のことながら自然言語を中心に論理学を解説してある.邦訳がないのが残念だが,英語が苦にならない方にはお勧めの一書である.

演習問題

2.1 命題論理 L では,次の日本語のうち(a)から(c)にもっとも対応する論理式は $\phi \wedge \psi$ であり,(d)と(e)にもっとも対応する論理式は $\phi \rightarrow \psi$ である.この場合,どういった意味的内容が抜け落ちてしまうかを考えなさい.
 (a) ポチは,外を見ながら,山田君の帰宅を待っている.
 (b) 山田君は,手紙を書いては捨てた.
 (c) 踊って歌って(千円ポッキリ).
 (d) 山田君は,失敗をしても,くじけない.
 (e) ポチが人間だったら,(ポチは)ことばを話せたのに.

2.2 述語論理 L′ の統語規則を用いて次の文にもっとも対応すると考えられる論理式を書きなさい.ただし,L′ は等号記号 = も含み,「V(a=b)=1 iff I(a) は I(b) と等しい」であるとする.
 (a) ポチは,骨を見つけると,それを隠す.
 (b) ポチの尻尾は,白い.
 (c) ポチは,自分以外の犬を尊敬している.
 (d) すべての犬は,お互いを敵視している.

(e) 犬を飼っていない人は，猫を飼う．

2.3 述語論理 L′ の統語規則を用いて次の文にもっとも対応すると考えられる論理式を書き，そのうえで，モデルを用いてその論理式の意味を与える場合，どのような問題が生じるかを考えなさい．

(a) ポチは，大きな犬である．
(b) ポチはシロより大きく，シロはポチより小さい．
(c) だれもいない．

自然言語の形式意味論

　この章では，形式意味論，特に真理条件的意味論と呼ばれる分野の意味理論をいくつか解説する．第2章で見てきた形式意味論の基礎的な考え方は，これらの理論の中で随所に活かされている．この章で目指すのは，それぞれの理論で扱われている中心的な考え方を詳しく解説することである．

　形式意味論では，現在のところ，いくつかの理論が並行して提唱されている．他の研究分野でも多かれ少なかれ同じことがあてはまるが，形式意味論では，このうちの一つだけに通じていれば事足りるというわけにいかない．各理論は，論理というメタ言語を共有した上で，それを改良しつつ意味論的データをより深く分析するという方式を取っている．このとき，なぜ，そしてどういった点を改良するのかを真の意味で理解するためには，他の理論で何が説明できない（あるいは説明できる）のかもきちんと理解する必要があるのである．このように言うと，膨大な内容を学ばなければならないように聞こえるが，要は，各理論の中心的な考え方をつかめばよいのである．

3.1　構成的意味論

（a）　構成性原理

　語が集まれば句となり，さらには文となり，また，文が集まって物語が作ら

れる．形式意味論は，部分から全体へとあるものが形成されていくことの中に潜む機械的なメカニズムを，論理学で得られた成果を利用して説明することを試みる．

部分から全体が構成される点を理論化するにあたって重要な方法論的支柱となっているのは，**構成性原理**(compositional principle)と呼ばれる考え方である(この原理は G. Frege の名を取って**フレーゲの原理**とも呼ばれるが，彼がこの原理を最初に明示的に提唱した人物であるかどうかについては異論がある)．構成性原理は,「全体は部分の合成からなる」という考え方であり，しばしば次のように表現される．

(1) 複合表現の意味は，その表現の各部分の意味を合成することによって決まる．

この原理は，たとえば,「白い鳥」という表現の意味は,「白い」の意味と「鳥」の意味を合成することによって得られるということを表している．

(2) 「白い」の意味と「鳥」の意味を合成 → 「白い鳥」の意味

このように書くといかにも当たり前のように見えるが，実際はそうではない．複合表現の意味がどのようなものであるのか，それは部分の意味から成っているのかといったことは，決して自明なことではない．つまり,(1)は，既成の事実なのではなく，意味の理論を構築する際の仮説なのである．

この構成性原理は，通常，統語分析とあわせて用いられる．これは，自然言語を分析するにあたって，単に意味の合成だけを考えたのでは十分ではないからである．たとえば,「白い鳥と魚」の意味は 2 通りに曖昧であるが，意味の合成ということだけを考えたのでは，この点を捉えることができない．むしろ，統語規則によって語が連結されていく手順に沿って意味が与えられると考えた方が都合がよい．たとえば,(3a)を形成する統語規則と(3b)を形成する統語規則にそれぞれ対応した意味規則を立てて意味を合成していくのである．

(3) a. [白い [鳥]] と [魚]
　　b. [白い [鳥と魚]]

構成性原理という場合，このように，統語規則に平行して意味規則を与えるという方法を指すことが多い．

構成性原理の是非

　構成性原理はかなり強い仮説であり，すべての言語学者や論理学者がこの原理をそのまま受け入れているわけではない．構成性原理は単に方法論的な出発点にすぎず，経験的にはその正しさを確かめることはできない（あるいは無意味である）と主張する人たちもいるくらいである（Benthem 1984; Groenendijk & Stokhof 1991; Zadrozny 1994; Janssen 1996）．しかし，ほとんどの形式意味論は，多かれ少なかれ，この原理を採用しているといってよい．

　よい仮説というものは，その是非よりもむしろ考え方の方が重要な役割を果たすときがある．古代ギリシアの Dēmoklitos は，万物はもうそれ以上分割できないアトムという究極的な物質から成ると説いた哲学者である．確かに，物質はどんどん分割していくことができる．分割していった先がアトムという物質だというこの考え方は，大いに説得力がある．しかし，もちろん当時はアトムの正体を実験で確かめることはできず，したがって，物質を分割していくとアトムに到達するというのはあくまで仮説でしかなかった（Dēmoklitos たちが「仮説」と思っていたかどうかは別として）．しかし，ここにある考え方は，その後，形を変えながらも現代の物理学へと引き継がれ，また，数々の発見を導いていく．構成性原理も，そういった面をもっていると言ってよいかもしれない．構成性原理の中にある考え方は，次節で見るように，語の意味をどう記述すればよいか，また，複数の語の「合成」をどう理論化すればよいかといった，いわば形式意味論の中心的な枠組みを整えることを促してきたからである．

　部分とは何か，部分を合成していくとはどういうことかといったことは，意味だけでなく，私たちを取り巻く世界に関しても興味深い問題を投げかける．読者の方々も，この問題についていろいろと思いを巡らせてみたらいかがだろうか．

統語規則に平行して意味規則が与えられるという解釈のもとで構成性原理を捉える場合，注意しなければならない点は，一つの統語表記に二つ以上の意味が与えられるようなことがあってはならないということである．ただし，複数の統語表記がたまたま同じ意味を与えられることがあってもかまわない．後者の例としては(4)が挙げられる．

(4)　a. 弁慶は，鎌倉時代の僧である．

　　　b. 武蔵坊は，鎌倉時代の僧である．

(4a)と(4b)は異なる語を含んでいるので，統語表記は異なる．しかし，「弁慶」と「武蔵坊」は同一人物を指すので，意味表記は同一である．このような例はあってもかまわない．問題は一つの統語表記に二つ以上の意味表記が与えられる場合である．たとえば，次の(5)は構成性原理に従わない例である．

(5)　油を売る

(5)の統語分析は1通りしかない．しかし，意味としては，実際に油を売る場合と無駄話をして怠ける場合とがある．このような場合，構成性原理を厳守するためには，(5)が用いられる発話状況を意味論の中に組み込むなどの工夫が必要となる．

また，「信じる」といった動詞を含む文も，構成性原理に従わない場合があることが知られている．たとえば，次の(6a)と(6b)は，「眼科医」と「目医者」が同義語であることから常に同じ真理値を持つ．

(6)　a. 山田君は，眼科医に会った．

　　　b. 山田君は，目医者に会った．

しかしながら，(6)の文が**信念文**(belief sentence,「信じる」や「思う」などを主動詞として持つ文)の中で用いられる場合，つまり(7a)と(7b)の場合，両文の真理値は異なる可能性がある．なぜなら，健児は，眼科医と目医者は別の職業だと思いこんでいる場合，(7a)は信じても，(7b)は信じないかもしれないからである．

(7)　a. 健児は，山田君が眼科医に会ったと信じている．

　　　b. 健児は，山田君が目医者に会ったと信じている．

したがって，(7)も構成性原理には従わないことになる．

3.1 構成的意味論 73

構成性原理の考え方は，具体的には，関数適用という方法によって理論の中に組み込まれる．そこで次項では，この方法について見てみることにしたい．

(b) 関数適用

まず，次の表現について部分と全体という点を考えてみよう(ただし「が」は無視する)．

(8) ポチが，歩いている．

(8)は「ポチ」と「歩いている」という部分からなる表現である．このとき，「ポチ」という語はこのままで一つの意味のまとまりを表しているが，「歩いている」とだけ言われると「何が？」と問いたくなる．つまり，同じ部分であっても，「歩いている」の方は何かが補われないと不完全な感じがする．この「補うもの」と「補われるもの」との関係を理論化するのが**タイプ理論**(type theory)である．タイプ理論で用いられる**タイプ**は表現の範疇を記述するためのものであるが，具体例を見た方がわかりやすいのでさっそく見てみよう．この項ではもっとも単純なタイプ理論を用いることにすると，「ポチ」のタイプはe，「歩いている」のタイプは⟨e, t⟩となる．

(9) a.「ポチ」のタイプ: e
　　b.「走っている」のタイプ: ⟨e, t⟩

⟨e, t⟩が表しているのは，このタイプをもつ表現は，eというタイプをもつ表現を項として取って，tというタイプをもつ表現となるということである．ここで，tというのは文のタイプである．つまり，「走っている」は，「ポチ」を項として取ると文になる，そういったタイプをもつ表現であるということになる．このタイプの働きは，図3.1のような**樹形図**(tree diagram)を作ってみるとわかりやすい．

「走っている」という表現は，「ポチ」と結びつくと「ポチが走っている」と

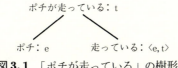

図3.1　「ポチが走っている」の樹形図

いう文となり,「ミケ」と結びつくと「ミケが走っている」という文となる.これは「走っている」が関数の働きをもつということであり,⟨e, t⟩というタイプは,この関数の働きを表すものなのである.ここで,タイプの定義を見ておこう.

[タイプの定義]
 (ⅰ) e, t ∈ T
 (ⅱ) a, b ∈ T であるなら,⟨a, b⟩ ∈ T

ここで,Tはタイプの集合である.eは個体を指示する表現のタイプであり,tは真理値を指示する表現のタイプである.eとtは**基本タイプ**(basic type)と呼ばれる.(ⅰ)は,eとtが(基本)タイプであることを述べたものである.**派生タイプ**(derived type)は(ⅱ)によって定義される.(ⅱ)は,aとbがタイプなら,⟨a, b⟩もタイプであることを述べたものである.ここで,⟨a, b⟩は,タイプ理論では,aのタイプからbのタイプへの関数を表す.言いかえれば,⟨a, b⟩という表現がaというタイプの表現を項として取ると,bというタイプの表現が得られる.タイプ⟨a, b⟩にタイプaを適用してbを得ることを,**関数適用**(functional application)と呼ぶ.

　練習をかねて,他の例も見ておこう.
　(10)　ポチが,のんびりと,歩いている.
「のんびりと」は自動詞「歩いている」と結びつき,「のんびりと歩いている」を形成する.この「のんびりと歩いている」という句は,「ポチ」を補えば文となる点で「歩いている」と同じである.すなわち,「のんびりと歩いている」のタイプは,「歩いている」のタイプと同じであると考えることができる.(11)に示す「のんびりと」のタイプは,この点を踏まえたものである.
　(11)　「のんびりと」のタイプ: ⟨⟨e, t⟩, ⟨e, t⟩⟩
つまり,⟨⟨e, t⟩, ⟨e, t⟩⟩のタイプをもつ表現は,⟨e, t⟩というタイプをもつ表現(「歩いている」)を項として取って,⟨e, t⟩というタイプをもつ表現(「のんびりと歩いている」)となる.図3.2は(10)の樹形図である.

　他動詞のタイプは,次のようになる.
　(12)　a. ポチが,ミケを追いかけている.

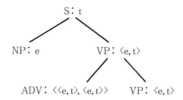

図 3.2 「ポチが，のんびりと，歩いている」の樹形図

b.「追いかけている」のタイプ: $\langle e, \langle e, t \rangle \rangle$

「追いかけている」は，e のタイプをもつ表現(「ミケ」)を項として取って $\langle e, t \rangle$ のタイプをもつ表現「ミケを追いかけている」となる（つまり $\langle e, \langle e, t \rangle \rangle$ に e が適用されて $\langle e, t \rangle$ が得られる，図 3.3）．「ミケを追いかけている」は，さらに，e のタイプをもつ表現(「ポチ」)を項として取って，t のタイプをもつ表現つまり (12a) となる．

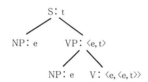

図 3.3 「ポチが，ミケを，追いかけている」の樹形図

練習問題 3.1

(i) 次の文の樹形図を描き，そこに各語のタイプを書き込みなさい．
ミケが，ポチに，チュー太を紹介した．

(ii) 次の表現のタイプを書きなさい．
 (a) が（助詞）
 (b) を（助詞）
 (c) 〜の首都（〜に入る表現のタイプは e とする）
 (d) 当然のことながら（文修飾語）

関数適用は，先に述べたように，部分から全体が構成されるという点を理論

化する一つの方法である．アイデアは，A が B と C からなる表現であるとき，B か C のどちらか一方を関数，他方を項と見なすという点にある．この点を念頭において，ここでもう一度「ポチが歩いている」を取り上げてみよう．これまで「ポチ」のタイプを e,「歩いている」のタイプを $\langle e, t \rangle$ と見なしてきた．しかし，「ポチが歩いている」は，次のようにタイプ分析することもできる．

(13) a. ポチが，歩いている．
　　　b. 「ポチ」のタイプ：$\langle \langle e, t \rangle, t \rangle$
　　　c. 「歩いている」のタイプ：$\langle e, t \rangle$

この場合は，「ポチ」は，「歩いている」を項として取って文となる表現であることになる．つまり，「ポチ」の方を関数に対応づけられる表現と考えるのである．この分析方法は，本節(c)以下で見る構成的意味論および 3.2 節の一般量化子理論において採用されているものである．

次に(9)および(13)の(タイプに基づく)意味がどうなるかを見てみよう．(9)では，「ポチ」のタイプは e,「歩いている」のタイプは $\langle e, t \rangle$ である．タイプ理論では，e というタイプをもつ表現の意味は個体 d であり，$\langle e, t \rangle$ というタイプをもつ表現の意味は個体の集合 D である．このことから，(9)が真であるのは d が D の要素であるとき(すなわち d∈D であるとき)と考えることができる．これは述語論理 L′ における真理条件と同じであることに注意されたい．他方，(13)では，「ポチ」のタイプは $\langle \langle e, t \rangle, t \rangle$,「歩いている」のタイプは $\langle e, t \rangle$ である．$\langle \langle e, t \rangle, t \rangle$ というタイプをもつ表現の意味は，個体の集合の集合 $\mathcal{D}$, 言いかえれば，属性の集合である(「属性」という用語は 2.3 節(b)のときと同じく「内包」を考えないものとして用いることにする)．「ポチ」の意味が属性の集合であるというのは多少わかりにくいが，このことは次のように考えることができる．ポチは，歩いたり(集合 D_1), 走ったり(集合 D_2), あくびをしたり(集合 D_3)するわけだが，このとき，この集合 D_n をすべて集めたもの，すなわち，ポチがもつすべての属性(集合 $\mathcal{D}$)を考えることができる．3.1 節(d)で見るように，この集合 $\mathcal{D}$ を用いると，たとえば「ポチが眠っている」や「ポチが吠えている」など「ポチが X」という文が真か偽かを必ず決めることができる．このことは，理論の上では，「ポチ」の意味を，ポチがもつ属性をすべて集め

たもの $\mathcal{D}$ とみなしても不都合は生じないということである．「ポチ」の意味を属性の集合とみなすのはこういった理由による．なお，(13) が真である条件は，$\langle e, t \rangle$ に対応する集合 D が，$\langle\langle e, t \rangle, t \rangle$ に対応する集合の集合 $\mathcal{D}$ の要素であるとき（すなわち $D \in \mathcal{D}$ であるとき）である．

では，実際にタイプ理論における意味的定義を見てみよう．タイプ理論では，どのタイプをもつ表現が意味的に何を指示するかが定義されている．次の（帰納的）定義がそれである．E を個体の集合とし，a, b をタイプとする．

[タイプの意味的定義]
(i) $D_e = E$
(ii) $D_t = \{0, 1\}$
(iii) $D_{\langle a, b \rangle} = D_b^{D_a}$

e のタイプの表現は個体を指示し，t のタイプの表現は真理値を指示する．(iii) の $D_b^{D_a}$ は，集合 D_a から集合 D_b へのすべての関数からなる集合を表す．したがって，たとえば，$D_{\langle e, t \rangle}$ は，個体の集合 E から真理値の集合($\{1, 0\}$)へのすべての関数の集合を表す．この関数の具体例は「歩いている」で，これは，ポチを項として取れば 1，ミケを取れば 0，…となっているわけである．$D_{\langle e, \langle e, t \rangle\rangle}$ であれば，個体の集合 E から，個体の集合 E から真理値の集合への関数の集合，への関数の集合を表すことになる．こう書くとわかりにくいが，具体例に則して図を描いてみれば一目瞭然である．ここでは，個体の集合 E は Armstrong, Mary, Boar の 3 人からなっており，Armstrong は Mary を愛し，Mary は Boar と相思相愛であるとしよう（図 3.4）．

練習問題 3.2

次のタイプの表現は，どのような関数を表すかを述べなさい．
(a) $D_{\langle t, t \rangle}$
(b) $D_{\langle e, \langle e, \langle e, t \rangle\rangle\rangle}$

ところで，個体の集合 E から真理値の集合($\{1, 0\}$)への関数（これを k とする）は，個体 j ($\in E$) が属性 P を満たす場合は 1，満たさない場合は 0 を割り当てる．つまり，k は，P を満たす個体の集合には 1 を割り当て，P を満たさな

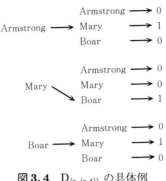

図 3.4 $D_{\langle e,\langle e,t\rangle\rangle}$ の具体例

い個体の集合には0を割り当てるということになる．このように個体の集合を1か0のどちらかに割り振る関数kは，**特性関数**(characteristic function)と呼ばれる．SをEの部分集合であるとすると，特性関数の定義は次のようになる．

$$k_S(x) = \begin{cases} 1 & \text{if } x \in S \\ 0 & \text{if } x \notin S \end{cases}$$

特性関数は，実質的には集合と同じである．なぜなら，集合Sも個体j($\in E$)をj$\in$Sあるいはj$\notin$Sとするため，特性関数と同じようにEを二つのグループに分けるからである．つまり，j$\in$S iff $k_S(j)=1$であることになる．なお，特性関数の定義で用いられる1と0という記号は，必ずしも真・偽を表す必要はなく，要は上の二つの場合を区別できればよい．ただ，$\langle e,t\rangle$とeの間の意味的関係を考える場合は，1と0を真と偽に対応させておくのが便利である．

(c) 構成的意味論

本節(a)で述べた構成性原理を基本的に守っていく立場の意味論は**構成的意味論**(compositional semantics)と呼ばれる．構成的意味論の中でもっとも知られているものの一つが，R. Montagueによって提案された意味論である．この意味論の基本的な考え方は今でもその重要性を失っていないので，この項ではMontagueによる意味論を中心に見ていくことにしよう．

タイプと集合

タイプは，集合における階層と深い結びつきがある．「アームストロングが歩いている」を例に取ってみよう．第 2 章の述語論理 L′ の節で，この文は walk(a) に対応づけられ，また，Armstrong (= I(a)) ∈ {x | x ∈ I(walk)} のとき真になることを見た．Armstrong ∈ {x | x ∈ I(walk)} では，Armstrong は，Armstrong のレベルの要素（この場合は個体）を集めた集合 A: {x | x ∈ I(walk)} の要素である（これを Armstrong と集合 A の間の階層関係と見なすことができる）．さて，ある要素 d がある集合 D に含まれているためには D の階層が d の階層より一段高いものでなければならないと決めると，当然のことながら，集合 D が自分自身を含む場合（D ∈ D）は認められない．カントルの集合論が直面したパラドクス（2.1 節のコラムを参照）は集合の階層を区別しないことから生じるものであるが，タイプという考え方はこれを避けることができる．タイプを導入したのは B. Russell であるが，彼は，集合論のパラドクスを指摘しただけではなく解決法も考え出したわけである．

Montague は，"The Proper Treatment of Quantification in Ordinary English"（1973）において，英語の（断片的な部分の）分析を提示した．それ以後この論文は頭文字を取って PTQ と呼ばれることになる．Montague のもう一つの重要な論文は，"Universal Grammar"（1970）である．この論文では，統語代数・意味代数に重点を置いた自然言語の分析が提示されている．**モンタギュー意味論**（Montague semantics，あるいはモンタギュー文法）という呼び名は，こういった一連の試み全体を指すこともあるが，暗に PTQ を指すことが多い．

このモンタギュー意味論は，ただし，現在の形式意味論の中で用いられることはほとんどない．これは，すでにモンタギュー意味論がその発展形である諸理論に取って代わられているからである．しかし，このことはモンタギュー意味論の意義を少しも損なうものではない．というのも，現時点での諸理論（一般量化子理論，談話表示理論，状況意味論，動的意味論など）は，モンタギュー意味論の基本枠をほとんど出ていないといっても過言ではないからである．むしろこれらの諸理論は，モンタギュー意味論で扱えなかった特定の問題に焦

PTQ の全体像

　PTQ はいくつかのシステムを組み合わせたものである．本書ではその全容を解説することはできないが，PTQ の構成を大まかにつかんでおくのは無駄ではないかもしれない．PTQ の大枠は次のように図示できる．

　Montague が PTQ で取った方法は，次のようなものである．自然言語をまず範疇文法の枠組みを用いて統語分析し，曖昧性のないものに手直しする．そして，その手直ししたものを内包論理の統語部門に対応づける．内包論理自体はすでに整備された論理で，統語部門と意味部門を持っているので，統語部門に入れば，意味部門へは自動的に移ることができる．つまり，左から右へと流れていけば，最終的には自然言語の文字列に意味を与えることができることになる．これは，内包論理という媒介を通して自然言語に意味を与えるという間接的なやり方である．

　範疇文法は，自然言語の統語範疇に基づいた統語分析を行う部分である（下図左を参照）．ここでは，範疇 t が下位範疇 t/IV と IV を合成したものであることが示される（IV は自動詞の範疇で，t/IV は IV と結びついて t を作り出す範疇であることを表す）．他方，下図右は内包論理の内部である．ここでは，タイプは，いわば内包論理の範疇である．範疇とタイプが関数 f により対応づけられることで，範疇からタイプへの変換が行われる．たとえば，$f(\text{IV}) = \langle e, t \rangle$ となる（実際は内包という概念が関与するのでタイプはもう少し複雑になる）．上の図の翻訳規則というのはこれを行うためのものである．$\lambda PP(j)$ は John の論理表記であるが，これについては本節(e)で述べる．

run(j) は，内包論理のモデルに基づいて，真理値が与えられる．こうして，英語の John runs は，最終的にその意味が与えられることになる．以上が，PTQ のシステムの大枠である．

点を当てそれを解消する理論を発展させていったものである．また，これらの諸理論の意義を正しく理解するためにも，モンタギュー意味論の方法論を把握しておくのが望ましい．ここでは PTQ の核になっている考え方（特にその意味論）を中心に解説を行う．

(d) PTQ における名詞句の扱い

Montague の革新的な分析の一つと見なされているのが名詞句の扱い方である．そこで，ここでは PTQ における名詞句の扱いを見てみることにしたい．

まず，次の文の名詞句が述語論理 L′ でどのように扱われたかを思い出してみよう．

(14)　a.　アームストロングが，歩いている．walk(a)

　　　b.　どの宇宙飛行士も，歩いている．∀x(astronaut(x) → walk(x))

(14a)の名詞句「アームストロング」の論理表記は a であり，a は個体 Armstrong を指す．これに対し，(14b)の名詞句「どの宇宙飛行士（も）」の論理表記は個体を指すようなものとはなっていない．実際のところ，直感的にも「どの宇宙飛行士（も）」が個体を指すとは考えにくい．しかし，そうすると，(14a)と(14b)は，構成性原理にとって都合の悪い例となる．構成性原理では，統語規則に対応して意味規則が立てられる．(14a)と(14b)はいずれも統語的には名詞句と動詞句からなる文であるので，意味規則も名詞句の意味と動詞句の意味の合成を行うものでなければならない．ところが(14a)と(14b)の例のように名詞句の意味のレベルが異なる場合，両者の意味合成を同じ意味規則で行うことは不可能になってしまう．

そこで，PTQ では，(14a)の名詞句のレベルを(14b)のそれに合わせるという方法が採用される．この点を理解するために，本節(b)で見た名詞句のタイプの扱い((13)に関する解説を参照)を思い出してみよう．

(15) a. アームストロングが，歩いている．
　　 b.「アームストロング」のタイプ: $\langle\langle e, t\rangle, t\rangle$
　　 c.「歩いている」のタイプ: $\langle e, t\rangle$

$\langle\langle e, t\rangle, t\rangle$ のタイプをもつ表現「アームストロング」は，$\langle e, t\rangle$ のタイプをもつ表現「歩いている」を項として取って文を作り出すのであった．このことは，「どの宇宙飛行士(も)」にもあてはまる．したがって，「どの宇宙飛行士(も)」も $\langle\langle e, t\rangle, t\rangle$ のタイプをもつ表現であると考えることができる．述語論理 L′ では「アームストロング」のタイプは e であるが，「どの宇宙飛行士(も)」のタイプも e であるとは考えにくい．このため，構成性原理を守ることができない．しかし，「アームストロング」と「どの宇宙飛行士(も)」のタイプを $\langle\langle e, t\rangle, t\rangle$ と考えれば，どちらも $\langle e, t\rangle$ のタイプの表現「歩いている」を項として取って文を形成することになり，構成性原理を破ることなく意味分析を行うことができる．本節(c)で見たように，タイプ $\langle\langle e, t\rangle, t\rangle$ の表現，ここでは「アームストロング」は，意味的にはアームストロングがもっている属性の集合に対応づけられる．「どの宇宙飛行士(も)」も同じで，この表現のタイプは $\langle\langle e, t\rangle, t\rangle$ であるから，どの宇宙飛行士ももっている属性の集合がそれの意味であることになる．そして，これが PTQ で用いられる中心的なアイデアなのである．

本節(b)で見たタイプ表現の定義により，$\langle\langle e, t\rangle, t\rangle$ のタイプをもつ表現は，意味的には，集合から真理値への関数，別の言い方をすれば，集合の集合を表す(本節(b)の特性関数の説明を参照)．この点を以下で具体的に見てみよう．まず(14b)から始める．この文はすべての宇宙飛行士についてであるので，すべての宇宙飛行士を集めた集合を A としよう．また，歩くものを集めた集合を B としよう．さて，すべての宇宙飛行士が歩いているとき，このことは，集合 A が集合 B の中に含まれているということと同じである．

(16)　$A \subseteq B$

また，すべての宇宙飛行士が走っている場合もあるかもしれない．そこで，走っているものの集合を C とすれば，集合 A は集合 C の中に含まれる．

(17)　$A \subseteq C$

このようにしていくと，結局，宇宙飛行士の集合 A は，B, C, …, N の一つ一

3.1 構成的意味論　83

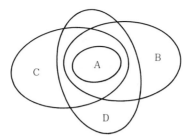

図 3.5　A を含む集合の集合

つの中に含まれることになる．

　図 3.5 は，これら B, C, …, N が交わっている場合，必ずその交わりの中に集合 A を見いだすことができるということを示している．このことは，集合 A が B, C, …, N の集合の中に含まれている集合であると言うのと同じである．PTQ では，すべての宇宙飛行士がもっている属性の集合 $\mathcal{D} = \{B, C, D, \cdots, N\}$ が「どの飛行士（も）」の意味であると見なされる．そうすると，(14b)の真理条件は，(18)のようになる．

(18)　$V((14b))=1 \text{ iff } B \in \{X \mid A \subseteq X\}$

(18)が表しているのは，(14b)が真であるのは，歩くものの集合 B が宇宙飛行士の集合 A を含むすべての集合 $\{X \mid A \subseteq X\}$ の要素であるとき（そしてそのときのみ）であるということである．なお，(18)の真理条件は，(14b)が真であるのは $A \subseteq B$ のとき（そしてそのときのみ）であると言うのと等しい．なぜなら，すべての飛行士の集合は，歩いているものの集合の中に含まれるからである．なお，集合の集合 $\mathcal{D}$ は**集合族**(family of sets)とも呼ばれる．

　(14a)の固有名「アームストロング」でも，上と同じ考え方が用いられる．つまり，「アームストロング」が指すものは属性の集合であるとするのである．これは図 3.6 のように図示できる．これらの集合のうち B が歩いているものの集合であるので，(14a)の真理条件は次のようになる．

(19)　$V((14a))=1 \text{ iff } B \in \{X \mid \text{Armstrong} \in X\}$

(19)が表しているのは，歩くものの集合 B が，Armstrong を要素としてもつ属性の集合 $\mathcal{D}$ の要素であるとき（そしてそのときのみ）真である，ということ

84　3　自然言語の形式意味論

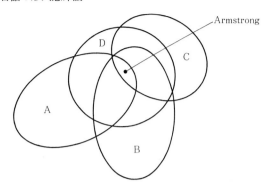

図 3.6　Armstrong を要素としてもつ属性の集合

である．

練習問題 3.3

次の真理条件の中の？の部分を補って，(19)の真理条件と等しくなるようにしなさい．

V((15a))=1 iff ? B

このようにして，すべての名詞句は，集合の集合を指すものとして扱われる．そして，これによって，「アームストロング」と「どの宇宙飛行士(も)」がいずれも名詞句として動詞句と結びついて文を形成する点が統一的に扱えることになる．あとは，このアイデアに基づいて意味の合成がどのようにして行われるかを定めればよい．これは，PTQ では，λ 演算子というものを用いて行われる．そこで次項では，この λ 演算子について説明することにしよう．

(e)　λ 演算子

λ 演算子(lambda operator)は，変項をもつ表現から関数表現を作り出すという働きをもつ．これは，実例を見た方がわかりやすい．まず，通常の関数計算を見てみよう．

(20)　a.　f(x) = 2+x
　　　b.　f(3) = 5

(20a)では，xのところに3を代入すれば5となる．(20b)と同じことは，λ演算子を用いた場合，(21)のように表示される．下線部が(20)の関数fに相当する．

(21) $\underline{\lambda x(2+x)}\,(3) = 5$

順を追って計算してみよう．まず，λx(2+x) が3を取る場合，(22a)のように表記される．次にxに3が代入されるが，このとき，演算子λx の表記は消されて(22b)となる．

(22) a. λx(2+x)(3)
　　　　b. 2+3

λ演算子を用いる利点は，関数fをうまく定義できる点にある．たとえば，「fはf(x)=2+xであるような関数である」と長々と述べるのはわずらわしい．しかし，λを用いると，関数表現すなわちλx(2+x) が簡単に手に入るのである．PTQではこの利点がフルに活かされている．

では，前項の名詞句に立ち戻って，λ演算子がどう使われているかを見てみよう．「アームストロング」と「どの宇宙飛行士(も)」のλ表記は，それぞれ次のようになる．

(23) a. 「アームストロング」のλ表記: λPP(a)
　　　　b. 「どの宇宙飛行士(も)」のλ表記: $\lambda P \forall x(\text{astronaut}(x) \rightarrow P(x))$

まず，(23a)から見てみよう．表現の合成の手順は(22)のときと同じである．つまり，(24)のようになる．

(24) a. アームストロングが歩いている．
　　　　b. λPP(a)(walk)
　　　　c. walk(a)

P(a) のPはwalkと置き換えられ(これは **λ変換** lambda conversion と呼ばれる)，λPが削除される．なお，λPP(a) は，意味的には，aが指すもの(ここではアームストロング)がもつ属性の集合を表す．先の(19)の例で言えば，これは，集合 $\mathcal{D}$ すなわち $\{X|\text{Armstrong} \in X\}$ に相当する．

練習問題 3.4

(i) 「アームストロング」のタイプを $\langle\langle e,t\rangle,t\rangle$ とし，次の(b)(c)に相当するものを書きなさい．

(a) タイプの意味的定義: $D_{\langle\langle e,t\rangle,t\rangle} = D_t^{D_{\langle e,t\rangle}}$

(b) λ表記:

(c) 集合:

(ii) 「アームストロング」のタイプを e とし，次の(a)から(c)に相当するものを書きなさい．そして，なぜ(b)が特性関数であると言うことができるのかを述べなさい．

(a) タイプの意味的定義:

(b) λ表記:

(c) 集合:

(iii) 次の式の？の部分を補って，(24b)と等しい式にしなさい．

$\lambda P \forall x(x=a\,?\,P(x))$

(23b)についても同様で，(25)のようになる．つまり，(25b)の P(x) の P が walk と置き換えられて，λP が削除されると，(25c)が得られる．

(25) a. どの宇宙飛行士も歩いている．

b. $\lambda P \forall x(\text{astronaut}(x) \to P(x))(\text{walk})$

c. $\forall x(\text{astronaut}(x) \to \text{walk}(x))$

$\lambda P \forall x(\text{astronaut}(x) \to P(x))$ は，意味的には，すべての宇宙飛行士がもつ属性の集合を表す．つまり，この集合は(18)の $\{X|A \subseteq X\}$ に相当する．

練習問題 3.5

(i) 次の式の中の walk を変項 P に変えて λ 演算子で束縛しなさい（この手順は **λ抽象化** lambda abstraction と呼ばれる）．例: $\text{walk}(a) \Rightarrow \lambda P P(a)(\text{walk})$

(a) $\exists x(\text{dog}(x) \wedge \text{walk}(x))$

(b) $\text{walk}(a) \wedge \text{walk}(m)$

(ii) $\lambda P(\text{walk}(x))(a)$ の P がもつタイプは，a がもつタイプと異なる．このような場合，λ変換することはできない．次の λ表記のうち，λ変換を行うことのできないものはどれかを述べなさい．

(a) $\lambda xP(x)(a)$
(b) $\lambda xP(x)(Q)$
(c) $\lambda P(\lambda xP(x)(m))(walk)$
(d) $\lambda P(\lambda xP(x)(walk))(m)$

代名詞および**確定記述**(definite description, the N という形式をもつ名詞句)の λ 表記は(26)である．

(26) a. he $\Rightarrow \lambda PP(x_n)$
b. the dog $\Rightarrow \lambda P \exists x(\forall y(dog(y) \rightarrow x=y) \land P(x))$

(26b)の分析の仕方そのものは，Russell によるものである．the dog と言う場合，特定の 1 匹の犬が話題となっているわけであるが，(26b)はその点を考慮に入れた式である．(26b)は，おおむね次のようなものが存在していることを表している．何かが犬であるとすればそれは 1 匹に限定され，またそれは属性 P を満たす．なお，日本語には，the dog の the に相当する限定詞はない．目の前の犬を指して「犬が歩いている」と言うとき，犬が 1 匹であれば「犬」は(26b)の意味を持つと見なすことはできる．しかし，実際には，犬が複数歩いているときでも「犬が歩いている」と言えるので，厳密には，(26b)を日本語の「犬」に適用することはできない．

次に，名詞句が目的語の場合はどのような扱いになるかを見てみよう．

(27) マリアがアームストロングを殴った．

まず，目的語の「アームストロング」の λ 表記 $\lambda PP(a)$ は動詞「殴った」と結びついて(28a)となる．(28a)は，「マリア」と結びついて，(28b, c)のように展開される．

(28) a. $hit(\lambda QQ(a))$
b. $\lambda PP(m)(hit(\lambda QQ(a)))$　（P における λ 変換）
c. $hit(\lambda QQ(a))(m)$

なお，(28c)は $hit(\cdots)(m)$ という形をしているが，これは $hit(m, \cdots)$ と（約束により）表記上異なるだけである．したがって，今後は(28c)ではなく(29)と書いていくことにする．実際のところ，(29)の方が見やすい．

(29)　hit(m, λQQ(a))

さて，(27)の論理表記は(28c)(または(29))となるわけであるが，(28c)は私たちの直感に合わない．なぜなら，(28c)が言っているのは，マリアが殴ったのは(アームストロングが満たす)属性の集合であるということだからである(属性の集合など殴れない！)．PTQでは，この点を処理するために，意味公準というものが用いられる．意味公準はPTQ以外の意味論でも用いられることがあるので，次項でそれを説明することにしよう．(じつは，PTQにおけるこのような目的語の扱い方には理由がある．ここでは詳説できないが，上の分析方法は，たとえば「鬼を探している」の「鬼」のように，現実には存在しないものが目的語になる場合を扱うことを可能にするという利点を持っている．)

練習問題 3.6

次の表現のλ表記を書き，また，λ変換を行っていきなさい(最後の文にはλ演算子は含まれない)．

(a)　犬が，アームストロングをかんだ．

　　　　　アームストロング ⇒

　　　　　アームストロングをかんだ ⇒

　　　　　犬がアームストロングをかんだ ⇒

(b)　アームストロングが，車を運転している．

　　　　　車 ⇒

　　　　　車を運転している ⇒

　　　　　アームストロングが車を運転している ⇒

(f)　意味公準

意味公準(meaning postulate)というのは，自然言語の語がもっている意味特性を意味論(あるいは語彙論)の中に取り入れるためのものである．論理言語で用いられる語彙は本来個々の語彙的情報を剥奪されており，したがって，システムの中ではいずれも没個性的に働く．たとえば，(30)において，アームストロングは既婚者だったとしよう．すると，前件は偽であるから，(30)は条件文における真理条件により真である．

(30) アームストロングが独身者ならば，アームストロングは結婚している．

しかし，(30)が真であるというのは私たちの直感に明らかに反する．これは，自然言語の語「独身者」が「結婚していない人」という情報をもっているためである．また，論理言語の語彙が没個性的であることから，論理のシステムの中では，たとえば，独身でありかつ既婚者であるようなものの集合 X: {x |bachelor(x)∧married(x)} を作ってもかまわない．しかし，自然言語の語「独身者」と「既婚者」はこのような集合を許さない．私たちが扱いたいのは自然言語であり，したがって，何らかの制限をモデルに加える必要がでてくる．そこで，このような意味的(あるいは語彙的)個別性を論理システムの中に取り入れて，**許容可能な**(admissible)モデルを作ることで，自然言語をより深く分析できることが望ましい．これを行うのが意味公準である．

上の(30)を例に取ると，私たちがこの文の意味を理解するときは，単に「独身者」と「結婚している」の意味を知っているだけでは不十分で，もう一歩踏み込んだ情報，すなわち，独身者ならば結婚していないという二つの語を関連づける情報を必要とする．そこで，たとえば次のような意味公準 MP1 を立てることができる．

MP1: $\forall x \Box (\mathrm{bachelor}(x) \rightarrow \neg \mathrm{married}(x))$

□ は，必然性を表す演算子である(□ については 3.4 節を参照されたい)．□ によって，bachelor(x) → ¬married(x) が常に成立することが保証される．したがって，MP1 をもつモデルには，独身者なら必ず結婚していないという限定が加わることになる．

では，前項の(27)に戻ろう．私たちは属性の集合を殴ることはできない．したがって，「殴る」という動詞は目的語として個体のレベルのものを持つということを意味公準によって保証しておく必要がある．PTQ では，この意味公準は，一口で言えば，動詞が「殴る」であるなら，それの目的語が表す属性の集合を個体のレベルに落としてもよいということを保証するように定義されている．つまり，意味公準を用いると，hit(m, λQQ(a)) から，(一階)述語論理のスタイルの式を得ることができるのであるが，これは，hit に対応する hit$_*$ と

いう（属性の集合より低いタイプの項を取る）述語を用いて行われ，最終的には hit$_*$(m, a) という式が得られるようになっている．ただ，PTQ で用いられている意味公準は見かけが複雑であるため，ここではその詳説は控えることにしたい．巻末にその説明を加えてあるので，興味のある読者はそちらを見られたい．

3.2 一般量化子理論

これまで見てきた述語論理の量化子は，全称量化子と存在量化子の二つだけであった．しかし，自然言語を見てみると，これらの量化子の組み合わせでは表示できない量を表す語が存在する．たとえば，(31)の「ほとんどの」がそれである．

(31) ほとんどの犬が，夢を見る．

「ほとんどの」が表す量は，全称量化子あるいは存在量化子と他の演算子の組み合わせによっては表せないことがわかっている．では，このような自然言語が持つ量表現は，論理的にはどのような性質を持つものと考えられるだろうか．あるいは，論理的に可能な（その数は無限個ある）量表現のうち，どのような量表現を自然言語は用いているのだろうか．この方面の研究の起爆剤となったのは，J. Barwise と R. Cooper による 1981 年の論文 "Generalized Quantifiers and Natural Language" である．一般量化子理論あるいは一般量化子アプローチと呼ばれるこの理論は多くの研究者を惹きつけ，そのため驚くほど短期間のうちにその理論的枠組みを拡張していった．もともと形式意味論は集合論に基盤をおくため，「量」を扱うのに十分な理論的道具立てはそろっていた．ある意味で，自然言語の量化の問題は形式意味論にとって手がつけやすい領域であったと言える．また，論理学の方ではすでに論理的に可能な量化子の研究が進んでいたこともあり，一気に自然言語における量化の研究が進んだのである．一般量化子理論そのものはモンタギュー意味論の一種の拡張であるが，この理論の出現は形式意味論が論理的傾向をいっそう強めていく一つの例となった．

(a) 量化子としての名詞句

一般量化子理論(generalized quantifier theory)の主眼は，名詞句を量化子と見なすという点にある．この考え方を述語論理 L′ および PTQ と比べてみよう．(32b)は L′ の式，(32c)は PTQ の式，そして(32d)は一般量化子理論の式である．

(32) a. どの宇宙飛行士も，歩いている．
b. $\forall x(\text{astronaut}(x) \rightarrow \text{walk}(x))$
c. $\lambda P \forall x(\text{astronaut}(x) \rightarrow P(x))(\text{walk})$ (λ 変換によって(32b)と同一)
d. [EVERY astronaut](walk)

(32d)の真理条件は，V((32d)) = 1 iff V(walk) ∈ V(EVERY astronaut) である．ここで [EVERY astronaut] は，意味的には「どの宇宙飛行士も持っている属性の集合」を表す．(32d)と(32b, c)とは論理的には等価であるが，自然言語の分析という点から見れば大きな違いがある．(32a)は，[[$_\text{NP}$ Det N] VP] という統語表示をもつ．(32b, c)の論理表記は，しかし，この統語構造をあまり忠実に反映していない．これに対し，(32d)の論理表記の方は，この統語構造をそのまま保持していることがわかる．また，(32d)のように考えると「ほとんどの」といった全称・存在量化表現以外の量化表現も扱えるようになるのであるが，(32b, c)ではそれができない．

一般量化子理論では，every や no などに対する用語は，(述語論理における)量化子ではなく**限定詞**(determiner)である．また，every man や no dog といった名詞句が量化子と呼ばれるので注意が必要である．この理論では，さらに，複合的な限定詞，たとえば「少なくとも 5 人の(at least five)」「5 人か 8 人の(five or eight)」「5 軒を除くすべての(家が崩壊した)(all but five)」なども研究の対象となるので，扱える量表現の数はきわめて多い．

以上の点を頭に置いて，一般量化子理論における量化子の定義をいくつか見てみよう．ここで，A は，A の外延を表すものとする．また，$|A|$ は，A の基数(A という集合の中に含まれる要素の数)を表す．なお，(36)の 2/3 という量そのものに深い意味はない．2/3 以上であればほとんどといってよいことにし

ようという単なる取り決めである．

(33) $V(\text{EVERY A}) \Leftrightarrow \{X \subseteq E \mid A \subseteq X\}$
(34) $V(\text{SOME A}) \Leftrightarrow \{X \subseteq E \mid X \cap A \neq \emptyset\}$
(35) $V(\text{NO A}) \Leftrightarrow \{X \subseteq E \mid X \cap A = \emptyset\}$
(36) $V(\text{MOST A}) \Leftrightarrow \{X \subseteq E \mid |X \cap A| \geq \frac{2}{3}|A|\}$
(37) $V(\text{AT LEAST ONE A}) \Leftrightarrow \{X \subseteq E \mid |X \cap A| \geq 1\}$

(33)を例に取るならば，(33)が表しているのは，EVERY A の意味は，A の集合を含む集合 X の集合（つまり個体の集合の集合）であるということである．これは，基本的には PTQ の名詞句の扱いと同じである（PTQ では，名詞句は $\lambda P(\cdots P(x)\cdots)$ であり，これは，前節で述べたように，個体の集合の集合を表す）．

ところで，many に関しては，それを形容詞として限定詞から除外する立場と，場合分けをして限定詞として認めようという立場とがある．ここでは，後者の立場の定義を挙げておく（Westerståhl 1985）．

(38) a. $V(\text{MANY}_E^1 \text{ A}) \Leftrightarrow \{X \subseteq E \mid |A \cap X| \geq \text{k}|E|\}$ $(0 < \text{k} < 1)$
b. $V(\text{MANY}_E^2 \text{ A}) \Leftrightarrow \{X \subseteq E \mid |A \cap X| \geq \text{k}|A|\}$ $(0 < \text{k} < 1)$
c. $V(\text{MANY}_E^3 \text{ A}) \Leftrightarrow \{X \subseteq E \mid |A \cap X| \geq \frac{|X|}{|E|}|A|\}$

(38a)は談話領域 E のサイズに対して絶対的な多さに言及するものである．たとえば，E は100匹のネズミと3匹の猫しかいない世界だとしよう．このとき，「たくさんのネズミが一夜にして消えた」と言う場合，(38a)であれば，ネズミが90匹くらいは消えたという感じであろうか．これに対し，(38b)は，A の数を比較の対象にする場合である．「たくさんの猫が一夜にして消えた」と言う場合，2匹の猫が消えたとしても猫としては多い（が，世界全体としては少ない）．(38c)は，相対的な多さを表すものである．消えたものの数が60匹であったとすると，消えたものとしてはネズミはたくさんだと言える．

なお，限定詞は，関係として扱われることも多い．すなわち，限定詞を DET，限定詞と結びつく名詞を A，動詞を B とすると，一般に(39a)のように表すことができる．(39b)は限定詞が every の場合である．

(39)　a.　DET(A, B)
　　　b.　V(EVERY(A,B)) = 1 iff $B \in$ V(EVERY A)　(= $A \subseteq B$)

(39b)は(33)と論理的に等価である．一般量化子理論では，限定詞を介してAとBがどのような量的関係にあるかが研究対象となるのであるが，このAとBの量的関係を明らかにするには(33)の表記法よりも(39a)の方が扱いやすい．このため，しばしば(39)の表記法が用いられる．以下でもこの表記法を取っていくことにする．

練習問題 3.7

(a)～(c)には1か所間違いがある．その間違いを正しなさい．
(a)　V(NOT ALL(A,B)) $\Leftrightarrow A \cap B \neq B$
(b)　V(AT MOST 3(A,B)) $\Leftrightarrow |A-B| \leqq 3$
(c)　V(EXACTLY 3(A,B)) $\Leftrightarrow |A \cup B| = 3$

(b)　一般的な制約

これまで見てきたのは，限定詞の個別的な意味的性質である．限定詞は，またさらに(ほぼ)どの限定詞にも当てはまる，つまり，一般性の高い論理的性質も持つ．ここでは，そのうちの代表的なものを挙げておく．

まず，非常に一般性が高いのは，**保守性**(conservativity)と呼ばれる性質である．(40)が表すのは，DET の意味 D は，X という集合と $X \cap Y$ という集合との間の関係であるということである．

(40)　D は保守的である　$\Leftrightarrow$　すべての X, Y に対して，$D(X, X \cap Y)$ は $D(X, Y)$ の必要十分条件である

(41)を例に取って(40)が何を意味するかを見てみよう．

(41)　ほとんどの犬は，吠える．

(40)の $D(X, X \cap Y)$ が言っているのは，「ほとんど」という量計算は，実質的には「犬」の集合の内部で行われるということである．つまり，「犬」という普通名詞が量化の「舞台」を用意し(X)，量計算はその舞台の上で行われる(X と $X \cap Y$ の関係)わけである．これは，量計算は $Y-X$ を必要としないという

ことでもある．保守性は，ほぼほとんどの限定詞にあてはまる．「ほぼ」という理由は，たとえば，only が(only が限定詞であるとして)保守性を破るからである．

(42) 犬だけが，吠える．

この場合，吠えるのが本当に犬だけなのかは，「犬」の集合だけを見ていたのではわからない．つまり，犬以外の「吠える」ものの集合$(Y-X)$もチェックしてみなければならないので，only は保守性を持たないことがわかる．

限定詞の中で，それが用いられると命題が常に真になったり常に偽になったりするようなものは(特殊な場合を除いて)ない．この性質を述べたものが，次の**多様性**(variety)である．

(43) D は多様性をもつ $\Leftrightarrow D(X,Y)$ である X と Y が存在し，また，$\neg D(X,Y)$ である X と Y が存在する

つまり，量化文は，語や状況に依存して真になったり偽になったりするということである．これに対し，特殊な場合というのは，たとえば，限定詞「2つ以下もしくは3つ以上」がそれである．

(44) [2つ以下もしくは3つ以上の] 流星が南の空に落ちた．

(44)は常に真である(0個の流星も認めるとして)．あるいは，次のような例における「3つの」も多様性を満たさない．

(45) 3つの月が，地球を回っている．

つまり，N 個しか要素をもっていない領域 U における「N+M 個の」という限定詞も多様性を満たさない．また，(44)や(45)からわかるように，限定詞が多様性を満たさない場合，文は一般に情報を持たない．

ところで，われわれの直感的な理解では，限定詞の意味内容は，X と Y のサイズに影響がない限り，DET(X, Y) を真とする領域のサイズが異なっても同じである．このいわば要請ともいうべきものを表すのが次の**拡張性**(extension)である．

(46) D は拡張性をもつ $\Leftrightarrow$ すべての X, Y, E, E' に対して：$E \subseteq E'$ かつ E において $D(X,Y)$ ならば，E' において $D(X,Y)$ である

先に保守性の説明のところで，X が量化の舞台とされると述べたが，正確には，

この拡張性と保守性が組み合わされたとき，X を舞台とするということが保証される．この拡張性を満たさないものは先の「たくさんの」である．

(47) たくさんの人が，セルゲイ広場に集まった．

(47)は相対的に「たくさん」の量を表す例である．この世の中のすべての人と比較すれば，つまり，絶対的にはたくさんとは言えなくても，相対的に「たくさんの」であるとは言える．この「相対性」は E' のサイズに左右されるため，(47)は拡張性を持たない．

(c) 単調性

限定詞は，推論とも深い関係を持つ．たとえば「どの学生もぐっすり眠っている」のであれば，「どの学生も眠っている」．その逆に，「どの学生も眠っていない」ならば，「どの学生もぐっすり眠っていない」と言える．前者の場合を**上昇単調性**（upward monotonicity），後者の場合を**下降単調性**（downward monotonicity）という．

単調性には，次の四つのパターンがある．なお，以下の定義で，Q は DET の外延，A, B は VP の外延に相当するものとし，$\phi \Rightarrow \psi$ は，ϕ から ψ が推論できることを表すものとする．↑ と ↓ は単調性の上昇・下降を区別するための単なる指標である．

(48) a. MON↑: $Q_M AB$ かつ $B \subseteq B' \Rightarrow Q_M AB'$
 b. MON↓: $Q_M AB$ かつ $B' \subseteq B \Rightarrow Q_M AB'$
 c. ↑MON: $Q_M AB$ かつ $A \subseteq A' \Rightarrow Q_M A'B$
 d. ↓MON: $Q_M AB$ かつ $A' \subseteq A \Rightarrow Q_M A'B$

たとえば，右上昇単調である(48a)の例は(49a)，右下降単調である(48b)の例は(49b)である．(49b)は曖昧性を生じる文であるが，ここでは，否定のスコープが全称のそれより狭い読み，英語で言えば No student is sleeping の読みを持つものとする（以下の(50b)も同様）．

(49) a. どの学生もぐっすり眠っている
   ⇒ どの学生も眠っている（MON↑）
 b. どの学生も眠っていない

⇒ どの学生もぐっすり眠っていない（MON↓）

(49b)に関して言えば，眠っていないのであれば，ぐっすり眠ることなどありえない．

また，(48c)の例は(50a)，(48d)の例は(50b)である．

(50) a. 何匹かの犬が吠えている ⇒ 何匹かの動物が吠えている（↑MON）
　　　 b. どの犬も吠えていない ⇒ どの子犬も吠えていない（↓MON）

また，左単調性（↑Nか↓N）と右単調性（N↑かN↓）をどちらも持っている限定詞の例としては，まず次の四つが挙げられる．なお，これら四つの限定詞は，論理演算子の中でもっとも基本的なものである．

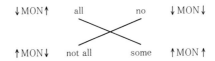

ほかに↑MON↑の例として「少なくともn個の（at least n）」，「無限に多くの（infinitely many）」があり，↓MON↓の例としては「たかだかn個の（at most n）」，「多いけれどもたかだか有限の（at most finitely many）」などがある．most は，MON↑であるが，左単調ではない（つまり↑MONでも↓MONでもない）．

many に関しては，次の三つで性質が異なる．

(51) a. $\text{MANY}_E^1 \, AB \Leftrightarrow |A \cap B| \geq k|E|$ 　$(0 < k < 1)$
　　　 b. $\text{MANY}_E^2 \, AB \Leftrightarrow |A \cap B| \geq k|A|$ 　$(0 < k < 1)$
　　　 c. $\text{MANY}_E^3 \, AB \Leftrightarrow |A \cap B| \geq \dfrac{|B|}{|E|}|A|$

(51a)は↑MON↑，(51b)はMON↓（左単調ではない），(51c)は左単調でも右単調でもない（(51c)はさらに，保守性を持たない）．なお，左単調でも右単調でもないものとしては，ほかに「ちょうどn個の（exactly n）」，「n個以外のすべての（all but n）」，「5個と10個の間の（between five and ten）」などがある．

練習問題 3.8

次の推論は正しいかどうかを述べなさい．
　(a) すべての学生が眠っているわけではない

> ⇒ すべての学生がぐっすり眠っているわけではない
> (b) 数人の学生が夢を見ている ⇒ 数人の学生が眠っている

単調性は，連言によって二つ以上の名詞句が結びついた表現に関して興味深い現象を示すことが知られている．

(52) a. An astronaut and all dogs (are walking)　MON↑+MON↑
　　　b.*An astronaut and no dog (is walking)　MON↑+MON↓
(53) a. No astronaut and few dogs (are walking)　MON↓+MON↓
　　　b.*A dog and few astronauts (are walking)　MON↑+MON↓

(52)と(53)を見ると，単調性が同じ方向を向いているものの組み合わせの場合は容認性が高まり，逆の方向を向いているものの組み合わせの場合は容認性が落ちることが観察できる．ただし，このことには例外があることも知られている．(54)はその例である．

(54) Exactly two dogs and none of the astronauts (are walking)
　　　MON↓+non-MON

3.3　談話表示理論

これまで，構成的意味論においては，表現の意味が代数的手法により構成的に理論化されることを，また一般量化子理論では，特に名詞句を量化子と考えることでそれまでの述語論理では不可能であった自然言語の量化表現の意味分析が可能になることを見てきた．しかし，これらの理論では，意味分析は文のレベルにとどまり，文が連続するいわゆる談話のレベルを扱うことはできない．自然言語の意味分析を考えた場合，文のレベルの分析だけでは明らかに不十分である．この点を次の文を用いて見てみよう．ここでは，話が複雑にならないように，述語論理 L' を用いることにする．

(55) 男が歩いている．彼は泣いている．

(55)の二つの文は，連言でつながれているとしよう．そうすると，述語論理 L' では，(55)は(56a)のように論理表記される．しかし，「男」と「彼」が同一指

示物を指す場合，私たちが(55)の論理表記として必要とするのは，(56a)ではなく(56b)である．

(56) a. $\exists x(walk(x) \land man(x)) \land cry(x)$
b. $\exists x(walk(x) \land man(x) \land cry(x))$

もちろん walk(x)，man(x) および cry(x) を先に連言でつないでおいて，その後存在量化子で量化すれば，従来の理論でも(56b)を得ることはできる．しかし，この方法だと，談話が終わるまで量化を待たなければならないことになってしまう．つまり，これまで見てきた諸理論は，談話の中で情報が流れていくという点を捉える方法を持たないため，(55)の文が持つ照応関係を処理することができないのである．この点を克服するものとして現在活発に研究が進められているのが，**談話表示理論**(discourse representation theory，しばしば DRT と略される)である．談話表示理論は，談話のレベルを組み込んで自然言語の意味を動的に捉えることを可能にし，従来のいわば静的な理論の壁を破った理論である(Kamp 1981; Kamp & Reyle 1993; Asher 1993)．

(a) 談話表示理論の枠組み

談話表示理論では，文が入力されるたびに，**談話構造**(discourse representation structure，DRS)というものが更新されていく．DRS は，統語表示と意味表示の間に位置する中間レベルの理論的構築物である．つまり，統語表示が与えられると，その内容はいったん DRS という構造に移され，その後，モデルに基づいた意味解釈が与えられる．

理論的な内容は後にして，まず，実例を見てみよう．ここでは，「彼」は「アームストロング」を指すものとする．

(57) アームストロング$_i$ は，彼$_i$ を愛している女性と話をしている．

(57)の文は，まず，次の DRS(1) の中に置かれる．

DRS(1) | アームストロングは，彼を愛している女性と話をしている

次に，DRS(1) から，DRS(2) が形成される．

3.3 談話表示理論

DRS(2)

x
アームストロング＝x
xは彼を愛している女性と話をしている

DRS(2) を形成する手順は次のようなものである．まず，DRS(2) の箱の中に変項 x が導入される．談話表示理論では，この x は**指示マーカー**（reference marker または discourse referent）と呼ばれる．次に，固有名の「アームストロング」は指示マーカーの x と同一である（つまりアームストロング=x）ことが示される．さらに，文中の「アームストロング」が x と置き換えられる．固有名が文に含まれているときは，常にこの手順が用いられる．次に「女性」であるが，「女性」のような存在量化される名詞句（英語であれば a woman）が文に含まれる場合も，指示マーカーが導入される．関係節は，二つの部分つまり「女性」と「(彼女)が彼を愛している」に分解される．このうち，「女性」は woman(y) に置き換えられ，「(彼女)が彼を愛している」は代名詞が指示マーカーと置き換えられる（談話表示理論ではこのような置き換え規則がきちんと定義されているのであるが，ここでは，談話表示理論の意味論に焦点を当てていくことにする）．そうすると，最終的に DRS(3) を得る．

DRS(3)

x y
アームストロング＝x
話をしている(x, y)
女性(y)
愛している(y, x)

DRS(3) のアームストロング=x，話をしている (x, y)，女性 (y)，愛している (y, x) は，**条件**（condition または DRS-condition）と呼ばれる．

さて，次からが肝心な点である．(57) の後に，たとえば (58) が続くと，DRS(4) を得る．なお，照応関係に基づいて，z は y と等しいことが示される．

(58) 彼女は，宇宙飛行士である．

3 自然言語の形式意味論

$$\text{DRS}(4) \quad \begin{array}{|l|} \hline x \quad y \\ \hline \text{アームストロング} = x \\ \text{話をしている}(x, y) \\ \text{女性}(y) \\ \text{愛している}(y, x) \\ \text{宇宙飛行士}(z) \\ z = y \\ \hline \end{array}$$

この DRS(4) に対して，真理条件は次のようにして与えられる．(ここではもっとも簡単な真理条件の与え方を述べる．より厳密なものは Kamp & Reyle 1993; Asher 1993; 赤間 1998 を見られたい．) まず，**埋め込み**(embedding)と呼ばれる関数 f が導入される．埋め込み f は，指示マーカーにモデルの談話領域の要素を割り当てる関数である．たとえば，f は x と y に対して，(59)のように要素を割り当てるとしよう．

(59)　f(x) = Armstrong,　f(y) = Maria

このとき，DRS(4) のすべての条件がモデルで真であるとしよう．談話表示理論では，これを，f が DRS(4) を**立証する**(verify)と言う．さて，DRS(4) そのものが真であるためには，すべての条件が真であればよい．また，DRS(4) ではアームストロングが話をしている女性が存在すればよいわけであるから，DRS(4) が真であるためには，(すべての条件を真にする)関数 f が少なくとも一つあればよい．したがって，DRS(4) の真理条件は，(60)のように述べることができる．

(60)　DRS(4) が真であるのは，DRS(4) を立証するような関数 f が少なくとも一つあるときである．

DRS(4) の方の真理条件を先に述べてしまったが，DRS(3) の真理条件は(60)の DRS(4) という部分を DRS(3) に入れ替えればよいだけである．

DRS(4) は，二つの変項 x と y が結果的に存在量化子で束縛される例である(このように存在量化を行って自由変項が残らないようにすることを**存在閉包** existential closure と呼ぶ)．これに対し，文が「どの～も」や「ほとんどの」を含む場合，あるいは条件文(この場合は全称量化される)である場合，x や y

といったすべての変項は，これらの表現に対応する量化子によって無差別に束縛される．たとえば，$\forall x, y(\cdots x \cdots y \cdots)$ といった具合である．このような束縛の方法は，**一律束縛** (unselective binding) と呼ばれる．

以上見てきた談話表示理論の枠組みがどのような点で従来の理論と異なっているかを復習してみよう．一つは，「女性」という名詞句の扱い方である．述語論理 L′ およびモンタギュー意味論では，(57)の文の「女性」(英語では不定名詞句 a woman)は存在量化子を用いて量化される．また，一般量化子理論では，名詞句そのものが存在量化子として扱われる．他方，DRS(4)では，存在量化子は用いられていない．談話表示理論では，従来の存在量化子は(60)の定義の中に吸収されているからである．もう一つの違いは，談話表示理論は文の連続を扱えるため，代名詞の意味的処理がうまくできるという点である．3.3節の冒頭で，(61a)の文の論理表記は，従来の理論では(61b)となることを述べた．

(61) a. 男が歩いている．彼は泣いている．
　　　b. $\exists x(walk(x) \land man(x)) \land cry(x)$
　　　c. $\exists x(walk(x) \land man(x) \land cry(x))$

(61b)の難点は，最初の文の「男」をまず存在量化してしまうため，次の文の代名詞が自由変項のままになってしまう，つまり，cry(x)のxが存在量化子に束縛されずに終わってしまうということである．しかし，談話表示理論では，埋め込み f という関数を使い，また，その関数の存在を真理条件の中に含めることで，結果的には(61c)と同じものを得ることができるようになっている．

(b) ロ バ 文

前項で，談話表示理論が文の境界を越える照応をどのように処理することができるかを見てきた．談話表示理論は，このほかに，従来の理論が扱えなかった量化と照応の問題も扱うことができる．まず，(62)と(63)の代名詞の意味的働きについて見てみよう．

(62) Every farmer who owns a donkey$_i$ loves it$_i$.
(63) If a farmer$_i$ owns a donkey$_j$, he$_i$ loves it$_j$.

これらの文は**ロバ文**(donkey sentence)としてよく知られているものである．

(62)と(63)の意味内容は同じで，どの農夫も，ロバを飼っているときは，そのロバを(それがどのロバであっても)愛しているというものである．
　述語論理 L′ は(62)に(64)の論理表記を，(63)に(65)の論理表記を与える．

(64)　$\forall x((\text{farmer}(x) \land \exists y(\text{donkey}(y) \land \text{own}(x, y))) \to \text{love}(x, y))$

(65)　$\exists x(\text{farmer}(x) \land \exists y(\text{donkey}(y) \land \text{own}(x, y))) \to \text{love}(x, y)$

しかし，(64)と(65)は，(62)と(63)の意味内容を正確に表してはいない．なぜなら，(64)では love(x, y) の y が，また，(65)では love(x, y) の x と y が，量化子によって束縛されずに残っているからである．実際に(62)と(63)の論理表記として必要なのは，(66)である．

(66)　$\forall x \forall y((\text{farmer}(x) \land \text{donkey}(y) \land \text{own}(x, y)) \to \text{love}(x, y))$

このようなことが起こる原因は，ロバ文では不定名詞句 a donkey が全称量化される必要があるのに，述語論理 L′ では a donkey そのものは存在量化されることによる．私たちは，前項で，談話表示理論が不定名詞句に対して独自の分析方法を持つことを見た．以下では，談話表示理論がこの方法を用いて量化と照応の問題をどう克服するのかを見てみることにしよう．
　ロバ文では全称量化が行われる．談話表示理論では，全称量化は次のようにして行われる．

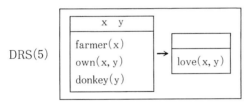

DRS(5) は，(62)および(63)の最終的な談話表示である．ここでは DRS(5) を形成する統語規則は扱わないが，大筋は，前件と後件に対してそれぞれ sub-DRS を作り，それらを → によって関係づける(外側の箱は main-DRS，内側の箱は sub-DRS と呼ばれる)．→ は，$\forall x(\phi(x) \to \psi(x))$ の → と基本的には同じで，含意の関係を表す．指示マーカー x と y は，前件の方の sub-DRS に置かれる．
　問題の真理条件であるが，DRS(5) が真であるのは，前件の DRS の中のすべての条件を満たす埋め込み f がどれも，後件の DRS の中の条件を満たす場

合である．たとえば，談話領域は {Armstrong, Boar, Kim, Giorgio, Domingo, Paolo} であり，このうち，Armstrong と Boar が農夫，Giorgio と Domingo と Paolo がロバであるとしよう．また，埋め込み f は三つあり，それぞれ次のようになっているとする．

(67) a. $f_1(x) =$ Armstrong,　$f_1(y) =$ Giorgio
　　　b. $f_2(x) =$ Boar,　$f_2(y) =$ Domingo
　　　c. $f_3(x) =$ Boar,　$f_3(y) =$ Paolo

(67)のどの f も前件の DRS の条件を満たすとしよう．つまり，Armstrong は Giorgio を，Boar は Domingo と Paolo を飼っているとする．このすべての f の割り当てに関して $\langle f(x), f(y) \rangle \in I(\text{love})$ であるとき，DRS(5) は真である．この真理条件は，内包的には先の(66)に対する L′ などの真理条件と同じである．

ところで，ロバ文の形式をもつ文の読みは，じつは，量化の種類に関して 2 通りある．

(68) Every farmer who owns a donkey loves it.

(69) Every man who has a dime puts it in the parking meter.

(68)は農夫は飼っているロバはすべて愛するという読みをもつ．これは**全称読み**(universal reading または strong reading)と呼ばれる．これに対し，(69)の方は，男が自分が持っている 10 セント硬貨をすべて駐車メータに入れるという読みは(通常は)ない．むしろ，10 セント硬貨を少なくとも一つ入れるというのが(69)の読みである．この読みは，**存在読み**(existential reading または weak reading)と呼ばれる．存在読みは，これまで見てきた談話表示理論の枠組みでは処理できない．実際のところ，これら二つの読みをどのような理論的枠組みで(統一的に)扱うかという問題は現時点では決着がついていない(Kanazawa 1994; Chierchia 1995)．

談話表示理論は，以上見てきたように，述語論理 L′ やモンタギュー意味論などが扱えなかった問題，特に，文の境界を越える照応の問題を解決することができる．談話表示理論は，こうして照応の研究領域を意味論的に開拓することで意味論そのものを活性化するとともに，照応に関する多くの興味深い観察を生み続けてきた．ただ，自然言語の照応は思ったより複雑でけっして一筋縄

ではいかないものであることもまた確かで,実際のところ,談話表示理論が照応のすべてをその枠組みの中で扱えるわけではない.そこで,次項で談話表示理論にいわば対抗する枠組みとして知られているEタイプ分析について見るとともに,談話表示理論の枠組みが問題を引き起こす例をいくつか見てみることにしよう.

(c) Eタイプ代名詞および談話表示理論の問題点

談話表示理論の枠組みを用いると,否定に対して問題を引き起こす場合がある.まず,談話表示理論によってうまく処理できる否定の例を見ることから始めよう.(70)では,二つ目の文のHeはan astronautを先行詞として持つことができない.

(70) *It is not the case that an astronaut$_i$ is sleeping. He$_i$ is working.

このことは,次のようなDRS(6)を形成することによって説明される(指示マーカーの統語的扱いを少し変えてある).

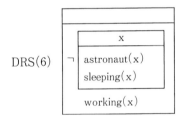

DRS(6)では,指示マーカーxはsub-DRSの中に置かれており,main-DRSの中にはない.これは,(70)の最初の文に関してsub-DRSが作られたあと,二つ目の文がmain-DRSの中に加えられるためである.談話表示理論は,このDRS(6)を用いて(70)の照応がなぜブロックされるかを説明する.

まず,working(x)のxであるが,main-DRSの中にはxという指示マーカーが存在しない.sub-DRSの中にはxという指示マーカーが置かれているが,規則により,main-DRSの中の条件はsub-DRSの中の指示マーカーと結びつけることはできないため,結果的に,working(x)のxは自由変項として扱われることになる.(70)の照応がブロックされる理由は,簡単には,以上のように

述べることができる．sub-DRS の中の指示マーカーを main-DRS の中の条件の変項が利用することはできないというこの規則は，たとえば，次のような文でも照応がブロックされることを処理できる．DRS(7) において，(71a)の二つ目の文の代名詞に対応づけられる変項は，含意の中に置かれている指示マーカーを利用できないことに注意されたい．(71b)の DRS は，DRS(6) と同じである．

(71) a. *Every astronaut$_i$ is sleeping. He$_i$ is lazy.
b. *No astronaut$_i$ is sleeping. He$_i$ is diligent.

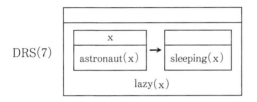

否定および全称量化に対するこの扱いは，しかし，すべての例を包括することができないことが知られている．(72)はその例である．

(72) a. Every player$_i$ chooses a pawn$_j$. He$_i$ puts it$_j$ on square one.
b. It is not true that John does not have a car$_i$. It$_i$ is parked outside.

(72a)は，(71a)と統語構造が類似している．しかし，(72a)は(71a)と異なり，二つ目の文の代名詞 He が最初の文の Every player と照応関係を持つことが可能である．したがって，(71a)に適用した分析方法は，(72a)に関しては誤った予測をしてしまう．

この問題を解消するために考え出されたのが，**繰り込み**（accommodation）と呼ばれる方法である．(72a)を例として取り上げよう．最初の文はすでに見たように，実質的には二つの sub-DRS，すなわち，前件である DRS と後件である DRS からなる．繰り込みというのは，DRS(8) に示すように，(72a)の二つ目の文を最初の文の後件 DRS の中にそっくりそのまま入れてしまう方法のことである．

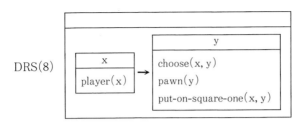

DRS(8)では，二つ目の文の式のxも束縛される(全称量化)．この繰り込みという方法は，談話表示理論以外の理論的枠組みの中でも用いられる反面，すべての例文に対して万能であるわけではないことも知られている．

談話表示理論が扱いに苦労するこういった問題は，**Eタイプ分析**(E-type analysis)と呼ばれる分析ではうまく処理できる(Evans 1980; Heim 1990; Kadmon 1990; Lappin & Francez 1993). Eタイプ分析は，代名詞を一種の確定記述(the man のように the N の形式をもつ名詞句)として扱うという点に特徴がある(確定記述については3.1節を見られたい)．

Eタイプ分析と談話表示理論の主な相違は，次のように述べることができる．

(73) a. Eタイプ分析 a man は存在量化子(一般量化子理論の意味での量化子)である．照応代名詞の意味的働きは限定記述と等しい．

b. DRT分析 a man は条件 man(x) と分析される．照応代名詞は単なる(束縛)変項である．

(74a)を見てみよう．(74a)の二つ目の文の He は，一つ目の文の歩いている男を指す．この He を一種の確定記述とみなすことにすると，He は，The man who is walking に置き換えられる((74b))．この分析方法は，代名詞を確定記述とみなすことで，代名詞が指示するものは文脈に依存して決まるという代名詞本来の性質を反映できていることに注意されたい．

(74) a. A man$_i$ is walking. He$_i$ is whistling.

b. A man$_i$ is walking. The man$_i$ who is walking is whistling.

Eタイプ分析をロバ文に適用した場合，ロバ文(75a)は(75b)のような形式をもつ文と見なされる．

(75) a. Every farmer who owns a donkey loves it.

b. Every farmer who owns a donkey loves the donkey he owns.

(75b)の the donkey he owns がもつ働きは，ある個体 x を，個体 y(=f(x))に対応づける関数 f によって表される．具体的には(76)のようになる．

(76) a. Every farmer who owns a donkey loves f(x).

b. f は，ロバを飼っている農夫 x から，x が飼っているロバ y(=f(x))への関数である．

f(x) の値は，代名詞が統語的に先行詞である量化表現の束縛範囲に入るかどうかにかかわらず，文脈の中から(つまりロバを飼っている x の値に依存して)選び出される．たとえば，x が農夫のペドロだとすると，f(x) はペドロのロバのブラシドを指すといった具合である．さて，農夫は複数のロバを飼っている場合がありうる．そこで，(76a)の論理表示は(77)のように表される．なお，f(x)='the donkey x owns' が表すのは，f(x) は x が飼っているロバ(x がペドロなら f(x) はブラシド)であるということである(厳密には(76a)の論理表示はもう少し複雑になる)．

(77) $\forall f \forall x((\text{farmer}(x) \land \exists y(\text{donkey}(y) \land \text{own}(x,y)))$
$\rightarrow ((f(x)=\text{'the donkey } x \text{ owns'}) \land \text{love}(x,f(x))))$

(77)は，意味的には，談話表示理論による全称読みの論理表示(66)と同じである．ただし，(77)では，談話表示理論の場合と異なり，不定名詞句が存在量化されている点に注意されたい．

この E タイプ分析の f の働きは，先の(72)をうまく扱うことができる．すなわち，(78)のように考えるのである．

(78) a. Every player chooses a pawn. He puts f(x) on square one.

b. It is not true that John does not have a car. f(John) is parked outside.

この E タイプ分析は，次のいわゆる**給料文**(paycheck-sentence)にも威力を発揮する．

(79) The man who gave [hispaycheck]$_i$ to his wife is wiser than the man who gave it$_i$ to his mistress.　　(Karttunen 1969)

(79)の it の先行詞は his paycheck であるが，しかし，it が指すものと his

paycheck が指すものとは同じではない．なぜなら，最初の the man がドミンゴを指し，二つ目の the man がルドルフォを指すとすると，it が指すものはルドルフォの給料であってドミンゴのではないからである．このような働きをする代名詞は，**怠慢代名詞**(pronoun of laziness)と呼ばれる．

しかし，この E タイプ分析にも問題がないわけではない．E タイプ分析では代名詞は一種の確定記述とみなされるのであるが，確定記述は，それが指すものの数が一つであるという性質をもつ．たとえば，(74a)の例で言えば，He が指すのは一人の男であり，けっして複数の男ではない．たった一つの対象を指示するというこの前提は，**唯一性前提**(uniqueness presupposition)と呼ばれる．唯一性前提は，(80a)のような条件文では問題とならないが，(80b)では問題を引き起こす(Kadmon 1990; Heim 1990)．

(80) a. If a man walked in, then he is still there. (one-case conditional)
 b. If a man is in Athen, he is not in Rhodes. (multi-case conditional)

(80a)は，だれか 1 人の男が入り込んでいる可能性について述べた文である．したがって，唯一性前提を満たしている．他方，(80b)は，アテネにいる男は(だれであっても)ロードス島には(当然)いないということを述べた文である．E タイプ分析では(80b)の a man は存在量化されるので，(80b)は，アテネに男が 1 人いるなら，その男はロードス島にはいないということを意味することになる．しかし，これは(80b)の自然な解釈ではない．この問題は，男 1 人だけを含む空間 s(「空間」の原語は state または situation である)というものを考え，その s を全称量化するという方法で(E タイプ分析に基づいて)解決されたかに見えたが(Berman 1987)，この方法も(81)を扱うことはできない．

(81) If a man shares an apartment with another man, he shares the housework with him.

(81)では，全称量化されるのは，アパートで同居している 2 人の男を含む空間 s である．しかし，この 2 人の男はどちらも，相手とアパートで同居するという属性をもっているため，たとえば，後件の代名詞 he に，その空間 s の中の一方の男を識別して割り当てることができないといういわゆる識別不可能性問

題を生じる．こういったことから，Eタイプ分析も談話表示理論と同じくすべての照応関係を扱うことができないことがわかる．

3.4 内包と可能世界

3.1節(d)で見たPTQの枠組みは，じつは，説明を簡略化するために意味の定義から内包と呼ばれるものを取り去ったものである．内包という概念は，PTQだけでなく意味理論一般において重要な働きをもつものなので，以下で内包について見ることにしよう．

(a) 内包と外延

Montagueが論理言語として用いたのは，**内包論理**(intensional logic)と呼ばれるものである．内包論理の基本的な構想は，Fregeの「意味と指示について」("Über Sinn und Bedeutung" 1892)の中に見られる．Fregeは，この論文の中で，記号が指し示す指示物(これを**外延** extension という)とその記号が表すいわゆる概念に相当するもの(これを**内包** intension という)とを区別し，それまでの論理とは異なる論理体系を編み出したのであるが，ここには自然言語への洞察が色濃く反映している．内包を理解するために，まずFregeが用いた例を見てみよう．

(82) a. 金星は，金星である．
　　　b. 明けの明星は，金星である．

「金星」が指示する天体(=外延)をvとしよう．さて，(82a)は単にv=vと言っているのであるから，vが何であろうとも常に真であり，その意味で情報がない．(82a)は当たり前のことを述べているだけである．しかし，(82b)の方は，明けの明星に対する天文学的知識をもたない人にとっては十分に情報価値がある．私たちはこれまで語の意味を考える場合，それが指すものだけを扱ってきた．しかしこの立場では，(82b)でもやはりv=vとなり，(82a)と(82b)の違いを説明することができない．(82a)と(82b)が異なる以上，「明けの明星」という表現は，外延(=金星)以外の何かによって「金星」という表現から区別され

ているはずである．Fregeは，それをSinn（内包）と呼んで，表現が実際に指すものBedeutung（外延）と区別した．

「金星」と「明けの明星」は，では，どういう点で異なるのだろうか．「金星」は固有名である．固有名はどのような場合も同一の外延（「金星」の場合は地球の隣の惑星）を指す．この点を見るために，「金星」よりもはっきりと固有名とわかる「アリストテレス」を例に取ることにしよう．

(83) アリストテレスは，眼鏡をかけている．

固有名は，常に同一のものを指す．たとえば，「アリストテレス」が哲学者アリストテレスのことであるとすると，(83)は古代ギリシア時代でも現代においても偽である．つまり，時代によって「アリストテレス」が指す人物が異なり，そのため(83)が真になったり偽になったりすることはない．しかし，次の(84)はどうだろうか．

(84) 日本の首相は，眼鏡をかけている．

(84)の場合は，「日本の首相」が指す人物は，時代が違えば，伊藤博文であったり東条英機であったりする．したがって，「日本の首相」という表現は，「アリストテレス」のように同一指示物に言及するのではなく，一種の概念とも呼べるものを表していると考えることができる．「明けの明星」も「日本の首相」と同じで，将来金星が消滅した場合，他の天体が明けの明星と呼ばれるかもしれない．このことから，「日本の首相」や「明けの明星」は内包（一種の概念）を表すものとして扱われる．

内包は，理論的には，世界が決まるとその世界での外延を与える関数として扱われる．この点を説明するために，内包を必要とするもう一つの例を使うことにしよう．

(85) アームストロングは，ボーアの妻のことを考えている．

ボーアの妻がマリアであるならば，「ボーアの妻」の外延はマリアである．しかし，ボーアはまだ独身で，アームストロングは単にボーアの将来の妻はどんな人だろうと想像をしている場合，「ボーアの妻」は発話時点の世界にその指示物を持たない．しかしこのことは，意味論が外延（指示物）のみに依存している場合，困った事態を引き起こす．たとえば，次の(86)の「ボーアの子供」も発話

時点でボーアが子供を持たなければ指示物を持たない.

(**86**) アームストロングは，ボーアの子供のことを考えている.

そうすると，(85)の「ボーアの妻」も(86)の「ボーアの子供」も発話時点では指示物を持たないので，(85)と(86)は同じ意味を表すことになってしまう. しかし，もちろん，ボーアの将来の妻について思いを巡らすのとボーアの将来の子供について思いを巡らすのとは同じではない！

この問題は，次のように考えることができる.「ボーアの妻」という語は，将来ある時点で指示物を持つかもしれない. あるいは，ボーアが一生独身だったとしても，現在の状態と異なる世界では，結婚していたかもしれない.「ボーアの子供」も同じように，この語が指示物を持つような世界を考えることができる. このように，私たちは，語が指示物をもつ世界(あるいは状態)を想定することができる. また，「日本の首相」の場合であれば，「日本の首相」の指示物がそれぞれ異なる世界を想定することができる. このような世界は，**可能世界**(possible worlds)と呼ばれる.

この可能世界という概念を用いると，(85)と(86)は，ボーアが独身者で子供がいない場合でも，同じ意味をもつものとして扱う必要はなくなる. アイデアは次のようなものである.「ボーアの子供」が指示物を持つ世界(より正確にはそういう世界の集合)は，「ボーアの妻」が指示物を持つ世界(の集合)と一致するとは限らない. そこで，この可能世界という概念を取り入れて，「ボーアの妻」の意味と「ボーアの子供」の意味が同一にならないようにすればよい. そうすれば，(85)と(86)は違う意味を持つことになる. たとえば，「ボーアの妻」が指すものは，世界に応じて，以下のようになっているとしよう.

$w_1 \to \{$ マリア $\}$

$w_2 \to \emptyset$

$w_3 \to \{$ マリアンヌ, オルガ $\}$

これを見ると，「ボーアの妻」という表現は，世界 w_j が与えられると，その世界での外延が決まることがわかる. たとえば，w_3 では，「ボーアの妻」に集合 $\{$ マリアンヌ, オルガ $\}$ が割り当てられる. つまり，V_{w_3}(ボーアの妻) = $\{$ マリアンヌ, オルガ $\}$ という一夫多妻の世界である. これは，「ボーアの妻」の

意味は各世界 w に対して外延を割り当てる関数であるということにほかならない．そしてこの関数が，「ボーアの妻」の内包と呼ばれるものである．他方，「ボーアの子供」は次のようになっているかもしれない．

$w_1 \to \{$ レオナルド，ジョン $\}$

$w_2 \to \varnothing$

$w_3 \to \{$ ハンナ $\}$

そうすると，「ボーアの妻」と「ボーアの子供」の外延は，w_2 ではたまたまどちらも空集合で同じであるが，それらの内包は w_2 でも異なることになる．

このように，世界 w が決まると言語表現 E にその世界での外延 a を与える関数，それが内包と呼ばれるものである．ただし，ここで注意が必要なのは，実際に可能世界なるものが時空のどこかに存在するということまで主張しているわけではないことである．可能世界という用語が誤解を招きやすいなら，「可能な状況」と言ってもよい．意味が世界との関わりを抜きにしては成立しないという認識に立ったとき，現実世界にのみ外延を求めると処理できない表現が存在するわけであるが，可能世界というのはそれを理論的に捉えるための一装置にすぎない．

練習問題 3.9

「～のことを考える」は，目的語となる表現に内包という概念が必要となる動詞である．内包という概念が必要な動詞には，この他にどのようなものがあるかを述べなさい．

(b) 可能世界と様相論理

可能世界という概念を用いて大きな成功を収めたものに，**様相論理**(modal logic)という論理システムがある．様相論理で用いられるいくつかの記号は形式意味論ではよく用いられるので，この節では，この論理について簡単に見ておこう．また，このことで，可能世界という概念のより正しい理解が得られることにもなる．

様相論理は，**必然性**(necessity)と**可能性**(possibility)を扱う論理である．ま

3.4 内包と可能世界

た，これらの論理と基本的な枠組みを共有するものとして，許可（permission）と義務（obligation）を扱う規範論理（deontic logic）や，知識（knowledge）と信念（belief）を扱う認識論理（epistemic logic）などがあるが，ここでは必然性と可能性だけを見ることにする．

まず次の文を考えてみよう．それぞれの文は，$\Diamond$ と $\Box$ という演算子を用いて表される．

(87) a. アームストロングは，女性であるかもしれない． $\Diamond(\text{woman}(a))$
b. アームストロングは，女性であるに違いない． $\Box(\text{woman}(a))$

(87a)は，アームストロングが女性である可能性について述べている文である．女性であるかもしれないと言っているのであるから，女性でないこともありえる．このことを論理的に扱う一つの方法は，この二つの状態をそれぞれ可能世界（w_1 と w_2）であると見なし，w_1 ではアームストロングが女性であるという命題が真であり，w_2 ではアームストロングが女性ではないという命題が真である，とする方法である．もちろん可能世界の数は二つ以上かもしれないが，その数がいくつであろうとも，(87a)が言っているのは，少なくとも一つの世界では，アームストロングが女性であるということである．もう少し正確に言うと，可能世界の集合 $\{w_1, \cdots, w_n\}$ があるとすると，(87a)が真であるのは，少なくとも一つの世界 w_j でアームストロングが女性である場合であることになる．他方，(87b)は必然性を表す文である．(87b)では，アームストロングが女性でない可能性は考えられない．この場合は，可能世界の集合 $\{w_1, \cdots, w_n\}$ のすべてにおいてアームストロングが女性であるということが真であると考えればよい．以上のことからわかるように，$\Diamond$ と $\Box$ は，基本的には $\exists$ と $\forall$ と同じ性質をもつ．

様相論理では，可能世界は，お互いの間で何らかの関係をもつと考える．これは，**到達可能な関係**（accessibility relation）と呼ばれる．到達可能性は，モデルがどの可能世界（の集合）を扱うのか，言いかえれば，可能世界間にどのような関係が成り立つのかを決める働きをする．このような可能世界間の関係 R には，次のような種類がある．なお，wRw' は「w' は w から到達可能である」を表す．

反射性 w∈W において，wRw である．
対称性 任意の w, w′ ∈W において，wRw′ ならば，w′Rw である．
推移性 任意の w, w′, w″ ∈W において，wRw′ かつ w′Rw″ ならば，wRw″ である．

一般に，R が反射性を満たす場合は T モデル，反射性と対称性を満たす場合は B モデル，反射性と推移性を満たす場合は S4 モデル，そして，これらすべての性質を満たす場合は S5 モデルと呼ばれている．そして，様相論理の式の真偽は，モデルがこれらのうちのどの性質をもった R を持っているかに依存して決まるということになる．

到達可能な関係 R は，「ある世界 w_i からある世界 w_j が見えるという関係」と呼ばれることもある（ここまで来ると SF までもう一歩であるが，これはあくまで便宜的な表現方法である）．一つの世界だけしかないモデルは，結果的にはこれまで見てきた論理言語のモデルと同じである．これに対し，可能性や必然性を考える場合は先に見たように別の世界（の集合）も考慮に入れる必要がある．では，これらの世界すべてを考慮に入れるべきであろうか．論理的には，考慮に入れるべき世界もあれば，入れなくてもよい世界もあるであろう．つまり，論理的に可能な可能世界がすべてある世界から見えるとは限らない．到達可能な関係 R は，w_i からどの可能世界が到達可能なのか，つまり，どの可能世界を考慮の中に入れればよいのかを決める働きをする．

これを簡単な例で見てみよう．アームストロングが女性かもしれないと言うとき，私たちは，現実世界 w_0 だけでなく，別の可能世界も考慮に入れている．そこで，可能世界の集合 W′ を $\{w_0, w_1, w_2\}$ とし，到達可能な関係は S5 だとしよう．

ここでは，w_0 から到達可能な世界は，w_0 と w_1 と w_2 である．他の世界でも同様に，自分の世界と他の二つの世界が到達可能世界である．いわば，見え見えのモデルである．「アームストロングが女性かもしれない」が真であるために

は，この命題がこのうちの少なくとも一つの世界で真であればよい．他の到達可能な関係の場合，見える関係は制限されてくるので，この命題はある世界では真であるが別の世界では偽になるということが起こりうる．

可能世界という概念を用いて可能性と必然性を捉えるという方法は，形式的には以下のように述べることができる．（様相論理は，様相命題論理と様相述語論理に分かれる．ここでは，様相命題論理の基本的なシステムを説明する．）まず，モデルであるが，様相命題論理 L'' のモデル M は次のようなものである．

$$M = \langle W, R, V \rangle$$

W は可能世界の（空でない）集合を表し，V は付値関数を表す．V は，命題記号 p に，それぞれの世界 w（つまり $w \in W$）での真理値 $V_w(p)$ を割り当てる．R は W における到達可能な関係である．**現実世界**(actual world)は，可能世界の集合 W の中の一つの要素である．論理的には，現実世界を他の可能世界と区別する必要はないのであるが，便宜上，現実世界を区別しておくことが多い．

これで道具立てはそろった．様相命題論理 L'' の意味的定義は，次のようになる．なお，命題 p は，付値関数 V によって，それぞれの世界 w においてその真理値（1 か 0）が決まっている．これは，命題 p の真理値は世界 w に応じて変わりうるということである．

(i)　$V_{M,w}(\neg \phi) = 1$ iff $V_{M,w}(\phi) = 0$

(ii)　$V_{M,w}(\phi \rightarrow \psi) = 1$ iff $V_{M,w}(\phi) = 0$ あるいは $V_{M,w}(\psi) = 1$（他の連結子についても同様）

(iii)　$V_{M,w}(\Box \phi) = 1$ iff wRw' であるようなすべての w' ($w' \in W$) に対して，$V_{M,w'}(\phi) = 1$

(iv)　$V_{M,w}(\Diamond \phi) = 1$ iff wRw' であるような少なくとも一つの w' ($w' \in W$) に対して，$V_{M,w'}(\phi) = 1$

なお，様相論理に非常に近いものとして**時制論理**(tense logic)がある．この論理で用いられる演算子も形式意味論ではよく用いられる．システムはいたって簡単なので，ここで見ておこう．

(88)　a.　マリアは，常に，優しいだろう．　G(sweet(m))

　　　　b.　マリアは，ボーアに会うだろう．　F(meet(m, b))

(88a)はマリアが未来のどの時点においても優しいということを意味し，(88b)はマリアが未来の何らかの時点でボーアに会うということを意味している．このことを捉えるには，(88a)には□に相当する時制演算子(すなわちG)，(88b)には◇に相当する時制演算子(すなわちF)を用いればよい．時制演算子には，未来に関するこのGとFのほかに，過去に関するHとPがある．たとえば，H(sweet(m)) は，これまで常にマリアが優しかったことを表し(□に相当)，P(meet(m, b)) は，マリアがボーアに会ったことを表す(◇に相当)．これらの時制演算子(および一般に様相演算子)は組み合わせることもできる．(89b)はその例である．

(89) a. マリアがジョギングをした．ボーアもジョギングをした．
    P(jog(m))∧P(jog(b))
  b. マリアがジョギングをする前に，ボーアがジョギングをした．
    P(jog(m)∧P(jog(b)))

練習問題 3.10

時制演算子を用いて，次の文の論理表記を書きなさい．なお，文が時制に関してn通りに曖昧である場合はn通りの表記を書きなさい．
 (a) マリアはジョギングをしないだろう．
 (b) マリアが来るので，ボーアはジョギングをするだろう．

読書案内

[1] Dowty, D., Peters, S. & Robert, W. (1981): *Introduction to Montague Semantics.* 井口省吾・山梨正明・白井賢一郎・角道正佳・西田豊明・風斗博之(訳)，『モンタギュー意味論入門』三修社(1987)．
モンタギュー意味論，とくにPTQに関して，基礎から丁寧に解説してある．いわばモンタギュー意味論入門の決定版として有名．とはいっても，初学者が読み通すにはそれなりの忍耐(と紙とペン)を必要とする．「モンタギュー意味論入門のための入門」があれば理想的だが，この類いの本は残念ながら出版されていない．

[2] 白井賢一郎(1991): 『自然言語の意味論』産業図書.

モンタギュー意味論，談話表示理論および本書では扱わなかった状況意味論を含む．これらの理論がもつ論理的・形式的な内容に関して詳しく，また，本書で扱えなかったトピックも多く扱われている．いきなり読むのはむずかしいが，本書を消化した後であれば読むのにあまり苦労しないだろう．

[3] 赤間世紀(1998): 『自然言語・意味論・論理』共立出版.

この本も，モンタギュー文法，状況意味論，談話表示理論，動的意味論，範疇文法および関連理論を含む．トピックが豊富で，形式意味論の世界がいかに広いか，また，いかに多くの諸理論と根っこの部分でつながっているかを感じ取ることができる．初学者向けとは言えないが，本書を読まれた後なら(なんとか)大丈夫であろう．いろいろな世界を味わってみるのは楽しいものであるが，この本はその楽しみを与えてくれる．

[4] de Swart, H.(1998): *Introduction to Natural Language Semantics.* CSLI Publications.

著者が自分の授業で用いるために作った教材をもとにして書いた本．平易な英語で書かれており，しかも，初学者がつまずきがちな論理的テクニックも最小限に抑えてある．英語で書かれた形式意味論の参考書は他にもよいものが出版されているので，腹をくくって英語に熟達するのも一つの手．

演習問題

3.1 タイプとタイプに対応づけられる(集合論的)意味についてまとめなさい．

3.2 タイプという概念があれば，統語論で用いられる範疇(NP や VP など)という概念は不必要かどうかを考えてみなさい．

3.3 「閉じている」の意味と「開けている」の意味は，論理的には互いに独立している．しかし，そうすると，たとえば「ポチが右目を閉じている．しかも，右目を開けている」という文は，連言の真理条件により，「ポチが右目を閉じている」が真で「ポチが右目を開けている」が真のとき真であることになり，私たちの直感に反する．これを解決する方法を考えなさい．また，2.2 節で見た排他的選言文の例をいろいろ書き出してみて，それらの文に対しても同じ解決法が適用できるかどうか，また，適用できないとすればそれはどういった理由でかを考えなさい．

3.4 日本語では，「就職が決まっている学生は(いまのところ)三人だ」における

「三人だ」のように，量化表現が述語の位置にあってもかまわない．本章で見てきた諸理論において，このことは問題を生じるだろうか，また，生じるのであればどのような問題かを考えなさい．

3.5 本章で見てきた諸理論において，次の文はどのような問題を生じるかを考えなさい．

(a) 学生が全員 A 教室に集まった．

(b) A 委員会は横暴だ．（A 委員会は山田・上田・田中の三人からなるとする）

(c) 山田君は，水を 1 リットル飲んだ．

(d) 山田君は，二回，司法試験に落ちた．

3.6 談話表示理論の枠組みは構成性原理に基づいているかどうかを考えなさい．

状況・文脈・認知と意味

　本章ではまず，本書後半部で取り上げる意味論上のアプローチについて，特に形式意味論との違いに重点を置きつつ解説しておく．次いで，形式意味論では捉えにくい意味的現象の一つ，直示を取り上げる．直示とは，「私」「あなた」「これ」のように，話し手の立場から直接対象を特定するような言語形式のことを言う．

4.1　形式意味論の限界

　第2章と第3章では，主として形式意味論の方法を紹介してきた．この意味論の特徴を今一度整理しておくと，以下のような点が挙げられるであろう．
　（1）　構成性の原理に基づく．文の部分の意味を合成することによって文全体の意味が構築される．
　（2）　真理条件的意味論．文の意味は，文の真理値を与える条件である．
　（3）　モデル理論的意味論．世界についての集合論的なモデルを仮定する．モデルは指示対象の集合と，文（の部分）を指示対象と結び付ける規則からなる．
　より込み入った問題を解決するために，様相論理や談話表示理論などの装置が開発されているが，形式意味論である限り，上の三本柱は揺るがないといってよい．

このような形式意味論的アプローチの利点は，なんといってもその数学的な厳密性にある．語の意味から文の意味に至るまで，一貫した定義で論じることができる．これは，言語の科学的な研究にとってはたいへん都合のよい性質である．

しかしながら，我々が日常生活の中で直感的に文や語の〈意味〉として感じているものの多くが，このアプローチからすり抜けていくようにも思われる．形式意味論で捉えられないとは言えないまでも，直接捉えることが今のところむずかしい〈意味〉が，存在するようである．第1章ではこれを「心」と「（言語の）使用」の問題として述べたが，あらためて述べ直してみたい．

例えば，次のような例を見てみよう．

(1) a. 私は日本人です．
b. これは机です．
c. あそこに見えるのは富士山です．

これらはきわめて平易な日本語で，理解はたやすいが，形式意味論から見ると問題がある．「私」「これ」「あそこ」は発話状況によって指示対象が変わるので，これらの文だけでは真理値が与えられないのである．この問題を解決するために，例えば「私」「これ」「あそこ」それぞれについて，値割り当て関数があって，その関数によりなんらかの値が当てられて解釈されるのだとすることは可能であろう．しかしそうしたからといって，「私」「これ」「あそこ」に関する有益な知見が与えられたことにはならない．問題はどのような原理で値が割り当てられるのかということなのであり，これを考えるには形式意味論とはかなり異なった問題の立て方をしなければならない．

また，次のような文を考えてみよう．

(2) （妻が夫に）「あなた，雨が降ってきたわよ」

この文の真理条件を考えることは簡単である．しかし，日常生活の中でこの文の真理値がわかったところで，文の〈意味〉がわかったことになるであろうか．この文は，状況によって，文字通りの意味以外のことがらをいわば「言外の意味」として伝えている．例えば，「今夜の野球はない」「でかけるなら傘がいる」「洗濯物を取り込んで」など．すなわち，日常生活における発話の〈意味〉とは，

4.1 形式意味論の限界

真理値，あるいは文字通りの意味表示だけでなく，何のために発話しているかという**発話の意図**までをも含んだものであると考えられる．

このような例はどうか．

(3) クリントンはユーゴ空爆を続行している．

厳密に言うならば，クリントンはユーゴ空爆の続行を指示しただけであり，空爆そのものの行為者は，NATO 軍の軍人である．したがって，この文の真理値は偽ということになる．しかし，我々はこの文を偽とは思わないし，ましてクリントンが直接空爆に参加しているとも思わない．

なぜ，形式意味論では，ここに挙げたような日常言語の〈意味〉の側面をうまく捉えられないのか．また，これらの〈意味〉をうまく説明するためには，どのような装置が必要であるのか．次のような図式で考えてみよう．形式意味論が捉える意味に関与するところの，主たる要素は，文と世界である．これを，次のような図式で表そう．

(4) 　文 ⟷ 世界(モデル)

ここには，文の使用者であり，世界の認識者である「人間」は入り込む余地がない．文と世界さえあれば，文の真理値は決定されるのである．

次に，問題となるような意味が関与する領域を次のように示そう．

(5) 　文 ⟷ $\boxed{x}$ ⟷ 世界

ここで $\boxed{x}$ として示した領域の性質は，じつは一様ではなく，多義的である．しかし，共通するのは，文の使用者であり，世界の認識者である「人間」が関わる領域であるという点である．ここで，$\boxed{x}$ の性質に着目しながら，形式意味論では直接捉えにくい意味の分野を分類してみよう．

- $\boxed{x}$ は，話し手を含む個別的な発話状況であり，話し手が外的世界の対象を直接的に指し示す．　　　　　　　　　　………直示(第4章)
- $\boxed{x}$ は，個々の発話状況に依存した，話し手の発話意図である．
   　　　………言語行為論，協調の原理と会話の含意，関連性理論(第5章)
- $\boxed{x}$ は，世界の認識者としての人間であり，人間の身体と経験に基づいて世界を切り分ける．
   　　　　　………認知カテゴリー論，メタファー・メトニミー論(第6章)

- $\boxed{x}$ は，個々の談話ごとに心的に構築される，言語と世界を結びつけるための中間構造である．　　　　………メンタル・スペース理論(第7章)

ここにまとめた意味研究の分野の一部は，**語用論**(pragmatics)と呼ばれ(「運用論」とも訳される)，また一部は**認知意味論**(cognitive semantics)とも呼ばれている．語用論は，当初，形式意味論が十分機能しない部分に「つぎ」を当て，形式意味論にとってのいわば「ノイズ」を取り除くことによって，形式意味論をよりいっそう純化させる目的で提案された．しかし，認知意味論的な観点がより強調された理論が提案されるようになってくると，形式意味論を計算理論に偏重した「人間不在」の理論として否定的に評価する研究者もある．

しかし，もともと形式意味論も，人間の意味に対する直感に基づいた理論なのであり，それを計算理論的に発展させたものにすぎない．同値，矛盾，含意といった意味のあり方について形式意味論は数学的に厳密な意味づけを行うことに成功したのであり，科学理論が備えるべき客観性，再現性における優位性は揺るがない．今日の語用論，認知意味論の発展は，形式意味論の発展を基盤としていると言うべきである．形式意味論的な基盤を忘れた語用論や認知意味論は，研究者の素朴な思いこみを述べるだけの「お話」に陥りがちであるという点を忘れてはなるまい．さらに，一方で，語用論，認知意味論は形式意味論だけでなく人間の認知一般に関する研究との連携を強めなければ，科学としての成熟はあり得ないはずであるが，この点についての成果はいまだ茫洋としている．その意味で，本書後半部で触れられる「理論」は，いまだ研究の初期段階にあるものばかりであると言っても過言ではない．研究が進めば，これらの分野は，言語固有の学問というよりは，コミュニケーションや認知に関わるもっと一般的な枠組みの中に解消されていく可能性も十分にある．

次の節では，形式意味論になじみにくい，語の使用状況，発話状況に直結した表現の代表として，直示を取り上げることとする．

4.2　直　示

直示(deixis)の典型的な定義は，「話し手の現在の立場から直接指し示す表現」

というものであろう．deixis の語源はギリシア語の「指さすこと」である，という点にも，そのことがよく現れている．直示の意味論的な特徴としては，「誰が，いつ，どのように発話したか」という点がわからなければ，直示表現が用いられた文の真理値が決定できない，ということが挙げられる．例えば，

(6) 太陽系の第4惑星は火星だ．

という文は，誰が，いつ，どのように発話しても，真理値の決定には何ら影響がない．しかし，

(7) あの星は火星だ．

という文は，話し手が何を指さしているかという発話状況がわからなければ，真とも偽とも決定できない．また，次の文を見てみよう．

(8) A: おまえが犯人だ．
    B: いや．おまえが犯人だ．

AとBの発話は，表現形式がまったく同一であるにもかかわらず，（共犯である可能性を除けば）互いに矛盾する主張をしている．これはむろん，「おまえ」が「現在の話し相手」を指す表現であるからであり，誰が誰に向かって話しているかによって指示対象が変わるためである．

日本語を例にとって，典型的な直示表現を挙げて見よう．

(9) **人称詞** 私，俺，あなた，おまえ，彼，彼女，…
    指示詞 これ，それ，ここ，あそこ，…
    時の名詞 今日，明日，昨日，来年，去年，…

これらに加えて，次のような動詞を直示に加えることができる．

(10) **方向性を持った動詞** 行く，来る，やる，くれる，…

例えば，「行く・来る」の意味は次のように定義できる．

(11) 「行く・来る」の定義:
    何かが話し手に接近する移動を「来る」，それ以外を「行く」と言う．

(11)の定義によって，次のような例の適格性・不適格性が説明できる．

(12) わたしの方に来なさい／*行きなさい．
(13) さあ，外に行きましょう／*来ましょう．

また，日本語の場合，**授受動詞**「あげる（やる）・くれる」も「行く・来る」

日本語と英語の人称詞

　一・二人称の**人称詞**について，日本語と英語を比べてみると，たいへん大きな違いがあることがわかる．すなわち，英語では一人称を表す代名詞が I の 1 語しかないのに対し，日本語では現在標準的に使われているものだけでも「わたし，わたくし，ぼく，おれ」の 4 語がある．その他，方言や歴史的なものも含めれば，「おら，おいら，うち，わし，わっち，拙者，それがし」など多数にのぼる．二人称も同様で，英語の you に対し，日本語では「あなた，君，おまえ」を中心に，「貴様，おめえ，てめえ，あんた，おぬし，貴公」などが挙げられる．英語に限らず，西洋語では人称詞は各人称につき 1 語ないし 2 語と語数が少ない．それだけでなく，西洋語の代名詞はほとんどが 1 音節でできており，語形が小さいのに対し，日本語ではそのような制限がない．

　発話時点における話し手，聞き手を指し示すという直示的な機能は西洋語と日本語に違いはないが，言語の文法的な性質の違いがこのような差異を生み出している．西洋語の代名詞は，動詞との人称・性・数の**一致**(agreement)を起こし，また格変化することによって，動詞と文法的に緊密な関係を作っている．西洋語の代名詞は動詞の屈折に関連した，文法的な標識なのである．英語にはゼロ代名詞(いわゆる名詞句の省略)というものが原則としてなく，そのため人称代名詞の使用頻度が高いということも，人称代名詞が文法的な標識であることを裏付けている．イタリア語やスペイン語のように主語の代名詞がしばしば省略される言語もあるが，これらの言語は動詞の屈折が豊かなので，逆に代名詞を表示する必要がないのである．語数が限定されているのも，語形が短いのも，文法的な標識だからと説明できる．

　一方，日本語には，人称・性・数の一致現象がまったく見られない．また，人称詞を必ず表示する義務もない．したがって，日本語の人称詞は文法的な標識ではない．では，日本語の人称詞の語彙の豊かさは，何を表しているか．一人称詞として「ぼく」を使うか，「おれ」を使うか，「わたし」を使うかで，話し手の性別，年齢や発話の状況がある程度想像できることに注目したい．また二人称詞の選択によって，話し手と聞き手との関係や発話状況が想像できる．日本語の人称詞は話し手の社会的立場や話し手と聞き手の社会的関係に対応して使い分けられているのである．社会的立場や関係の多様さ，変化の大きさが，

> 語彙の多様さ，変遷の激しさを表している．「お父さんが朝御飯を作ってあげよう」「お父さんは何が好き?」のように，一・二人称を表すのに人称詞以外の名詞を用いる場合が多いのも同じ理由によると考えられる．

とよく似た意味を持つ．

(14) 「あげる(やる)・くれる」の定義:
　　　話し手以外が与え手に，話し手が受け手になる授受行為を「くれる」，それ以外の授受行為を「やる」と言う．

この定義によって，次のような例の適格性・不適格性が説明できる．

(15) 私にこの本をください／*あげなさい．

(16) あの人にこの本をあげます／*くれます．

以上の点で，これらの動詞も直示表現に加えることができる．例えば，次の文の真理値は，バスの走る方向と話し手の位置関係で決まる．

(17) バスが走ってきました．

ただし，「行く・来る」「やる・くれる」などの動詞の意味を正確に捉えるためには，**視点**(viewpoint)という概念が必要となる(次ページコラム参照)．

以上のような直示表現は，どの言語にも多かれ少なかれ存在する．また，人間の言語習得の過程を見ても，直示表現はかなり早くから現れる．これらの点から見て，直示表現は人間の言語にとって基本的な語彙であると言える．普通の名詞や動詞などは，概念的意味によって対象を限定する．これは，誰がいつ用いても意味が一定しているという特徴があり(ただし，これは多少事態を単純化した認識である．概念的表現であっても文脈によって指示対象が変わることも普通に起こりうる．第6章参照)，それであればこそ情報交換が有効に働くと言える．

一方で，直示表現は，概念的意味とは独立の原理で対象を特定する．その際の指標となるのは，「今，ここ，私」という**直示的中心**(deictic center)である．対話においては，常にこの直示的中心が焦点化されているのであるから，指標としてはこれ以上のものはない．直示は概念的意味と独立であるがゆえに，概念的意味が十分使えないときでも使用可能であり，また場合によってはきわめ

視点について

日常的な対話では，次のような人称に関わる制約が見られる．
(i) a. *私が田中に電話をかけてきたよ．
b. 田中が私に電話をかけてきたよ．
(ii) a. *田中は歯が痛いよ．(cf. 田中は歯が痛いらしいよ．)
b. 私は歯が痛いよ．

このような点から，「てくる」文の動作の受け手，感覚形容詞の大主語などの位置は，一人称者を表す名詞句を置くと安定するという仮説を立てることができる．しかし，この位置に三人称者(または二人称者)を表す名詞句を置いても自然に見えることがある．これは，小説の地の文などの**物語的**(narrative)な文脈で著しい．
(iii) a. 山田が田中に電話をかけてきた．
b. 田中は歯が痛かった．

久野暲の用語では，(3)の下線部「田中」に，話し手/書き手の**自己同一化**(identification of the speaker)が起こっていると言い，「田中」寄りに視点があるとも言う(久野は視点を**カメラ・アングル**とも呼んでいる)．このような視点現象は，直示的な一人称が談話の中で拡張されたものであると見ることができる(久野 1978)．

視点現象の制約に基づいて，動詞や助動詞の選択，またゼロ代名詞の指示対象の決定など，多くの問題が研究されている．例えば次の例文の不適切性は，「くれる」が指定する視点の文法的な位置(非主語)と，「私」が要求する話し手との完全な自己同一化が矛盾するという点から説明される．
(iv) *私は彼女にクリスマス・プレゼントをくれた．

視点については，本章の読書案内[1][2]および第7章も参照されたい．

て簡便，直截に対象を指し示せる．人間の言語は，概念的意味と，直示という異なる指示形式を使い分け，また組み合わせることによって，コミュニケーションに必要な指示行為を効率よく行っているのである．

練習問題 4.1

次の語から，直示表現を選びなさい．
戻る　君　座る　奥さん　もらう　再来年　あそこ　誰

以下の節では，直示の代表として，日本語を中心に，指示詞の機能を取り上げて詳しく見ていく．

4.3　日本語の指示詞

日本語の**指示詞**(demonstratives)は，形態的に次のような体系を作っている．

(18)

	コ−	ソ−	ア−
−レ	コ−レ	ソ−レ	ア−レ
−(ソ)コ	コ−コ	ソ−コ	ア−ソコ
−ッチ	コ−ッチ	ソ−ッチ	ア−ッチ
−ノ	コ−ノ	ソ−ノ	ア−ノ
−ンナ	コ−ンナ	ソ−ンナ	ア−ンナ
−−	コ−−	ソ−−	ア−−

すなわち，「コ／ソ／ア」という形態素に「−レ」「−ノ」などの接尾辞がついていると分析できる．さらに，「コ／ソ／ア」がいわば指示詞の本体で，何物かを指し示す機能を持っており，接尾辞は指し示される対象の意味的な範疇(物，場所，方向など)や指示詞の品詞(名詞，連体詞，副詞など)を指定する機能を持っていると考えられる．

今，「この本」のような，「指示詞形態素＋−ノ＋名詞句」の形を例にとって，「コ／ソ／ア」の機能について観察してみよう．

指示詞の用法を，直接視覚，聴覚，触覚などによって知覚できる対象を指し示す用法と，そうでない対象を指し示す用法とに分けておく．前者を**現場指示**，後者を**非現場指示**とする．現場指示でのコ，ソ，アは，それぞれ話し手に近いもの，聞き手に近いもの，両者から遠いものを指し示すために用いられると考えられる．

(19) （話者Aが本を手に取りながら）
　　A: この本は誰のですか?
　　B: ああ，その本は田中さんのです．
(20) （AからもBからも少し離れたテーブルの上にある本を指しながら）
　　A: あの本は誰のですか?
　　B: ああ，あの本は田中さんのです．

このように，日本語の指示詞の体系では，話し手が中心となるだけでなく，聞き手もまた第2の中心となる．このような特徴は朝鮮語，スペイン語など，3系列の指示詞を持ついくつかの言語で観察できる．これに対して英語では聞き手を特に形態的に印づけするような指示詞はない．次の例では，本が話し手に近いときは this を，聞き手に近いときと，両者から離れているときは that を用いる．すなわち話し手を中心にして，話し手に近ければ this，そうでなければ that が用いられると考えられる．

(21) 　A: Whose book is {this/that}?
　　　B: It's John's.

このように，現場指示のソ系列は聞き手のそばにある対象を指し示すのに用いられる．

ただし，話し手と聞き手が同じ方向を向いている場合，場所の表現に限って，話し手と聞き手から見て近くも遠くもない距離をソ系列で指し示す場合がある．次のような，タクシーの客と運転手の会話がその例である．

(22) 　客: そこの建物の前で止めてください．
　　　運転手: そこの赤いビルですね．

---練習問題 4.2---
　英語の that は日本語のア系列に対応する場合とソ系列に対応する場合がある．それぞれについて具体的な使用状況とともに，用例を示しなさい．

一方，非現場指示では，現場指示とはかなり違った用法を示す．コ系列は，今話題になっていること，これから話題にしたいことを指し示す．

(23) 　私の友人に酒好という男がいます．この男は，名前と違って，酒が一

滴も飲めません．

(24) （会議の冒頭で社長が）

田中君，このプロジェクトはいつ開始するのかね?

ア系列は，話し手(および聞き手)の過去の記憶の中にある対象を指し示す．

(25) 神戸で食べたあの肉まん，おいしかったなあ．

(26) A: 田中さんは昨日のパーティに来ましたか?

B: ああ，あの人は見ませんでしたね．

これらの例では，コは今話題になっているから近く，アは過去の経験だから遠い，というように見ると，現場指示と関係づけられなくもない．しかし，ソ系列の非現場指示の用法を聞き手と結び付けることはむずかしい．例えば次の例は物語的な文脈で用いられており，聞き手とはほとんど関係がない．

(27) 物陰からふいに男が飛び出してきた．その男は手にナイフを持っていた．

英語の代名詞が担うような純粋な照応関係(anaphoric relation)は，日本語では(人称代名詞ではなく)ソ系列の指示詞が作り出すと言われる(三上 1955)．例えば次のような，数量的表現(quantificational expression)を受けて分配的解釈(distributive reading)を持ちうるのはソ系列の指示詞のみである(Hoji 1995; Ueyama 1998 など)．

(28) どの男子学生も{あの／この／その}学生のガールフレンドを連れてきた．

(28)の「その学生」では，学生一人一人についてそれぞれが自分のガールフレンドを連れてきたという解釈ができるが，「あの学生」「この学生」ではそのような解釈がむずかしい．

日本語の指示詞については多くの研究が積み重ねられているが，まだ十分明らかでない点も多い．現場指示と非現場指示の関係もその一つである．読書案内[4]および金水(1999)などの文献を参照していただきたい．

──練習問題 4.3──

次の例文で，下線部の表現と照応関係にあると解釈できるのは，ア系列，コ

系列，ソ系列のうちのどれか，確かめなさい．
(a) 何，田中が昨日，<u>1万円札をひろった</u>だって？ それで｛あの／この／その｝お金を，田中はどうしたの？
(b) もしホームに<u>特急が止まっていたら</u>，｛あれ／これ／それ｝に乗って行こう．

読書案内

[1] 大江三郎(1975)：『日英語の比較研究——主観性をめぐって』南雲堂．
「行く」「来る」と go/come，「やる」「もらう」「くれる」と give/receive の用法の違いなどが詳細に記述されている．
[2] 久野暲(1978)：『談話の文法』大修館書店．
共感(empathy)度という概念を導入することによって，「行く」「来る」「やる」「くれる」「もらう」などの視点制約を明示的に示した．
[3] 鈴木孝夫(1973)：『ことばと文化』岩波新書．
日英の表現の対比から，両国の文化の相対化を試みた本であるが，特に日本語の人称詞に関する分析が詳しい．
[4] 金水敏・田窪行則(1992)：『日本語研究資料集 指示詞』ひつじ書房．
日本語の指示詞に関する基本文献を収録・抄録し，解説を付す．研究文献一覧も付いている．

演習問題

4.1 次の(a)(b)の文が解釈可能になるのは，どのような状況の場合か．それぞれ発話状況と解釈を与えた上で，なぜそのような解釈が可能になるのか，「あそこ」「ここ」および「来る」「行く」の用法から説明しなさい．
(a) あそこに来てください．
(b) ここに行ってください．
4.2 次の用例を見られたい．

(a)　(ビールを一気に飲みほしたあと，空になったグラスを見ながら)
　　　That was nice!
　(b)　(ラジオの DJ が，楽曲が終わった直後に曲名を紹介する)
　　　That number was *Let It Be* by the Beatles.
同様の状況で，日本語ではどのように言うか．特に，指示詞を用いるとすれば，コ系列，ソ系列，ア系列のどれを用いるか(あるいは用いられないか)．この対比を通して，英語の that の使用条件に関する仮説を立て，あわせて日本語の指示詞の用法との違いを説明しなさい(ヒント：用例の時制にも注意)．

4.3　英語の he/she と「彼/彼女」の分布はほぼ同じと考えてよいか，あるいはいけないか．分布が異なるとすれば，どこが，そしてなぜ異なるのか．例えば次のような用例において，he/she を日本語の「彼/彼女」に，あるいは「彼/彼女」を英語の he/she に移し替えられるかどうかといった点を参考に，答えなさい．
　(a)　A: I met Bill yesterday.
　　　B: Bill? Who is *he*?
　　　(B は A の言う Bill が誰だかわかっていない)
　(b)　Which student has stolen *his* or *her* bag?
　　　(学生それぞれのカバン，という意味で)
　(c)　私の彼，お医者さんの卵なの．
　(d)　(若い男性が，路上で出会った女性に声をかける)
　　　ねえ，ちょっとそこの彼女，もし時間あったら，お茶しない？

発話とコミュニケーション

　本章では，言語をコミュニケーションの観点から見ていく立場を紹介する．まず，「発話が何を（どんな世界を）写しているか」ではなく「発話したことで（聞き手に）何をしたことになるか」ということを明らかにしようとする言語行為論を取り上げる．次に，発話を話し手と聞き手の協調的な行為と見て，聞き手が話し手の意図を補い，推論を発動させるところから会話の含意が生じるとするGriceの協調の原理理論を見ていく．最後に，言語コミュニケーションに特化された人間の認知機構を仮定し，発話と推論が協調して話し手の意図を復元していく過程を説明しようとする関連性理論を紹介する．

5.1 言語行為論

(a) 遂行的な文と叙述的な文

　形式意味論では，文は真理値を持つとの前提で分析が進められているが，実際のところ，我々が日常使用している発話の中には，真理値を問題にできない，あるいは真理値を問題にする必要がないものが多く含まれている．例えば，次のような**疑問文**や**命令文**である．
- **(1)** 今何時ですか．
- **(2)** 四月一日から，名古屋支社営業課に転勤しなさい．

形式意味論の研究者はこのような発話に気が付いていなかったわけではなく，とりあえず当面の研究の対象としては除外していたわけであるが，J. Austin は，むしろこの種の発話を中心的に取り上げ，哲学の問題として論じた（Austin 1962 他）．Austin はまず，彼が**遂行的**（performative）と呼ぶ文のタイプを見出し，その特殊な性質に着目した．遂行的な文（あるいは「遂行文」）とは，日本語で言えば，次のようなものである．

(3) a. 私はあなたに，四月一日から名古屋支社営業課に転勤することを命じる．
    b. 私はここにアジア大会の開会を宣言する．
    c. 私はこの船を武蔵丸と命名する．
    d. 我々はスポーツマンシップに則り，正々堂々と戦うことを誓います．
    e. おくやみ申し上げます．
    f. 感謝します．

これらの文では，話し手がそう言うことによって，そうしたことになる．つまり，いま行いつつあることを話し手が言っているのである．真理値を仮に問題にするならば，これらの文は常に真である（ただし「適切に遂行されたならば」という但し書きが必要になる．後述する）．これに対して，世界の状況に照らして真偽を問題にしなければならないような文を**叙述的**（constative）な文と呼ぶ．

遂行的な文には，形態的に大きな特徴がある．遂行的な文の形態的な特徴は，英語で言えば一人称，現在形かつ肯定文に限るというものであるが，これは日本語でも同じである．すなわち，動詞の基本形（ル形）で，過去（「た」）や否定（「ない」）やモダリティ（「だろう」）のような助動詞のいっさい付かない形に限られる．例えば，次のような文は叙述的な文であり，遂行的ではない．

(4) a. 私はあなたに名古屋支社に転勤することを命じた．
    b. 私はアジア大会の開会を宣言しない．
    c. 私はこの船を武蔵丸と命名するだろう．
    d. 彼がおくやみ申し上げます．

遂行的な文に用いられる動詞を**遂行動詞**(performative verb)と呼ぶ．遂行動詞は何らかの発話を表す動詞である．ただし，遂行動詞は遂行的な文に用いられるだけではなく，叙述的な文にも用いられる．

まとめると，遂行的な文には

(5) a. 主語が一人称で，動詞が現在形(基本形)かつ肯定形である．
　　b. 動詞が遂行動詞である．

という特徴があることになるが，これらの特徴を持っているからといって遂行的な文であるということにはならない．例えば次の文は遂行的な文ではなく，叙述的な文である．

(6) 　私は私語をした学生にはいつも即座に退室を命じます．

これは「いつも」という副詞の使用からわかるように，「私」の習慣的な行動について叙述している．要は，それを言うことによってそれをしていることになる文かどうか，ということが問題なのである．

---練習問題 5.1---

次の文から遂行的な文を選びなさい．
　(a) 今窓を開けます．
　(b) 失礼のあったことを心からお詫び申し上げます．
　(c) あなたにはこの製品をお勧めしましょう．

(b) 遂行分析

ところで，次の二つの文は，発話の機能としてはほとんど同じであると考えられる．

(7) a. 私はあなたに，四月一日から名古屋支社営業課に勤務することを命じる．
　　b. 四月一日から，名古屋支社営業課に転勤してください．

両者の違いは，(7a)が遂行動詞を用いて話し手がしていること(「命じる」こと)を自分で述べているのに対し，(7b)はそうではない，という点である．ただし，(7b)は「〜てください」のように，通常なら命令(または「依頼」)と受

け取れる．特別な形態の述語を用いている．(7a)のように遂行動詞を用いた典型的な遂行文を**明示的遂行文**(explicit performative sentence)，(7b)のように，遂行動詞を用いずに遂行的な機能を発揮する文を**非明示的遂行文**(implicit performative sentence)と呼ぶ．

　非明示的な遂行文は，遂行動詞を持たないのであるが，その文がどのような機能を持ちうるかということは母語話者ならある程度わかる．それを確かめるために，当該の発話を第三者の立場から遂行動詞を用いて描写するという方法を取ることができる．例えば，(7b)の場合は次のようになる．

(8)　山田部長は田中に「四月一日から，名古屋支社営業課に転勤してください．」と命令した．

一般的には，この描写は次のような形式を取る．

(9)　話者(S)が聞き手(H)に「命題内容」(P)を[遂行動詞](V)する

このような方法で，非明示的な遂行文に隠れた遂行的な機能を明らかにする分析を**遂行分析**(performative analysis)と呼ぶ．

　さて，我々は最初，遂行的な文と叙述的な文を区別したが，非明示的遂行文および遂行分析という概念を用いると，じつは叙述的な文ですら，遂行的な文であると考えることができる．(10a)を非明示的な遂行文と見，それを遂行分析したものが(10b)である．

(10)　a.　雨が降って来ましたよ．
　　　b.　妻は夫に「雨が降ってきましたよ．」と{教えた／告げた／知らせた}．

こうして見ると，じつは我々の発話の大部分は，なんらかの行為と結びついていると言える．我々は，たえず何かを言うことによって，何かをしているのである．依頼文，命令文，質問文などは，文が遂行する行為が形態に焼き付けられた形式であると見ることができる．このように，我々の言語によるコミュニケーションを行為の面から分析することを**言語行為論**(speech act theory)と呼ぶ．

　ここで確認しておかなければならないのは，我々の日常的な言語行為全体の中で，文の真理値が問題となるのは，一部分にすぎないということである．こ

れは，単純な意味での真理条件的意味論だけでは，我々のコミュニケーションにおける言語の役割を捉えきることができないということを示している．

練習問題 5.2

次の発話の遂行分析をしなさい．
- (a) 動くと撃つぞ．
- (b) 今日は日曜日ですよ．
- (c) この線から前に出てはいけません．

(c) 言語行為の分類と発話の力

Austin は，言語行為を**発語行為**(locutionary act)，**発話内行為**(illocutionary act)，**発話媒介行為**(perlocutionary act)の三つに分類した．この三つは，一つの発話において同時に成立することができる．遂行分析で示すと，次のようになる．

(11) a. 犯人は山田に「ウゴクト　ウツゾ」と言った: 発語行為
  b. 犯人は山田に「動くと撃つぞ」と警告した: 発話内行為
  c. 犯人は山田に「動くと撃つぞ」と言ってこわがらせた: 発話媒介行為
           （田窪 1988:179 より）

発語行為とは，特定の音声，統語構造，（文字通りの）意味を持つ文を発話するという行為である．日本語の場合,「言う」は発語行為を最も広く代表する遂行動詞であると言える．「ささやく」「つぶやく」「さけぶ」「どなる」などは，発語の様態をも含んだ動詞である．

次に，発話内行為とは，発話をする際にその発話に慣習的に結びついた遂行的な機能を果たすという行為である．Austin は，この発話内行為を特に**発話の力**(illocutionary force)と呼び，重視した．

そして発話媒介行為とは，発話によって結果を生じさせるという行為である．どのような発話がどのような結果を生じさせるか，すなわちどのような発話媒介行為と結びつくか，ということは，個々の発話状況によってさまざまであり，一般化できない．

なお，日本語の場合，「～と」のような引用節を義務的に取る動詞は，発語行為または発話内行為を表す遂行動詞であると考えられる．発話媒介行為を表す動詞は，必ずしも引用節を必須としない．

(d) 適切性条件

文を言語行為の面から見るとき，問題となるのは，真理条件ではなく，その発話が適切か否か，という点である．例えば，「名古屋支社に転勤してください」という発話は，任免権のある上役が部下に言えば「命令」として適切であるが，逆に部下が上役に言っても，冗談としか受け取られない．この適切性の問題を理論的に扱ったのが J. R. Searle である（Searle 1979 他）．Searle は，個々の言語行為が成立するための条件として次の四つを挙げた．

(12) **命題内容条件** 発話の内容が満たすべき条件
　　　準備条件 発話の状況に関する条件（話し手の聞き手に対する対人関係，話し手の聞き手に関する信念など）
　　　誠実性条件 話し手の意図に関する条件
　　　本質条件 特定の発話内行為の遂行に本質的な条件

これらの条件を，言語行為の**適切性条件**（felicity condition）と呼ぶ．**依頼**と**警告**を例に取って，適切性条件を具体的に見てみよう．

(13) **依頼**
　　　命題内容条件 聞き手(H)による将来の行為(A)
　　　準備条件 1. H は A をする能力を持つ．
　　　　　　　　 2. 話し手(S)は，H が A をする能力を持つと信じる．
　　　誠実性条件 S は H に A をしてほしい．
　　　本質条件 H に A をさせようとする試みと取れる．

(14) **警告**
　　　命題内容条件 未来の出来事(E)
　　　準備条件 1. S は E が起き，かつそれが H の益にならないと思っている．
　　　　　　　　 2. S は E が起きることを H が知らないと思っている．

誠実性条件 S は，E が H のためにならないと思っている．

本質条件 E は H のためにならないという保証と取れる．

適切性条件の違反によって，言語行為が成立しなくなる様子を以下の例で観察してみよう．

(15) 一昨日(おととい)おいで．(命題内容条件違反)

(16) (1歳の赤ん坊に向かって)そこの醬油を取ってくれないか．(準備条件違反)

(17) わたしをもっといじめてください．(話し手が，人にいじめられるのが特に好きな人でなければ，誠実性条件・本質条件違反になる)

(18) 金を出さないと，ここで逆立ちするぞ．(準備条件，誠実性条件，本質条件違反)

このように，適切性条件が破られると，言語行為は適切なものとしての効力を発揮せず，発話はせいぜい冗談としか受け取られない．

--- 練習問題 5.3 ---
次の「依頼文」はどのような適切性条件に違反しているか．
(a) 自分のへそを嚙んで死んでちょうだい．
(b) そんなこと，30 分前に言ってください．

(e) 間接言語行為

次の発話は，どのような行為として機能するであろうか．

(19) すみません，お醬油取れますか．

文型としては疑問文であり，「聞き手が醬油瓶がとれるかどうか」についての**質問**として機能しうることは間違いない．しかし，この発話を，例えば食堂で隣に座っている客に対してする話し手は，醬油瓶を取ってもらおうとして発話しているはずである．例えば，(20)のような対話を期待しているのではなく，(21)のような対話を期待しているはずである．

(20) A: すみません，お醬油取れますか．
    B: はい．取れます(動かない)．

(21)　A: すみません，お醬油取れますか．
　　　　B: はい，どうぞ(取って渡す)．

ところが遂行分析では，質問であることは確かめられても，依頼であることは確かめられない(田窪 1988:181)．

(22)　a.「お醬油取れますか」と聞いた．
　　　b.*「お醬油取れますか」と頼んだ．

すなわち，この発話の発話内行為(発話の力)は質問ではあっても，依頼ではない．ところが，実際にはこの発話は，結果として依頼になりうる．このような言語行為を**間接言語行為**(indirect speech act)と呼ぶ．

Searle は，言語行為の適切性条件から，間接言語行為の成立の要件を巧みに説明した．すなわち，

(23)　話し手は言語行為の適切性条件を断定ないし質問することによって間接的にその言語行為を遂行することができる．

というものである．例えば依頼について，上の要件を詳細に言えば，次のようになる．

(24)　a. 聞き手の実行能力に関する準備条件を断定ないし質問する．
　　　b. 命題内容条件を断定ないし質問する．
　　　c. 誠実性条件を断定する．
　　　d. その行為をするべき理由を断定するか，その行為をしない理由が存在するか否かを質問する．

実例で見てみよう．

(25)　a. お醬油取れますか．(実行能力に関する準備条件の質問)
　　　b. お醬油取ってくれますか．(命題内容条件の質問)
　　　c. お醬油取って欲しいんです．(誠実性条件の断定)
　　　d. お醬油取ってくれると助かるんだけど．(その行為をするべき理由の断定)

5.2 協調の原理と会話の含意

Searle の間接言語行為の理論は，発話の表面的な機能のいわば「裏」に隠された真の機能の存在を明らかにするとともに，その真の機能がどのような経路を経てコミュニケーションの場に浮かび上がってくるかを説明した．

実際，我々の日常生活のコミュニケーションにおいては，上のようなことばの「裏の意味」あるいは「言外の意味」が取り交わされる場面に多数遭遇する．このような裏の意味，言外の意味は決して恣意的に与えられるのではなく，大部分は一定の規約と状況に基づいて，対話者の推論により導出されるのである．そうでなければ，コミュニケーションそのものが成り立たないであろう．間接言語行為の理論もそのようなプロセスに関する考察の一つであった．

しかし，次のようなタイプの会話は，間接言語行為からは説明できない．

(26)　A: 金貸してくれる？
　　　B: 明日給料日なんだ．
(27)　A: スケートしにいかない？
　　　B: 明日試験なんだ．　　　　（以上2例，田窪 1988:183 より）

B の発話は A の依頼や依頼に対する「拒否」を表していると受け取れる．なぜそう受け取れるのであろうか．また，B はなぜはっきりと断わらなかったのであろうか．

本節では，このような会話の含意をより一般的な立場から捉えるために H. P. Grice が提案した協調の原理と，そこから導出される会話の含意について見ていくことにする．

(a) 協調の原理

Grice (1975) は，会話の参加者はすべて次のような**協調の原理**(cooperative principle) に従わなければならないと仮定した．

(28)　**協調の原理**:
　　　いま行われている会話の方向や目的に沿う形で会話に参加せよ．

さらに，協調の原理が働いている際に会話の参加者が具体的に守らなければならない原則(maxim)として，次の4項目を挙げた．

(29) 量の原則(maxim of quantity):
会話での情報の提供は，ほどよい量でなければならない．
(Make your contribution as informative as is required (for the current purpose of the exchange). Do not make your contribution more infromative than is required.)

質の原則(maxim of quality):
信じていないこと，証拠のないことを言ってはいけない．
(Do not say what you believe to be false. Do not say that for which you lack adequate evidence.)

関連性の原則(maxim of relevance):
関係のないことを言ってはいけない．
(Be relevant.)

様式の原則(maxim of manner):
表現の不明確さ，曖昧さを避けよ．
(Avoid obscurity of expression. Avoid ambiguity.)

このような項目は，一見すると，理想ではあっても決して現実の会話では守れそうもないと感じられるかもしれない．しかし Grice の提案の眼目は，話し手に理想の発話を求めるものではなく，むしろ聞き手の「聞き方」に向けられている．聞き手は，相手の発話を，状況と能力に応じて精一杯上の原則を守ろうとして発せられたものとして聞き取る．もし一見上の原則に反していると見られる場合は，直接的には原則を守ることができない理由が存在していると考え，そこから推論が発動される．その結果として，相手の発話をもっとも合理的に解釈するための「含意」が導出されるのである．もし，合理的な含意が導出されないならば，その発話は冗談か，勘違いか，酔っぱらいのたわごとの類と見なされてしまうであろう．

以下に，個々の原則について具体的に見ていく．

(b) 量の原則

次の会話を見てみよう．

(30)　A: いくら持ってる？
　　　B: 1050円持ってる．

この場合，Bの所持金は普通，1050円ぴったりであり，それより多くも少なくもないはずである．もし1050円より少なかったら，Bは嘘をついたとみなされる．しかし，1050円より多い場合は，数学的には偽にはならないはずである．にもかかわらず，Bが1050円より多く持っているとしたら，BはAに対して何らかの意図を持って所持金を隠していると解釈されかねない．自然会話では，数学と異なり，「大は小を兼ねる」は真にならないのであろうか．量の報告は，完全一致でなければ偽になるのであろうか．次のような場合を見れば，そうではないことがわかる．

(31)　A: 1050円持ってる？
　　　B1: いいえ．（500円持っている）
　　　B2: はい．（1050円ぴったり持っている）
　　　B3: はい．（2000円持っている）

Bは1050円以上持っていれば，肯定で答えてよい．否定で答えると，逆に嘘を付いたことになる．以上の点から，「大は小を兼ねる」は自然会話でも成り立つ原則であることがわかる．では，なぜ(30)では所持金ぴったりで答えなければならなかったのであろうか．それを説明するのが，Griceの量の原則である．

(32)　**量の原則**(maxim of quantity):
　　　会話での情報の提供は，ほどよい量でなければならない．

これを別の言葉で言えば，手持ちの情報量によってできる限り求められている情報量に接近せよ，ということである．(30)の問いでは求められているのは所持金の金額であるが，Bがもし自分の所持金の金額を過小に述べたとすれば，それは偽ではないが，手持ちの情報より少ない情報を与えたことになる．なぜなら，所持金ぴったりの値は1個しか存在しないが，過小な金額は複数（所持金1050円の場合は，過小の金額は1円以上として1049通り）あるからである．

総記の「が」と「量の原則」

Grice の量の原則を用いれば，日本語の主格助詞「が」のいわゆる「総記」の用法の由来をも説明できる．久野(1973)では，日本語の助詞「が」には**中立叙述**(neutral description)と**総記**(exhaustive listing)があるという．(i)が中立叙述，(ii)が総記の例である．

(i) あ，見てください，山田と田中が来ました．
(ii) A: 掃除の手伝いには誰が来ましたか．
B: 山田と田中が来ました．

(i)の場合は，山田と田中以外に誰か来たかどうかは問題外であり，「山田と田中が来た」ことについて真であると述べているだけである．ところが(ii)の場合は，「来たのは山田と田中だけである」という解釈が成り立つ．久野は，二つの「が」の違いと説明したが，総記の読みは，本節(b)で見たように，量の原則に基づく含意であると見なすことができる．すなわち，「山田と田中だけが来た」という状況の場合，次の(iiia–c)は論理的にはすべて真であるが，情報量が最大となるのは(iiic)である．

(iii) a. 田中が来た．
b. 山田か田中が来た．
c. 山田と田中が来た．

もしBが「山田と田中だけが来た」ことを知っているならば，量の原則によってBは(iiic)で答えなければならない．聞き手の立場から言えば，(ii)のAの尋ね方に対するBの答は，Bの知っている最大の情報源を与えているはずだと解釈しなければならず，したがって総記の解釈になるのである．「総記」の解釈がこのように量の原則から説明できるものであるとするならば，「が」に2種類を設ける必要はなく，「が」は主格助詞であるとするだけでよい．

あるいは聞き手の立場からすれば，相手の言った金額がぴったりでないとすれば，「正確な金額を含め，うちわの金額」という曖昧な情報でしかなくなるわけで(正確な金額の候補は無限通り!)，やはり情報量が小さいと言える．よって聞き手は，相手の報告を所持金ぴったりと解釈する．

一方，(31)の場合は，求められている情報量は「手持ちが1050円をクリア

しているか否か」だけであるので，数学的な真偽（大は小を兼ねる）で情報量としては事足りるのである．

練習問題 5.4

次の会話では，所持金ぴったりでなくてもよいかもしれないが，どうか．
A: いくら持ってる?
B: 1000 円持ってる．

この場合，1300 円くらい持っていても，嘘をついているとまではみなされないようである．「1050 円」と答える場合と「1000 円」と答える場合とでは違いがあるのだろうか．説明しなさい（ヒント：求められる答の精度と所持金計算の労力の兼ね合いという観点から問題を捉えよう）．

（c） 質の原則

質の原則とは次のようなものであった．

(33) 質の原則 (maxim of quality):

信じていないこと，証拠のないことを言ってはいけない．

これは，「嘘，矛盾したこと，でたらめを言うな」というあまりにも当たり前なことを述べているわけであるが，自然会話では，一見，論理的に矛盾するような発話がしばしば見られる．例えば，次のような発話を見てみよう．

(34) きのうは若の花が負けた．でも私は，若の花が負けたと思っていない．

もしこの発話者が協力的で健全であると信じられるなら，この発話は，いわゆる「相撲に勝って勝負に負ける」といった類の，深い話をしているのであり，その限りで質の原則を破っていないと考えるであろう．

また，ひどく散らかった友人の部屋を見て

(35) 君の部屋はいつ見てもきれいだね．

という場合のような**皮肉**も，この質の原則から説明できるとされている（演習問題 5.2 参照）．

(d) 関連性の原則

食事中に，食卓で，向かい側に座っている人に次のように言ったとしよう．

(36) お醬油取ってください．

この発話は，実際には次のような発話と同じ効果を持つ．

(37) 今すぐ，あなたの目の前にあるお醬油を私に取ってください．

このことは，次の**関連性の原則**から説明できる．

(38) 関連性の原則(maxim of relevance)：
　　　　関係のないことを言ってはいけない．

この原則を，聞き手の立場から言い直せば，「特に断わらない限り，話し手の発話は，発話の状況や文脈にもっとも関係の深いことがらとして解釈しなさい」ということになる．現在食事中であり，醬油が何に使われるもので，話し手が何を望んでいるかが理解できる聞き手であれば，関連性の原則から(37)の解釈を導出することができるはずである．授業で老教授が「みんな居眠りしている」とつぶやいたとき，教授自身が除外されているのも関連性の原則による．

次の例では，関連性の原則が一見破られているように見える．

(39) 　A: いま何時？
　　　　B: そうね，さっき四時間目のベルがなったけど．

Aの問いに対し，Bの答は直接的なものではないが，AがBを協力的な対話の参加者だと見なす限りで，Bは自分の能力の範囲で最大限に関連のある答え方をしたものと解釈するであろう．すなわち，Bは時計を持っておらず，Bが今の時間を知る最大の手がかりが四時間目のベルであったというものである．

逆に，関連性の意図的な違反は，次のような冗談やからかいとしか解釈されない．

(40) 　教師: 今日来てない人は？
　　　　生徒: 徳川家康と豊臣秀吉です．　　（以上2例，田窪1988:186より）

練習問題 5.5

上の(40)はどのような点で関連性の原則を破っているか，説明しなさい．

(e) **様式の原則**

ふつう，(41)の発話は，(42)のように解釈される．

(41) 山田は東京に行き，田中と会った．

(42) 山田はまず東京に行った．そのあとで田中と会った．

これは，特に断わらない限り，出来事が起こった順に話すのが最も理解しやすいからである．このような，発話の仕方，提示の仕方について述べたのが**様式の原則**である．

(43) **様式の原則**(maxim of manner)：
表現の不明確さ，曖昧さを避けよ．

しかし，日常の会話では，持って回ったような曖昧な表現が好んで用いられる場面にもしばしば出会う．

(44) A: ご趣味は?
B: はい，日本舞踊の方を少々…

この場合，「日本舞踊を」と言い切らずに「日本舞踊の方」という曖昧な表現を用いるのは，「自分のやっていることは「日本舞踊」と自信を持って言い切れるようなすばらしいものではない」というためらい，遠慮の気持ちがあるからである，と解釈できる．

しかし，この「～の方」が曖昧な表現であることは，次のようにわざと相手を騙そうとする発話で用いられることからも明らかである．

(45) こんにちは．私，消防署の方から参ったものですが，消火器の交換の時期になりましたので，新しい物をお持ちしました．(実際は，この男は「消防署」の職員ではなく，「消防署の方向」からやってきた，消火器の押し売りである．)

練習問題 5.6

次の「先生」の発話は，一見会話の原則を破っているように見える．それはどの原則か．

学生: 先生，私の卒論，どうでしたか?
先生: ああ，君は字がきれいだねえ．

丁寧性の原理

自分の美点について控えめに言うのは，G. Leech(1983)が提案した**丁寧性の原理**と関わることがらであると考えられる．Leech は，丁寧性の原理を次のように整理している．

(I) 気配りの原則(行為賦課型と行為拘束型において)
   a. 他者に対する負担を最小限にせよ．
   b. 他者に対する利益を最大限にせよ．

(II) 寛大性の原則(行為賦課型と行為拘束型において)
   a. 自己に対する利益を最小限にせよ．
   b. 自己に対する負担を最大限にせよ．

(III) 是認の原則(表出型と断定型において)
   a. 他者の非難を最小限にせよ．
   b. 他者の賞賛を最大限にせよ．

(IV) 謙遜の原則(表出型と断定型において)
   a. 自己の賞賛を最小限にせよ．
   b. 自己の非難を最大限にせよ．

(V) 合意の原則(断定型において)
   a. 自己と他者との意見の相違を最小限にせよ．
   b. 自己と他者との合意を最大限にせよ．

(VI) 共感の原則(断定型において)
   a. 自己と他者との反感を最小限にせよ．
   b. 自己と他者との共感を最大限にせよ．

すなわち，(44)の発話が一見「様式の原則」を破っているかに見えるのは，「謙遜の原則」に従おうとした結果であると見なせるのである．

(f) 会話の含意とその取り消し

発話の「含意」と呼ばれるものには，意味論的な含意(entailment，1.4 節(a)参照)と，協調の原理その他の語用論的な理由で導出される**会話の含意**(conversational implicature)がある．例えば，「1050 円持っている」と言った

ときに，500円持っていることは意味論的な含意であるが，「1051円以上は持っていない」というのは会話の含意である．意味論的な含意は取り消せないが，会話の含意は一般的に取り消せる．例えば，次のようである．

(46) a. あいつは，1050円持っている．ひょっとしたら，2000円持っている．

b. あいつは，1050円持っている．*でも，500円は持っていない．

(46a)では，第2文によって第1文の会話の含意を取り消しているが，矛盾した発話とは言えない．しかし，(46b)は意味論的な含意を取り消そうとしているので，どちらかが偽であるとしか解釈できない．

会話の含意の上のような性質は，次のような**条件文**にもよく現れている．

(47) 明日の運動会は，雨が降ったらありません．

この発話には，「晴れたら運動会はある」という解釈があり得るが，もしこの条件文が，次のような論理上の**実質含意**(material implication)を表すものであるとするならば，「晴れたら運動会はある」というのは意味論的な含意ではあり得ない．

(48) 明日雨が降る ⟶ 明日運動会はない

もし，「晴れたら運動会はある」というのが会話の含意であるならば，取り消し可能であるはずだが，これは確かに取り消せるようである．

(49) あしたの運動会は，雨が降ったらありません．晴れても，電車が止まったらありません．

すなわち，「雨が降ったら運動会はない」という条件文は，原則的に実質含意の表現と同等と見なしてよく，「晴れたら運動会はある」という会話の含意は，関連性の原則，様式の原則などから導出されると考えられるのである(読書案内[2]を参照)．

練習問題 5.7

A: ボートには誰が乗っている?

B: 吉田か田村が乗っている．

上のBの発話の意味論的な含意は(a)(b)のどちらか．また会話の含意はどちらか．

(a) ボートには一人だけ乗っている．
(b) ボートには一人以上乗っている．

（g） 協調の原理の意義と限界

Griceが協調の原理によって示そうとしたのは，一見非論理的に見えたり，論理的には余剰であるかのような日常会話における発話が，じつは理性的な話し手がそれぞれの能力の及ぶ範囲で，会話の諸原則に従おうとした結果生じたものであり，これらの原則をあてはめることによって論理的に意味のある含意が取り出せることなのであった．

しかしながら，Griceの方法には，おおむね次に示されるような問題点があった．

(50)　a. 「質」「様式」「関連性」などの概念が未定義であり，どのようであればこれらの原則と調和しているのか，違反しているのかが不明確である．

　　　b. (50a)とも関連するが，各原則間の関係が不明瞭であり，これらの原則だけで必要な被説明事項をカバーできるのか，重複あるいは矛盾はないのかという点が十分検証されていない．現に複数の原則間で矛盾した帰結を生じる場合，どのように調整すればよいのかも明らかでない．

Griceの理論自体がこのような限界を持つゆえに，Griceの方法を実際の発話の分析に用いたと称する「研究」も，大半は諸原則を恣意的に当てはめただけの皮相な解釈にとどまらざるを得ず，Griceが目指していたはずの人間の言語コミュニケーション行動の根底的な解明からはほど遠い状況にあるのが現実である．

このようなGriceの協調の原理理論の不備を補うために，Griceの研究を出発点としながら，大きな飛躍を図ろうとしたのが関連性理論である．次の節では，この関連性理論の概要について見ていく．

5.3 関連性理論

(a) 関連性理論とは

関連性理論(relevance theory)は D. Sperber と D. Wilson が提唱した理論で (Sperber & Wilson 1986, 1995), 現在も著者らやその同調者によって発展を遂げつつある. 関連性理論は Grice の協調の原理理論を出発点とし, Grice が提案した諸原則の中から**関連性**のみを中心原理として取り上げたのであるが, 単に Grice の説を整理・単純化したというようなものではなく, 問題に対する接近法が Grice とはまったく異なっている. 主な特徴を挙げれば, 次のようになろう.

(51) a. 言語情報に限らず, 人間が日常的に取り入れるあらゆる知覚情報の処理の方略に関する考察を基礎とする, 認知科学的・心理学的なアプローチを取る.

b. 本理論によれば, ある情報がある個体にとって処理するに値するかどうかは, 関連性という唯一の尺度によってのみ測られる. 当該の情報が前提となる文脈と相まって生じる**文脈効果**(contextual effect)が大きければ大きいほど, またその処理のためにかける**労力**(effort)が小さければ小さいほど, 当該の情報は関連性が大きいと言える. すなわち, 情報の価値は結果としての文脈効果とそれを得るための労力の相関関係によってのみ評価される.

また, Grice の理論では必ずしも明確ではなかった「話し手が言ったこと」と「話し手が(実際に)伝えようとしたこと」との関係もこの理論によってより明確となり, また言語記号の**表示的意味**(representational meaning)と**手続き的意味**(procedural meaning)の区別も提示された. 最後の「手続き的意味」は第7章で触れるメンタル・スペース理論などとも共通する考え方で, 重要である.

関連性理論は, このように人間のコミュニケーションを, 人間にとって根底的な認知活動の面から捉え返している. そのため, これまで語用論の枠内で取

り上げられてきた直示，言語行為の問題をも取り込むだけでなく，いままでは文学の領域でのみ扱われていた文体や詩的効果の問題なども射程に収めることとなり，語用論の一大基礎理論として成長しつつある．

以下，関連性理論の基本概念について詳しく見ていく．

(b) 関 連 性

関連性理論が想定する文脈効果とは，次の三つである．

(52) a. 処理しようとする情報が文脈内の情報と相関し，何らかの情報を導出する場合．
b. 処理しようとする情報が文脈内の情報の証拠となり，この文脈の情報の確証度を高める場合．
c. 処理しようとする情報が文脈内の情報と矛盾(し，この文脈の情報の削除を)する場合．

(52a)については，まず新情報はすべて，文脈にない情報をつけ加えることになるので，それだけで文脈効果があるとみなされる．また，既存の情報と相関するとは，いわゆる演繹的推論によって論理的帰結がもたらされることを言う．たとえばあなたが(53a)という情報を持っている(これが文脈となる)場合，(53b)という情報がもたらされたとする．(53a)と(53b)は相まって(53c)という帰結を生じる．このことにより，(53b)は文脈効果があるとみなされる．

(53) a. 妻は，食事中なにもしゃべらないときは，必ず機嫌が悪いときである．
b. 今日，妻は食事中何もしゃべらなかった．
c. 妻は今日，機嫌が悪い．

(52b, c)についての説明は省略する．

さて，この文脈効果に基づいて，関連性が定義される．それは，次のような程度を含む定義となっている．

(54) a. ある仮定(assumption)(関連性理論では，「仮定」を「命題」と同様の意味で用いる)が当該の文脈に基づいて導出する文脈効果が大きければ大きいほど，その仮定は関連性が高い．

b. ある仮定を当該の文脈の中で処理するのに必要な労力が小さければ小さいほど，その仮定は関連性が高い．

すなわち，より小さな労力で，より豊かな文脈効果をもたらす情報(仮定)は，関連性の高い情報として処理が続行されるが，何の文脈効果も生まず，またたやすく処理できないような情報は，関連性のない，あるいは低い情報として無視されることとなる．ここで，処理のために必要な労力とは，もっぱらある仮定を処理するために必要な文脈の呼び出し可能性によって測られる．我々は，知っていることのすべてを用いて推論を行うのではなく，そのうちのごく一部を用いているにすぎない．例えば眼前の状況はおおむね，すでに活性化され，ただちに利用可能な文脈となっているのが普通であるが，過去の経験や一般的な知識はなんらかの契機によって呼び出されたり呼び出されなかったりする．

むろん，関連性は情報を受け取る主体によって変わってくる，相対的な概念である．例えば，あなたの妻が寡黙な人で，年に三言か四言くらいしかしゃべらない人だとすると，(53a)の文脈が存在せず，したがって(53c)のような帰結も生まないので，(53b)の事象はなんらあなたの注意を引くことなく見過ごされるであろう．また，あなたが妻の機嫌についてふだん頓着しない人で，ほかのこと(例えば夕食に出されたあなたの好物であるトンカツの絶妙な揚げ具合)に気を取られている場合，(53a)の文脈を呼び出すのに労力を要するために，結局は(53b)が見過ごされるということもあるであろう．

練習問題 5.8

次の(a)が(b)のような文脈効果を生んだとすれば，どのような文脈仮定が利用可能になっていると考えられるか．推測して答えなさい．
(a) 会社の同僚の泰子さんの左手薬指に銀の指輪がはまっていた．
(b) 泰子さんは婚約したかもしれない．

（c） 関連性の原理

SperberとWilsonは，**関連性の原理**(principle of relevance)のうちの**認知的原理**(cognitive principle)として次のような定義を与えた(Sperber & Wilson

1995).

(55) 関連性の原理(認知的原理):
人間の認知は関連性の最大化を得るよう調整されるようにできている.

　そもそも,我々をとりまく環境にはさまざまな情報があふれているが,大半の情報は退屈で注目するに値しない,すなわち関連性の低い情報である.しかし,そのなかでも,何らかの形で我々の注意を引く情報というものは,多くの場合,関連性の高い大事な情報であるということは,日常の経験からもうなずけるであろう.我々の注意機構は,我々にとって関連性の高い情報に注意を向けるようにデザインされているのである.このことは,我々が生物として生き延びていく上で必要不可欠な機構であり,進化の過程の中で我々はこの能力を身につけてきたのである.

　そして,我々が日常的に接する情報のなかでも特別な位置にあるものが,人が意図的に伝達しようとする情報,中でも言語を用いて伝達しようとする情報であろう.この**意図的明示的伝達**(ostensive communication)に関して,Sperber & Wilson(1995)は次のような関連性の原理の**伝達的原理**(communicative principle)」を立てている.

(56) 関連性の原理(伝達的原理):
すべての意図的明示的伝達行為は,その行為が最適の関連性を持つことを自ずから聞き手に伝達している.

そして**最適の関連性**(optimal relevance)を持つとは,適切な文脈効果が最小の労力で得られるであろうという見込みを持つということである.ただし,関連性の原理は,聞き手にとって必ず望ましい文脈効果が少ない労力で得られると保証するものではない.話し手は必ずしも聞き手がどのような情報を望んでいるかを完全に把握できるわけではなく,しかも話し手の伝達能力には限りがあるからである.つまり最適の関連性は,話し手の置かれた立場,状況,話し手の能力の許す限りにおいて,という条件付きの見込みなのである.

(57) 最適の関連性についての信念:
　　a. 意図的明示的刺激は,聞き手がそれを処理する努力にみあう程度

に十分関連性を持つ．
    b. 意図的明示的刺激は，伝達者の能力と好みに合致する限りにおいて最大限の関連性を持つ．(Sperber & Wilson 1995:267)

意図的明示的刺激としての発話を受け取った聞き手は，その発話を最適の関連性を持つという希望のもとに，優先的に処理していくであろう．意図的明示的に伝達された発話は，すべて，この関連性の原理に調和しているはずであるとの見込みの下に解釈されることになる．

Grice の関連性の項でも示した用例をもう一度見てみよう．

(58) A: いま何時?
    B: そうね，さっき四時間目のベルがなったけど．

B の発話は時間を直接答えているわけではないので関連性が低いようにも見えるが，B が時計を持っていないとすれば，「伝達者の能力」としてこの答が精一杯なのである．その限りで B の発話は最大限に関連性を持つと言える．

なお，この関連性の原理は，先の人間の認知的デザインの観点から見ても納得できる．なぜなら言語によるコミュニケーションは人間が自然淘汰の競争を勝ち抜くために重要な武器となったはずであり，発話に対して注意を向け，優先的に処理することは有利に働くに違いないからである．

--- 練習問題 5.9 ---
練習問題 5.4 の課題を，関連性理論の用語で捉え直そう．
[ヒント] 聞き手が答え手の答をぴったりの金額と捉えるか，うちわの概数と捉えるかは，聞き手にとってどのような答が最も関連性が高いかという問題に置き換えられる．

(d) 表意と高次表意

関連性理論では，発話の処理の段階を表意と推意の2段階に分ける．これに類する区別は Grice の理論にも**言われたこと**(what is said)と**推意されたこと**(what is implicated)の区別として設けられていたが，両者の区別にははっきりとしたちがいがある．Grice によれば，「言われたこと」は発話されたそのま

まの形式を指す．これは意味論の対象であり，真理条件的に解釈される．そしてこの真理条件的な解釈で問題が生じたときに，諸原則が適用され，「推意されたこと」が導出されるのである．

しかし実際には，発話された形式そのままでは，何らの文脈効果も生じないだけでなく，真理条件的解釈すら決定できない場合が多い．次の例を見られたい．

(59)　A：今日は，ハマチが安いですよ．
　　　B：じゃあ，それちょうだい．

この例では，「それ」の指示するものがわからなければ，Bの発話の関連性は不明であるので，「それ」の指示対象をまず固定しなければならない．この場合も，関連性の原理との調和をもたらすか否かという観点で指示対象が決定されるのである．もちろん，最適の関連性をもたらす解釈は「それ＝ハマチ」と考えられる．その結果，Bの発話は次のように解釈される．

(60)　話し手Bはハマチを要求している．

また，次の例を見よう．

(61)　A：お父さん，庭に水まいて．
　　　B：雨が降ったよ．

(61)のBの発話は「昨日雨が降った」「1か月前に雨が降った」ではなく，あるいは「インドネシアに雨が降った」でもなく，「今日，我が家の庭に雨が降った」であることは明白であるが，それはその解釈のみが最小の労力で文脈効果を導出するからである．

以上のように，発話されたままの形式では望ましい文脈効果を得ることができないので，聞き手はそれに処理を施して，解釈可能な形を復元する．その作業は大きく分けて次の2種になる．

(62)　a. 指示対象の割り当て（reference assignment）
　　　b. 内容の詳細化（enrichment）

(62a)は(59)で見たような，代名詞類への指示対象の割り当て作業であり，(62b)は(61)で見たような，省略部分や簡略化された表現の復元である．これらの作業が施されたあとの仮定を，**表意**（explicature）と呼ぶ．表意の復元のた

めにも，関連性の原理のもとに，文脈が参照され，推論が適用される．Grice の場合，(62)のような作業が施された後の仮定は,「言われたこと」ではなく「推意されたこと」に属するが，関連性理論ではここまでは表意に属し，推意とは区別される．表意はあくまで発話された形式を骨組みとし，それに肉付けした結果であるのに対し，推意は発話された形式とはまったく異なる仮定であるからである．

さて，関連性理論では，次の(63a)という発話から(63b)という仮定を導き出すことが想定されている．

(63) a. 明日はきっと晴れるよ.
 b. 話し手は明日は晴れると予測している.

(63b)の「話し手は…と予測している」の部分は，発話には含まれない話し手の言語行為や心的態度を表す形式である．このような処理の結果導出された仮定を，**高次表意**(higher-explicature)と呼んでいる．

(e) 推　意

再び，次の例を見よう.

(64) A: お父さん，庭に水まいて.
 B: 雨が降ったよ.

Bの発話は，内容の詳細化の結果，次のような表意として解釈される.

(65) 今日，話し手の家の庭に雨が降った.

しかし，この表意は話し手Bが最終的に言いたかったことではないはずである．Bの発話は，文脈仮定と相まって，何らかの帰結を導出する．推論の過程を，多少簡略化しつつ見てみよう．

(66) a. 今日，話し手の家の庭に水をまく必要があるかもしれない.
 b. 今日，庭に雨が降れば，庭に水をまく必要はない.
 c. 今日，話し手の家の庭に雨が降った.
 d. 今日，話し手の家の庭に水をまく必要はない.

まず(66a)は，Aの発話が指し示している既存の文脈である．それに対するBの発話の表意は(66c)であるが，(66c)を解釈するために(66b)が導入されてい

る．(66b)は恒常的な法則的真理であり，常に呼び出し可能であると考えられる．(66b)と(66c)は組み合わされて，帰結(66d)を導出する．この(66d)こそが，話し手Bが最終的に言いたかったことである．この(66d)を**推意**(implicature)と呼ぶ．(66d)は，仮定(66a)を否定し，削除するので，文脈効果が高いと認められる．

練習問題 5.10

次のBの発話から表意および推意を復元しなさい．
　A: こんどの海釣り大会に高田君を誘おうかな．
　B: だけど，彼はすぐ乗り物に酔うよ．

(f) 手続き的意味

　言語記号が意味に貢献するあり方として，真理条件的意味に関わる(低次)表意を形成する語彙，心的態度や言語行為に関わる高次表意を形成する語彙が区別できるが，これ以外に，処理過程における文脈効果の導出法や適切な文脈の呼び出しに関して制約を加えるような語彙もあり得る．最後のものの意味のあり方を，**手続き的意味**と呼ぶ．D. Blakemore (1987 ほか) は，so, moreover, but などの**談話連結詞**(discourse connective)をこのような手続き的意味を持つ成分として分析している．例えば，butやhoweverは，それが導入する文と，それに先立つ発話から文脈含意として聞き手が導出したと話し手が仮定する命題とが矛盾することを告げる，というような具合である．

　ここでは次のような日本語の現象を見てみよう．

(67)　a. 私は会社を休んだ．
　　　　b. 風邪を引いた．

(67a)と(67b)を一連の談話と見るとき，(67a)と(67b)の関係は，時系列での継起的出来事とみるのがもっとも自然であろう．つまり，完成相(動詞+タの形であらわされる)の出来事を表す発話の連鎖は，何の制約もない場合は，継起的な解釈がもっとも関連性が高いということを示している．では，次の例ではどうか．

(68) a. 私は会社を休んだ.
b. 風邪を引いたのだ.

ここでは，(68b)の発話は(68a)の原因・理由を表していると解釈できる．ここでは次のような推論が働いたものと思われる．

(69) a. 話し手は会社を休んだ.
b. 人は風邪を引くと，そのために会社を休むことがある.
c. 話し手は風邪を引いた.
d. 話し手は風邪を引いたために会社を休んだ.

ここで，文末辞「のだ」は，当該の文を，文脈仮定が表す出来事の背景を説明する発話として解釈するように制約を与えていると仮定できる．それゆえに，(69b)のような文脈仮定が呼び出され，(69d)のような推意を導出することになるのでる.

このように，関連性理論は，単に理論としてコミュニケーションの新しい見方を提示するというだけではなく，特定の語や，語の特定の形態の機能を説明するために有効な視点を提供してくれる．ことに日本語に関しては，関連性理論を適用することによって新しい観察や説明ができそうであり，有望な研究方法の一つであると言える.

読書案内

[1] Leech, G. (1983): *Principle of Pragmatics.* 池上嘉彦・河上誓作(訳),『語用論』紀伊國屋書店, 1987.
言語行為論，協調の原理について詳細な解説がある上に，Leech 自身の丁寧性の原理についても詳しく知ることができる.

[2] 坂原茂(1985):『日常言語の推論』東京大学出版会.
条件文の論理と語用論について，日本語の例を中心に，明快な考察が展開されている.

[3] Sperber, D. & Wilson, D. (1986): *Relevance: Communication and Cognition.* Harvard University Press. 内田聖二・中達俊明・宋南先・田中圭子(訳),『関連性理論: 伝達と認知』研究社出版, 1993.

関連性理論の出発点としての，記念碑的な著作．人間のコミュニケーションについての深い洞察が感銘を与える．なお，原著は1995年に大幅に補筆・改訂された．

[4] 田窪行則(1988):「語用論」．林栄一・小泉保(編)，『言語学の潮流』第6章4, 勁草書房．

ダイクシス，発話行為，協調の原則などについて，日本語の例をもとにわかりやすく解説されている．本章の記述はこの部分に多くを負っている．

[5] Blakemore, D. (1992): *Understanding Utterances*. Blackwell. 武内道子・山﨑英一(訳)，『ひとは発話をどう理解するか』ひつじ書房，1994.

関連性理論について，豊富な用例に基づき，わかりやすく解説されている．

演習問題

5.1 日本語の終助詞「よ」「ね」はある言語行為を表す発話には付加しなかったりそれらが付加されることによって言語行為を変えたりするなど，言語行為と強い関係を持っている．次の例を参考に(文法性の適否の判断は付していない)，また他の例文も自作したり実例を収集したりして，「よ」「ね」と言語行為との関係を整理しなさい(ϕは何も付加されないことを表す)．

 (a) 外は雨です{ϕ／よ／ね}
 (b) 私が行きます{ϕ／よ／ね}
 (c) 早く行ってください{ϕ／よ／ね}
 (d) 早く行け{ϕ／よ／ね}
 (e) 誰が行きますか{ϕ／よ／ね}

5.2 例文(35)に示したような"皮肉"は，論理的に他の会話の含意とはかなり異なった特徴を持っており，会話の含意とはしないという説もある．どのような点が他の会話の含意と異なるか(ヒント: ¬p からはどのような論理を用いてもpは導けない)．また，皮肉を成り立たせるための伝達上の特徴(どんな人間関係で，どんな状況があるときに，どんな内容の発話をすると皮肉と取られやすいか)について考察し，皮肉の語用論上の適切な取り扱いについて考察しなさい．

5.3 用例(26)および(27)がそれぞれ「拒否」を表すことになる理由を，Griceの協調の原理および関連性理論を用いてそれぞれ説明しなさい．

世界の認識と意味

　我々が世界(物理的な外界のものや出来事，社会的関係等)を認識するときの心の働きを**認知**(cognition)と呼ぶ．世界の有様は心を通じて言葉と結び付けられるのである以上，言葉の意味にも，当然，人間の認知的な特性が色濃く反映される．本章では，まず「鳥」「外科医」などの概念が表すカテゴリーが，論理的に均質なものではなく，典型と非典型の連続相からなるとするプロトタイプ理論を取り上げる．次に，一般的には表現の「あや」の問題として捉えられがちなメタファー(隠喩)やメトニミー(換喩)が，我々の世界の認識の根幹に関わる重要な機構であることを明らかにする．続いて，人間の認知的な特性が文法的な現象にも現れていることをいくつかの例を挙げて説明する．最後に，意味の認知的アプローチ，形式的アプローチそれぞれの得失について述べ，両者の協調・連携が重要であることを述べる．

6.1　カテゴリーが表すもの

(a)　古典的カテゴリー

　われわれは世界に存在する対象を分類し，分類されたまとまりを概念的な**カテゴリー**(category，範疇)として捉えている．このカテゴリーに言語的なコードを与え，表現に利用している．自然言語に現れる，このような概念的なカテ

ゴリーは，単にものに名前を与えるというだけでなく，日常的な推論に利用され，さまざまな文脈効果を引き出していく．例えば次のような典型的な推論過程（いわゆる「三段論法」の一つ）を見られたい．

(1) a. ソクラテスは人間である．
　　b. 人間は死ぬ．
　　c. 故にソクラテスは死ぬ．

この推論が有効に働くためには，ここで用いられている「人間」という概念的なカテゴリーが次のような性質を持っているとの前提が必要である．

(2) a. どの要素に関しても，それがそのカテゴリーの要素であるかどうかということが完全に決定されている．もしくは，決定可能である．
　　b. そのカテゴリーに属する要素を決定するための，必要にして十分な条件が存在する．

このような性質を持つカテゴリーを**古典的カテゴリー**（classical category）と呼ぼう．例えば普通の数学的な概念では，古典的カテゴリーの性質は完璧に成り立つ．「三角形」という概念を例にとると，「平面上にある3本の平行でない直線によって囲まれた図形」あるいは「平面上にある任意の3点を結ぶ直線で囲まれた図形」などの条件によって必要かつ十分に定義できる（ただしここではユークリッド空間を仮定しているものとする）．この定義に基づいて，あらゆる図形についてそれが三角形か否かはただちに決定可能である．

(b) 自然言語のカテゴリー

ところが，古典的カテゴリーのような性質を持った概念的カテゴリーは，日常的な自然言語ではむしろまれである．例えば，次のような推論を見てみよう．

(3) a. ギンちゃんは鳥である．
　　b. 鳥は飛ぶ．
　　c. ゆえに，ギンちゃんは飛ぶ．

この推論は一見何の問題もないように見えるが，じつは結果としてこの推論は誤っている．というのも，「ギンちゃん」はペンギンだったからである．問題は，むろん「鳥は飛ぶ」という命題にある．鳥に含まれる要素の大部分にはこ

の命題は当てはまるが,ペンギン,ダチョウ,エミューなどの飛ばない鳥もまた鳥の要素だからである.では,「鳥は飛ぶ」という命題はまったく役に立たない,誤った認識であるかというと,そうとも言えない.われわれが「鳥」と言われて想起する「鳥らしい鳥」は翼を持って空を飛ぶものであり,かつそう思うことによって何の不都合も生じないのである.(3b)は,より「正確」には

(4) 鳥は**普通は**,飛ぶ.

というべきであり,(3b)はそれを短く発話したものであると見ることもできる.日常の大部分の文脈ではそれで事足りるが,ときに「普通でない」場面に遭遇したときだけ,(4)を思い出せばよい.

また,次の小咄を見てみよう.

(5) 交通事故に遭って救急病院に運ばれてきた患者を見て,執刀した外科医が

「これは私の息子だ」

と言った.そのことを伝え聞いた患者の友達が,後日回復した患者に,

「お医者さんはあなたのお父さんだそうだね」

と言うと,患者は

「いや,違う」

と答えた.外科医は,自分の息子を見誤ったのだろうか.

この話の種明かしは,「外科医は女医だった」というものである.つまり,外科医は患者の父親ではなく,母親だったのである.我々は,この小咄を解釈するとき,次のような仮定を導入している.

(6) 外科医は普通,成年の男性である.

一方で知識としては,外科医が女性である可能性もあると知っているのであるが,そのことを特に指定しない文脈では,「普通」という但し書きを無視して,「外科医は患者の父親だ」という帰結を導き出し,疑わない.これこそ,最も呼びだしやすい文脈仮定を用いて,すなわち最も少ない労力で得られる帰結が唯一の正しい帰結であるとする,関連性の原理の効果である.この例は,関連性の原理の誤りを示すものではない.わざと,読者が普通の推論を用いるようにし向けて,読者を誤解に導いているのであり,誤解に導くことに成功してい

るとすればその点で，むしろ関連性の原理の正しさを示している．

(c) プロトタイプ的カテゴリー

先に見た「鳥」あるいは「外科医」のようなカテゴリーは，「三角形」のような数学的な概念とは異なって，次のような際だった特徴がある．

(7) a. そのカテゴリーに含まれる要素として，「よい例」と「悪い例」が区別できる．
b. 「よい例」が持つ特徴のうちのいくつかを，「悪い例」は持っていない．カテゴリーに含まれるすべての要素を定義する必要十分な属性は存在しないか，またはあまり重要な意味を持たない．

ここで，鳥の「よい例」とは，例えばスズメやハトやカナリヤであり，「悪い例」とはペンギンやダチョウやエミューなどである．また外科医の「よい例」とは，成年男子の外科医と言えるかもしれない．ただし，後者の場合「よい例」と言っているのはなんらかの価値基準に基づいているのではなく，我々が社会通念として持っている「典型的外科医」のイメージを想定して言っている．このような社会通念は，例えば将来女医の外科医が男性に迫るほど増加するなど，社会の構造が変化すればそれに伴って変化し得るようなものである．

このように，カテゴリーを構成する要素が決して均質ではなく，いかにもそのカテゴリーを代表するにふさわしいと我々が感じる**典型**(prototype)を中心に，次第に典型性を失って**周辺**(skirt/margin)へと連続的に推移していくようなカテゴリーを，**プロトタイプ的カテゴリー**(prototypical category)と呼ぶ．このようなカテゴリーは，さらに次のような特徴を持つと仮定される．

(8) a. 典型的な要素と周辺的な要素はその属性において連続的である．
b. 各カテゴリーは，周辺的な要素を通じて他のカテゴリーと連続的につながっている．

自然言語が表現する概念的なカテゴリーは，大部分が古典的カテゴリーではなく，何らかの形でプロトタイプ的カテゴリーの性質を持っていると言えるであろう．例えば先の「三角形」の場合でさえ，日常的な意味では，プロトタイプ的な性質を持っていると言える．

---練習問題 6.1---

「三角形」の「よい例」とは，どのような三角形か．下の図を参考にして，考えなさい．

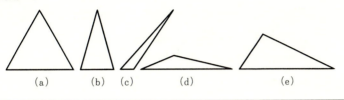

(d) プロトタイプ効果を示す言語表現

プロトタイプ的カテゴリーが持つ特徴が，人間のさまざまな行動に及ぼす効果を**プロトタイプ効果**（prototype effect）と呼ぶ．例えば，カテゴリーの中で典型的な要素ほど，学習が早く，所属カテゴリーの判定までの時間が短く，そのカテゴリーの例として思いつきやすい，などである．日常的な言語表現の中にも，典型・非典型を区別する表現がある．これもプロトタイプ効果と呼んでおく．日本語の例をいくつか見ていこう．先ほどからすでに用いている「Nらしい(N)」という表現は，まさしく名詞 N が表すカテゴリーからプロトタイプを取り出す表現であると見られる．逆に「Nらしくない(N)」はカテゴリーの周辺部に含まれる要素を指し示す．

「Nなのに〜」という文では，「〜」の部分に，カテゴリー N のプロトタイプが持つと考えられる属性と矛盾する表現が入る．「Nのくせに〜」というと，さらに価値的なニュアンスが加わる．

(9) a. ペンギンは{鳥なのに／鳥のくせに}飛べない．
b. 山田は{外科医なのに／外科医のくせに}血を見ると気分が悪くなる．
c. ゾマホンは{アフリカ人なのに／アフリカ人のくせに}リズム音痴だ．
d. 佐々木教授は{工学部の先生なのに／工学部の先生のくせに}電子メールが使えない．

英語では，プロトタイプ効果の存在を示す表現として，par excellence, sort of/kind of などの表現が知られている(Lakoff 1982)．

(10) a. A robin is a bird *par excellence*.

b. ?A robin is a *sort of* bird.

(11) a. ?A penguin is a bird *par excellence*.

b. A penguin is a *sort of* bird.

練習問題 6.2

(i) 次の □ に入る普通名詞を考え，プロトタイプ効果を確かめなさい．

(a) □ は { 鳥らしい／鳥らしくない } 鳥だ．

(b) □ は { 魚らしい／魚らしくない } 魚だ．

(c) □ は { 野菜らしい／野菜らしくない } 野菜だ．

(ii) 下線部の表現は，どのような効果を示すものであるか．プロトタイプの観点から考えなさい(郡司他 1998:95 頁参照)．

(a) ?スズメも，<u>一応</u>，鳥だ．／ペンギンも，<u>一応</u>，鳥だ．

(b) ?スズメも，<u>鳥には違いない</u>．／ペンギンも，<u>鳥には違いない</u>．

(e) 理想認知モデル

我々の社会において通念として持っていると思われる典型的な「外科医」の属性とは，おおむね次のようなものであろう．

(12) a. 成年男性である．

b. 知能指数が高い．

c. 常に沈着冷静かつ判断力に富んでいる．

これはいわば，「外科医」という概念を含む文を処理する際に優先的に導入される，文脈仮定の集合である．むろん実際の外科医には女性も含まれるし，少々慌て者や優柔不断な外科医もいるであろうが，特別な文脈の指定がない限りは，このように単純化された文脈仮定が選択されるのである．このような仮定の集合を，**理想認知モデル**(idealized cognitive model, ICM)と呼ぶ．

理想認知モデルは，すでに見たように，社会構造が変われば違ってくるし，

また同じ社会においても，文脈が異なれば，同じ語に対して異なる理想認知モデルが適用される．例えば，次のような文を解釈する場合を考えてみよう．

(13) 彼女こそ私の本当の母親だ．

この文を解釈するための理想認知モデルには，次のようなものが考えられる．

(14) a. 出産モデル：子供を出産した者が母親である．
b. 養育モデル：子供を養育した者が母親である．
c. 遺伝子モデル：卵子の提供者が母親である．
d. 結婚モデル：父親の妻が母親である．
e. 家系モデル：一等親上の女性が母親である．

むろん，このすべての特徴を備えたものが典型的な「母親」であるが，いくつかの特徴を欠いている場合，どの特徴を優位と見るかは，文脈によって異なるのである．

練習問題 6.3

芥川龍之介は，新原敏三とフク(旧姓芥川)との間に生まれるが，龍之介の生後8か月を目前にして，フクが精神に障害を来し，龍之介は母の生家である芥川家に預けられる．芥川家では，フクの実姉で生涯を独身で通したフキがおり，龍之介はフキに養育された．一方，フクの実妹のフユが新原家に手伝いに出て，やがて敏三と結ばれ，一男をもうける．龍之介12歳のおり，龍之介と芥川家の間で養子縁組が成立する．

さて，芥川が「彼女こそ本当の母親だ」と言ったとき，「彼女」は誰を指すか．(14)に挙げたそれぞれの理想認知モデルに基づいて答えなさい．

(f) フレーム，スキーマ，スクリプト

理想認知モデルの一種に，**フレーム**(frame)と呼ばれるものがある(Minsky 1985, 1986)．**スキーマ**(schema)，**スクリプト**(script)などとも呼ばれ，またこれらの間に区別を設ける研究者もあるが，今はフレームという名称で代表させておく．フレームは，複数の概念が構造をもって結びつけられたものであり，例えば「家」のフレームには「戸」「窓」「屋根」「塀」「部屋」などの概念が結

び付けられている．文脈の中で「家」が登場すると，「家」フレームが呼びだされ，「戸」以下の概念が活性化されるのである．これによって，「戸」が明示的に導入されなくても，文脈に矛盾しない限り，「戸」の存在が含意される．また，出来事によって構造化されたフレームもある．「レストラン」フレームでは，レストランで起こる典型的な出来事に基づいて，「テーブル」「ウェイター／ウェイトレス」「メニュー」「注文」「料理」「食事」「支払い」などの概念が結び付けられている．このようなフレームの存在によって，さまざまな文脈処理が効率よく行われると考えられる．

たとえば，次のような例を見られたい(Minsky 1985, 1986 に基づく)．

(15)　a.　メアリは，ジャックの誕生パーティに誘われました．
　　　b.　彼は凧が好きかしら，と，彼女は思いました．

(15a)と(15b)をひとまとまりの連続した談話として見た場合，我々は「凧」を，ジャックへのプレゼントと考えるであろう．これは，(15a)の発話を聞いた段階で，「誕生パーティへの招待」フレームが活性化されるからだと説明できる．このフレームには，「ケーキとろうそく」「ごちそう」「ゲーム」などとともに，「プレゼント」の**スロット**(slot)すなわち変項があって，(15b)の発話から「凧」がこのスロットに当てはまる値として選ばれることにより，(15a)と(15b)が一貫性のある談話として解釈されるのである．

練習問題 6.4

次の文で，初出である the engine になぜ定冠詞が用いられているのか．フレームの概念を用いて説明しなさい．

I bought a car last week. It's an American car, but the engine is made in Japan.

(g)　基本レベル・カテゴリー

自然言語の概念的なカテゴリーは，カテゴリーどうしの間も対等ではなく，特別な位置にある**基本レベル・カテゴリー**(basic category)と，その上位・下位カテゴリーとに分類されるとする見方がある．たとえば，

(16)　家具 — 椅子 — 肘掛け椅子

において,「椅子」が基本レベル・カテゴリー,「家具」がその上位カテゴリー,「肘掛け椅子」が下位カテゴリーである.

Rosch & Mervis(1975)などの研究によれば,基本レベル・カテゴリーには次のような心理的・認知的特徴があるという.

(17)　a.　例示反応が速い.すなわち,即座に名前が言える.
　　　b.　容易にその姿を思い描くことができる.
　　　c.　個々の要素は互いによく似た外観を持っている.

また,言語的には次のような特徴が現れる.

(18)　a.　発話における出現頻度が高い.
　　　b.　比較的短い言語単位で表される.
　　　c.　中立的な文脈(一般的な説明文)で多用される.
　　　d.　言語習得の早い段階で習得される.

これを属性の面から見ると,同一カテゴリーに含まれる要素間の共通性が最も高く,また他のカテゴリーとの共通性が最も少なくなるように基本レベル・カテゴリーは組み立てられていると見られる.

すなわち,人間から見て際だったまとまりを持ち,容易に習得でき,日常的にも概念的な操作が最も容易なカテゴリーこそが基本レベル・カテゴリーなのである.このことから,基本レベル・カテゴリーは使用頻度が高く,(複合名詞ではなく)単一の語で表され,言語間でカテゴリーにあまり差がない(逆に上位レベル・カテゴリーは言語や時代で差が大きい)などの特徴も説明できる.

練習問題 6.5

次のペアで,基本レベル・カテゴリーはどちらか.また,他方は上位レベル・カテゴリーか,下位レベル・カテゴリーか.

　　机 — 勉強机　　動物 — ウサギ　　果物 — ミカン

6.2 メタファー論

(a) 比喩の機能

比喩は，文字通りの表現でない修辞的な表現，文彩，言葉のあやの類であると一般的には見られている．確かに表現を飾り立て，より効果的に見せる目的で比喩が用いられることがあるが，比喩の一部は日常的に多用され，むしろそれと気づかないで用いている場合が非常に多い．

比喩は，いくつかの種類に分類される．代表的なものを示す．

(19) a. **直喩**(simile)：「～のようだ」のような表現を用いて，明示的にあるものを別のものに喩える．(例「君は野に咲く花のようだ」)
b. **換喩**(metonymy)：隣接性，関連性などに基づいて，あるものの名前を別のものの名前で置き換える．(例「ホワイトハウス(＝大統領)は空爆の中止を指令した」)
c. **暗喩**または**隠喩**(metaphor)：直喩のように明示的な形式を用いず，あるものを別のもので喩える．(例「二人の議論は白熱し，大いに火花を散らした」)

このほかに**提喩**(synecdoche)と呼ばれるものもあるが，ここでは換喩の一種とみなしておく．

このうち特に重要なのは，換喩と暗喩である．両者は，修辞・文彩というより，我々が世界を把握・理解し，表現するための重要な道具である．暗喩，隠喩，換喩といった名称は，修辞・文彩としての比喩を思い起こさせやすいので，以後は**メタファー**(metaphor)および**メトニミー**(metonymy)という名称を用いる．この節ではまずメタファーを扱い，次節でメトニミーを扱う．

(b) 日常言語とメタファー

メタファーが，いかに日常言語の中に入り込み，便利に使われているかということを，G. Lakoff と M. Johnson が挙げた「時は金なり」(TIME IS MONEY)

という例で示そう(Lakoff & Johnson 1980). これらの例は，多岐にわたるが，すべて時間に関わる事項が金銭に関わる表現によって表されている．原文は英語であるが，ほぼ忠実な日本語訳がそのまま自然な日本語として受け入れられる点から考えて，これらの表現は日英語にかなりの程度共通するものであることが理解される．

(20) a. You're *wasting* my time.
 b. 君はぼくの時間を<u>浪費している</u>．

(21) a. This gadget will *save* you hours.
 b. この機械装置を使えば何時間も<u>節約できる</u>．

(22) a. I don't *have* the time to *give* you.
 b. 君に<u>やれる</u>時間の<u>持ち合わせ</u>はないよ．

(23) a. How do you *spend* your time these days?
 b. この頃どんなふうに時間を<u>使っているの</u>．

(24) a. That flat tire *cost* me an hour.
 b. あのパンクしたタイヤを修理するのに1時間<u>かかった</u>．

(25) a. I've *invested* a lot of time in her.
 b. 彼女には随分時間を<u>さいてやった</u>よ．

(26) a. I don't *have enough* time to *spare* for that.
 b. そんなことに<u>費やせる</u>暇はない．

(27) a. You're *running out of* time.
 b. 時間が<u>なくなって</u>きたよ．

(28) a. You need to *budget* your time
 b. 時間を<u>配分する</u>必要がある．

(29) a. *Put aside* some time for ping-pong.
 b. ピンポンをする時間を<u>とっておいてよ</u>．

(30) a. Is that *worth your while*?
 b. それは時間を費やすだけの<u>価値があるのかい</u>？

(31) a. Do you *have* much time *left*?
 b. 時間はたっぷり<u>残してある</u>かい．

(32) a. He's living on *borrowed* time.
　　 b. 彼は借りてきた時間で生きている(＝ 思いがけなく長生きしている).

(33) a. You don't *use* our time *profitably*.
　　 b. 君は時間を有益に使っていない.

(34) a. I *lost* a lot of time when I got sick.
　　 b. 病気になって，時間をたっぷり無駄にしてしまった.

(35) a. *Thank you for* your time.
　　 b. 時間をとってくれてありがとう.

練習問題 6.6

次の文にはどのようなメタファーが含まれているか，考えなさい.
　(a) 田中は自分の感情を必死で押し隠した.
　(b) 彼女はこの四月，ついにゴールイン(＝結婚)します.
　(c) 彼の頭も相当さび付いてきたようだな.

（c） メタファーと理解

前項で見た「時は金なり」の諸例では，時間に関する事項が，金銭に関する表現で表されていた．これは，時間というものが人間にとって抽象的で捉えにくい対象であるのに対し，金銭に関わる体験がきわめて具体的で捉えやすいという点から説明できる．我々は，時間に関わる経験が次のような点で金銭に関わる経験と類似していることを，生活上の体験から知っている．

(36) a. ｛時間／金銭｝は，有限の資源である．
　　 b. ｛時間／金銭｝は，有効に使えば利益を得ることができる．
　　 c. ｛時間／金銭｝は，節約したり浪費したりすることができる．
　　 d. ｛時間／金銭｝は，人に与えたり人から借りたりすることができる．
　　 e. ｛時間／金銭｝は，用途に応じて配分することができる．

このような点から，金銭に関わる表現を用いて，抽象的な時間に関わる事項

メタファーいろいろ(1)

　LakoffとJohnsonが挙げた，いろいろなメタファーを列挙しておく．どのような例が当てはまるか，英語や日本語で考えてみよう．

- 議論は戦争・旅行・器・建築物である(AN ARGUMENT IS A WAR/JOURNEY/CONTAINER/BUILDING)
- 知力は機械である(THE MIND IS A MACHINE)
- 精神はもろい物体である(THE MIND IS A BRITTLE OBJECT)
- 容器のメタファー(container metaphor)(視界，出来事，行為，活動，状態)
- 考えは食べ物・人・植物・製品・商品・資源・お金・切る道具・ファッションである(IDEAS ARE FOOD/PEOPLE/PLANTS/PRODUCTS/COMMODITIES/RESOURCES/MONEY/CUTTING INSTRUMENTS/FASHIONS)
- 理解することは見ることである；考えは光源である；談話は光のフィルターである(UNDERSTANDING IS SEEING; IDEAS ARE LIGHT-SOURCES; DISCOURCE IS A LIGHT-MEDIUM)
- 恋は旅・物理的力(磁力，引力など)・病人・狂気・魔法・戦争である(LOVE IS A JOURNEY/A PHYSICAL FORCE(ELECTROMAGNETIC, GRAVITATIONAL, etc.)/A PATIENT/MADNESS/MAGIC/WAR)
- 富は隠された物体である(WEALTH IS A HIDDEN OBJECT)
- 重要であることは大である(SIGNIFICANT IS BIG)
- 見ることは触れることである；目は手足である(SEEING IS TOUCHING; EYES ARE LIMBS)
- 感情の効果は肉体的接触である(EMOTIONAL EFFECT IS PHYSICAL CONTACT)
- 肉体の状態や感情の状態はその人の内部にある存在物である(PHYSICAL AND EMOTIONAL STATES ARE ENTITIES WITHIN A PERSON)
- 活力は内容物である(VITALITY IS A SUBSTANCE)
- 人生は容器・賭事である(LIFE IS A CONTAINER/GAMBLING GAME)

をきわめて具体的・実感的に表現することができることがわかる．問題は，表現にとどまらない．我々は，一次的な経験としては捉えにくい時間というものを，金銭に関わる事象の構造を通じて理解しているのである．つまり，時間に関わる経験に，金銭に関わる経験の構造を投影することで時間の理解を助けているわけである．

　しかし，上のような金銭による比喩だけで，時間に関わる経験のすべてが捉えられるわけではない．時間は，例えば川の流れに喩えられることもあるし，逆に時間は静止物で，我々が時間の中を動いていくように喩えられることもある．それぞれのメタファーは，対象のある特徴を強調するとともに，他の特徴を隠しもする．

　メタファーがあまりにも強力に我々の理解を支配しているために，対象の重要な特徴を見えにくくしている例として，言語に関する**導管メタファー**(conduit metaphor)を挙げることができる(Reddy 1979)．このメタファーでは，言語行為は贈り物の図式で理解される．おおむね次のような具合である．

(37) 　a. 情報は贈り物である．我々は情報を，容器である言葉に詰め込む．
　　　b. 言葉はある経路を通って受け手に送られる．
　　　c. 受け手は，容器から贈り物を取り出すように，言葉から情報を取り出して，自分のものとする．

このメタファーを通して，例えば次のような発話を理解することができる．

(38) 　a. 私の考えをうまく言葉に盛り込めない．
　　　b. 私の言葉は彼の心に届くだろうか．
　　　c. 私から皆さんに，この言葉を贈ります．
　　　d. どこからともなく，妹の噂が流れてきた．
　　　e. あいつの言葉は中身がない．
　　　f. 私は彼女の言葉をじっくり味わった．
　　　g. 父の言葉から父の真意をくみ取るのは容易ではない．

　コミュニケーション・モデルの一つである**コード・モデル**(code model)も，この導管メタファーと根を同じくするものである．コード・モデルでは，コミュニケーションはあたかもコンピュータ通信のように理解される．すなわち，

情報を言語へと符号化(coding)し，聞き手へと送られ，聞き手は言語を復号化(decoding)することで情報を取り出す．ここでは，符号化および復号化の技術・精度と，伝達の際の雑音のみがコミュニケーションを阻害する要素で，これらを除去できれば，コミュニケーションは完璧となるはずである．コード・モデルは言語研究者の間でも，陰に陽に広く採用されている言語観である．しかし，5.3節の関連性理論の項で詳しく見たように，コミュニケーションにおいて言語が果たす役割は，受け手の推論に対する制約の一つであり，コミュニケーションは，状況・文脈と発話の相互作用という面から捉え直さなければならない．であるとすれば，導管メタファーやコード・モデルは正しいコミュニケーションの把握を阻害する要素になってしまう．他の自然科学や社会科学の分野でも，民間で広く採用されているメタファーが対象の把握をかえってゆがめてしまう例は数多い．

練習問題 6.7

次の表現から，我々が"電波"を捉えるためにどのようなメタファーを用いているか，またこれらのメタファーは，電波の物理的な性質のうち，どのような面を強調し，どのような面を隠しているか，考えなさい．
 (a) ここだと，電波が届かない．
 (b) 電波が強いから携帯(電話)がよくつながる．
 (c) 電波が切れやすくなっている．

(d) 方向づけのメタファー

上に見たように，喩えられる対象は人間にとって直感的には理解しにくいものであり，喩える材料は人間にとってよりプリミティブで直感的な要素である．後者は，「金銭」のような複雑な構造を持ったものだけでなく，「上/下」「前/後ろ」のような，ごく単純な空間的構造そのものである場合もある．次に，同じくLakoffとJohnsonの示した，「楽しいことは上，悲しいことは下」(HAPPY IS UP; SAD IS DOWN)の諸例を挙げておこう．

(39) a. I'm feeling *up*.

    b. 気分は上々だ.
(40) a. That *boosted* my spirits
    b. それが私の元気を押し上げてくれた(＝元気をかきたててくれた).
(41) a. My spirits *rose*.
    b. 元気が立ち昇ってきた(＝元気が出てきた).
(42) a. You're in *high* spirits.
    b. 上機嫌だね.
(43) a. Thinking about her always gives me a *lift*.
    b. 彼女のことを考えるといつも気分が舞い上がる.
(44) a. I'm feeling *down*.
    b. 気分が沈んでいる.
(45) a. I'm *depressed*.
    b. 落胆している.
(46) a. He's really *low* these days.
    b. 彼は最近本当に沈んでいる.
(47) a. I *fell* into a depression.
    b. 気分が落ち込んでしまった.
(48) a. My spirits *sank*.
    b. 気分が沈み込んだ.

ここでも，感情という目に見えない対象を，上下関係というきわめて直感的な空間的構造を投影することで，端的に表現している．

練習問題 6.8

次の文にはどのようなメタファーが含まれているか，考えなさい．
 (a) 最近，ゴルフの調子が上がってきている．
 (b) この企画書，上出来じゃないか．
 (c) 40歳半ばにしてついに社長にまで登りつめた．

メタファーいろいろ(2)

おなじく，Lakoff と Johnson の挙げた，他の方向づけのメタファーを列挙する．

- 意識は上，無意識は下（CONSCIOUS IS UP; UNCONSCIOUS IS DOWN）
- 健康と生命は上，病気と死は下（HEALTH AND LIFE ARE UP; SICKNESS AND DEATH ARE DOWN）
- 支配力や力があることは上，支配されたり力に服従することは下（HAVING CONTROL or FORCE IS UP; BEING SUBJECT TO CONTROL or FORCE IS DOWN）
- より多きは上，より少なきは下（MORE IS UP; LESS IS DOWN）
- 予知できる未来のことは上（かつ前方）（FORESEEABLE FUTURE EVENTS ARE UP (and AHEAD)）
- 高い位は上，低い位は下（HIGH STATUS IS UP; LOW STATUS IS DOWN）
- よいことは上，悪いことは下（GOOD IS UP; BAD IS DOWN）
- 徳行は上，悪行は下（VIRTUE IS UP; DEPRAVITY IS DOWN）
- 理性的であることは上，感情的であることは下（RATIONAL IS UP; EMOTIONAL IS DOWN）

(e) 想像上の運動・変化

次の例を見られたい．

(49) a. The road *runs* along the coast.
b. その道路は海岸にそって走っている．

道路自体は静止しているにもかかわらず，我々がその経路を心の中で追っていく行為が，「走る(run)」という運動と同じ効果をもたらす．そのことが，「走る(run)」という動詞の使用を可能にしているのである．このような現象を，**主観的移動**(subjective motion)あるいは**想像上の移動**(fictive motion)と呼ぶ(Langacker 1987)．この現象も，本来，静的な状態を，動的な出来事を表す述語を用いて理解するという点で，一種のメタファーであると言える．

同様のことは，変化を表す動詞でも起こる．次の例は，静的な状態を表すために変化動詞が用いられている．これらは**主観的変化**(subjective change)と呼ばれる(Matsumoto 1996)．

(50)　a.　ひつじの蹄は二つに割れている．
　　　b.　日本列島は中部地方のところで大きく曲がっている．
　　　c.　この部屋は角が丸くなっている．

日本語の「変わっている」という述語も，変化を表す動詞「変わる」をもとにした主観的変化による表現が固定化したものであろう．

(51)　毎日三食ラーメンしか食べないなんて，小池さんは相当変わっている．

次のような他動詞による表現も，主観的運動を表したものと見られる．

(52)　a.　大きな樅の木が池に影を落としていた．
　　　b.　ドームの屋根が空に大きく弧を描いている．

6.3　メトニミー論

(a)　メトニミーの機能

メタファーが，出来事や状態を理解し，表現するための機構であったのに対し，**メトニミー**(metonymy，換喩)は物事を指し示すための機構である．したがって，メタファーは主として動詞句の位置に現れるのに対し，メトニミーは主として名詞句の位置に現れる．

まず，次の例を見てみよう．

(53)　漱石は一番上の棚にあります．

ここでの「漱石」は，作家としての夏目漱石その人ではなく，漱石の著作物としての書籍を指している．このような「漱石」の用法を，作家を指す「漱石」とは別語と見る見方もあるが，いくつかの点で否定される．まず，作家の名前でその人の著作物を指すという用法は，「漱石」に限らずあらゆる著述家について必ず成立する．

(54)　{芥川／プラトン／中島らも}は品切れです．

作家の名前の数だけ，別語として同じ名で著作物を表す語があると考えるのは不合理である．また，次のような代名詞の用法も見られたい．

(55) a. 漱石は一番上の棚にあります．それは全部で10冊あります．
b. 漱石は一番上の棚にあります．彼は近代日本を代表する有名な作家です．

(55a)の「それ」は第1文の「漱石」が指し示す「漱石の著作物」を受けているという点で，普通の照応表現である．ところが(55b)では，第1文の「漱石」が著作物を指しているのに，それを受けている第2文の代名詞「彼」は作家としての漱石を指している．もし第1文の「漱石」が作家を指す語とは別語であるとするならば，このような現象は起こるはずがない（このような照応現象が可能になる仕組みについては第7章で触れる）．

ここで見たように，「作家の名前がその著作物を表す」という用法は，きわめて生産的であり，単なる語の派生とは異なった動的な面を持つ現象であるということがわかる．さらに詳しく言えば，作家の名前で表される「著作物」は，物としての書籍である場合と，内容としての作品である場合とがある．(53)は前者に，次の例は後者に該当する．

(56) 漱石は中学生には難しすぎる．

(b) メトニミーのヴァリエーション

「作家の名前がその著作物を表す」という用法に似た現象として，次のようなものが思い浮かぶ．

(57) あの会社はピカソを3点持っている．

この場合「ピカソ」は「ピカソが描いた作品」を指し示す．

また，やや離れるが，次のような例もある．

(58) 山田さんは今度はトヨタに買い替えたらしい．

ここでの「トヨタ」は「トヨタ製の乗用車」を表している．「漱石」の場合と合わせて，これらは，「製造者（創作者）が製品（創作物）を表す」という類型にまとめることができる．

Lakoff & Johnson(1980)では，メトニミーの代表的な類型として，次のよう

なものを挙げている．英文の例と，対応する日本語の例も合わせて示す．

部分が全体を表す（THE PART FOR WHOLE）
これは伝統的な比喩の分類では提喩（synecdoche）に収められるものである．

(59)　a. We don't hire *longhairs*.

　　　b. 長髪は雇わない．

(60)　a. There are a lot of *good heads* in the university.

　　　b. その大学には優秀な頭脳が大勢そろっている．

次のように，身体的特徴や服装などによってその人物を指し示す例がよくあるが，これは「部分が全体を代表する」の類型であろう．

(61)　このクラスには｛ノッポ／メガネ｝がたくさんいる．

第1章の(8b, c)のイグアナの例もまた，部分が全体を代表する例である．

食器や調理器で料理を指し示す用法があるが，これもこの類型に収まるであろう．

(62)　a. 昨日の夜は｛鍋／丼｝を食べた．

　　　b. お銚子3本追加してください．

英語でも，dishは本来「皿」を表す一方で，皿に盛られる「料理」を表す用法を持っている．

使われる物が使う人を表わす（OBJECT USED FOR USER）

(63)　a. The *sax* has the flu today.

　　　b. サキソフォン（奏者）は今日は流感にかかっている．

コントロールする者がコントロールされるものを表わす（CONTROLLER FOR CONTROLLED）

(64)　a. *Napoleon* lost at Waterloo.

　　　b. ナポレオン（軍）はワーテルローで敗れた．

団体・機関が責任者を表わす（INSTITUTION FOR PEOPLE RESPONSIBLE）

(65)　a. I don't approve of the *government's* action.

　　　b. 私は政府（当局者）の行動を承認できない．

場所が団体・機関を表わす（THE PLACE FOR THE INSTITUTION）

(66) a. *The White House* isn't saying anything.

　　　b. ホワイトハウス(＝アメリカ政府)は何も言っていない.

場所が出来事を表わす(THE PLACE FOR THE EVENT)

(67) a. *Wall Street* is in a panic.

　　　b. ウォール街(＝アメリカ金融業界)は恐慌状態にある.

練習問題 6.9

次の文にはどのようなメトニミーが含まれているか，考えなさい.
　(a)　大阪城は豊臣秀吉が建てた.
　(b)　今日も永田町(＝国会)は大荒れだ.
　(c)　会場にはルーズソックスがぎっしりと詰めかけていた.

(c)　なぜメトニミーか

　メトニミーについて考えるとき，メトニミーはどのようにして可能かという問題と，なぜメトニミーを用いるかという問題に答える必要がある．前者については，先に述べてきた諸関係(創作者と創作物など)があるとき，一方の名前で他方を指し示す関数が存在し，我々はかなり自由にその関数を利用することができるのだ，というような説明を与えることができる．この関数もまた，理想認知モデルの一種である．メトニミーの関数的な捉え方は第7章で再び取り上げる．

　前者の問題に一応の説明を与えたとしても，後者の問題はまだ残る．なぜなら，あるものの名前で別のものを指すという現象は，曖昧性を増やすという点でコミュニケーションの効率性に反する現象のように見えるからである．しかしこれまで見てきたように，日常言語の中できわめて広範に用いられているのであり，そうであるからには，メトニミーも処理の労力に見合うだけの文脈効果を持っているはずである．例えば，次の2文は，真理条件的には同じ事態を指すが，処理の際に呼び出される文脈情報は異なる．

(68) a. 私は大江健三郎の小説を3冊読んだ.

　　　b. 私は大江健三郎を3冊読んだ.

(68a)は，ある作家の小説を3冊読んだという情報が前景化されており，その作家が大江健三郎であったということは背景的情報として述べられているにすぎない．一方(68b)は，何よりも大江健三郎という作家が情報の中核として前景化されており，大江健三郎に関するあらゆる情報が最も重要な文脈仮定として活性化されることになる．ここで，「小説家」フレームの一つの特定化されたアイテムとして，「大江健三郎」フレームが存在し，それが活性化されると考えることもできよう．例えば次のような文脈を作ると，含意はかなり変わってくる．

(69) a. 私は大江健三郎の小説を3冊読んで好きになった．
b. 私は大江健三郎を3冊読んで好きになった．

(69a)では，好意の対象はまず第一に3冊の小説であり，作家への好意はあったとしても間接的に推論されるにすぎないが，(69b)では，好意はむしろ人格としての「大江健三郎」により直接的に向けられていると捉えられるであろう．

上のように考えるとき，同じメトニミーでも，「鍋」と「鍋料理」の関係などは，作家と作品とはかなり異なっていると見なければならない．なぜなら，「鍋を食べた」といっても鍋そのものが前景化されているとは考えられないからである．例えば，「鍋を食べて好きになった」と言っても，鍋そのものが気に入ったとは考えられない．この，鍋料理を指す「鍋」は，鍋料理を巡る状況の中で特に鍋が際立っているところから，たまたま採用された慣習的な略称であろう．この種の慣習的略称は生産性・一般性がない点で，先の作家と作品の場合と大きく異なっている．例えば鉄板で焼く料理だからといって「鉄板を食べた」とは言えない．しかし，これも将来，社会的に慣習化されれば言えないこともないだろう．例えば「串にいろいろな物を刺して揚げたり焼いたりした料理」という意味で，「昨日は串を食べた」という場合，あるコミュニティでは十分通用する可能性があるが，伝わらないコミュニティもまた存在する．つまり，「串」で「串(に物を刺した)料理」を指す用法は，日本では部分的に慣習化している．このような用法は，時間の流れの中でたまたま慣習化を完了したものが利用可能となるのであり，そういう意味では歴史的な派生とみることができる．

ただし，ごく限定された状況で，その状況を共有する対話者の間では，この

種の略称はかなり自由に使用できる．例えば，料理屋でメニューを見ながらの会話を考えてみよう．このメニューには，鉄板料理，串料理，大皿料理が挙がっているとする．

(70)　A: じゃあ，みんな，注文は何にする？
　　　　B: ぼくは鉄板．　　C: ぼくは串．　　D: ぼくは大皿．

この例における「鉄板」「串」「大皿」は，状況の中で際立った特徴に基づく，対象に対する臨時的な名付けであると考えられる．これらは，状況を離れてしまうと流通しない．第1章の(8b, c)の「イグアナ」もこのような臨時的・動的な名付けである．このような臨時的・動的な名付けが，社会的に慣習化し，状況を離れても通じるようになったものが，例えば「鍋」「丼」などの用法であると考えられる．

　この問題は，多義性の問題，あるいは辞書の記述にも関連する．「鍋」で「鍋料理」を指す用法は，日本語では十分慣習化しており，したがって一般的な国語辞書に語釈として記述することは可能である．しかし「鉄板」や「串」の項に，料理を指す用法を書き加えることは適切ではないであろう．また違った意味で，辞書の「漱石」や「大江健三郎」の項に「漱石の作品」「大江健三郎の作品」といった語釈を書き加えることもまた，適切ではない．作家の名前でその作品を指す用法は，人間にとってあまりに当然の，しかし暗黙の知識だからである．

　つまり，メトニミーには，一般的な（暗黙の）知識に基づく構造的・生産的な種類のものと，状況に依存した臨時的・動的な名付けに基づくものと，さらにそれが社会的に慣習化され，語彙化されたものとがあることになる．

6.4　認知と文法

(a)　文法概念のプロトタイプ理論

プロトタイプ的カテゴリーの特徴は，単に一般的な事物を表す語彙の意味に現れるだけでなく，主語・目的語のような統語的成分，動詞，形容詞，名詞

などの品詞，受動構文・受益構文などの構文もまたそうであると見る研究が1980年代から見られるようになった(Hopper & Thompson 1984; 柴谷 1985, Shibatani 1985など)．ここでは，**他動性**(transitivity)のプロトタイプ的分析について簡単に見ておく．

W. M. Jacobsen(1992)によれば，他動性構文の意味的な特徴として次のような事柄が挙げられるという．

(71) a. 出来事の中に二つの**もの**(entity)が関与している．
b. そのうちの一つは**動作主**(agent)と呼ばれ，意志的に行動する．
c. もう一方のものは**対象**(object)と呼ばれ，変化を生じる．
d. 変化は現実の時間の中で生じる．

(71a)は論理的な特徴で，これがなければ他動性とは言えない(また論理的にはこの特徴だけで他動詞とされる)．(71b)はいわゆる**意志動詞**(intentional verb)であるということ，(71c)は**対象変化動詞**(object-change verb)であるということ，また(71d)は**可能性**(ability)，**願望**(desire)などのモーダルな意味ではなく現実の動作を表すものであるということを示している．この四つの特徴をすべて持っている構文が典型的な他動性構文であり，(71b–d)のどれかの特徴を持たないものは他動性構文としては周辺的なものになっていくとする．

一方，形態的には，日本語では

[名詞句] が [名詞句] を [動詞]

また英語では

[主格(nominative)名詞句] [動詞] [対格(accusative)名詞句]

という構文が典型的な他動詞構文である．また，動詞の形態，受動構文への変換など，他にもさまざまな他動詞構文の特徴が挙げられる．ある出来事が(71)の意味的特徴をすべて持っていれば，日本語，英語を含め，多くの言語でその言語の典型的な他動詞構文をとる可能性が高く，意味的な他動性から見て周辺的なものになると，他動詞構文以外の構文を取る可能性が高くなる．意味的に周辺的なものの場合は，形態的には，言語差が大きくなってくるとも言える．逆に言うと，日本語，英語などで一致して他動詞構文で表される出来事は(71)の意味的な特徴をすべて持っている可能性が高く，逆にある言語または多くの

言語で他動詞構文以外の構文で表される出来事は，(71)の特徴を少ししか持っていない可能性が高いということになる．

上の事柄を，次のような例文で確かめてみよう．

(72) a. 田中がおもちゃを壊した．
b. 田中が財布をなくした．
c. 田中が山田を見た．
d. 田中が山田に会った．
e. 田中が花子と結婚した．
f. 田中が納豆 { が／を } 食べられる（こと）．
g. 田中が納豆 { が／を } 食べたい（こと）．

(72a)は，(71)の特徴をすべて持っている典型的な他動性の出来事であるが，(72b)は(71b)および(71c)を持っていない．(72c–e)は(71c)を持っていない．また(72f)は可能性，(72g)は願望を表す構文で，(71d)を持っていない．これらを形態的に見ると，(72a–c)は他動詞構文を取っているが，(72d, e)は非他動詞構文をとり，また(72f, g)は他動詞構文と非他動詞構文の間で揺れている．また，(72f)の可能を表す述語「食べられる」は受動文と同じ形態，(72g)の願望を表す述語「食べたい」は，動詞ではなく形容詞の形態を取っている．

なお，(72b)は他動詞構文を取ってはいるが，(73b)のように受動化ができない．

(73) a. おもちゃが田中に壊された．
b.*財布が田中になくされた．
c. 山田が田中に見られた．

同じ出来事を，英語で表現してみよう．

(74) a. Tanaka broke the toy.
b. Tanaka lost his wallet.
c. Tanaka saw Yamada./Tanaka looked at Yamada.
d. Tanaka saw Yamada./Tanaka met Yamada.
e. Tanaka married Hanako.
f. Tanaka can eat *natto*.

g. Tanaka wants to eat *natto*.

英語では，すべてで他動詞構文が用いられている．ただし，(74c)は他動詞 see と自動詞 look の両方が用いられる（意味は異なる）．このように，英語では日本語よりも他動詞構文が多用される傾向がある．しかしこれらを受動文にすると，典型的な他動性の構文とそうでないもので差が現れる（可能文と願望文については省略）．

(75) a. The toy was broken by Tanaka.
　　 b.?*Tanaka's wallet was lost by him.
　　 c. Yamada was seen by Tanaka.
　　 d.*Yamada was seen by Tanaka./*Yamada was met by Tanaka.
　　 e. *Hanako was marrid by Tanaka.

(b) 作用連鎖

先に見た典型的他動性構文の意味は，次のように図式化されることがある．

(76) ●――――→●――――→●――――→●
　　 動作主　　道具・手段　　対象　　　　結果

これは，R. Langacker のビリヤード・ボール・モデル (billiard ball model) と呼ばれるもので，出来事をものと力のネットワークとして捉えたものである．矢印は，力が人やものから他の人やものへと伝達されることを表している．それぞれの人やものは出来事の中で，動作主，道具，対象などの意味役割 (semantic role) を担っている．**力の動態** (force dynamics) (Talmy 1988a, 1988b)，**作用連鎖** (action chain) (Croft 1991) なども同様の考え方である．ここでは，作用連鎖という名称を用いておこう．

英語では，同じ動詞で，動作主，道具・手段，対象のいずれもが主語になれる．

(77) a. *John* opened the door by the key.　（動作主）
　　 b. *The key* opened the door.　（道具）
　　 c. *The door* opened.　（対象）

日本語では，他動詞と自動詞の形態が異なる点が英語と異なる．また，道

具・手段を主語とする文は日本語としては不自然で，翻訳語的である．

(78) a. 山田が鍵でドアを開けた．（動作主：他動詞）
b. ?その鍵がドアを開けた．（道具：他動詞）(cf. その鍵でドアが開いた)
c. ドアが開いた．（対象：自動詞）

これらの例からも推測されるように，英語では他動詞構文が無標であり，項が二つ以上あれば他動詞構文が自然に使える．また，自動詞と他動詞は，一部の例外(raise と rise など)を除いて，形態的には区別がない．これに対し，日本語は自動詞と他動詞の形態は一部の例外を除いて(「閉じる」「終わる」など)厳密に区別されている．自動詞と他動詞でどちらが無標になるかは，出来事の性質に依存している(Jacobsen 1992)．

この作用連鎖は，格や意味役割に関わるさまざまな現象を捉えるために有効に働く．ここでは，英語の例から，一つの前置詞句が複数の役割を表すようになる，**融合**(syncretism)という現象を取り上げておこう(郡司他 1998:115)．

(76)の作用連鎖は，さらに次のように拡張できる．

(79)

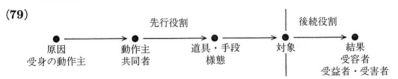

ここで，対象を境界に，それより以前の意味役割を**先行役割**，以後を**後続役割**とすると，英語の前置詞句に現れる意味役割の融合は，先行役割どうし，後続役割どうしの間で起こっていることが観察される．

(80) a. John gave a book *to Mary*. （受容者）
b. His love turned *to hatred*. （結果）
(81) a. John shot Mary *with a gun*. （道具）
b. John lived *with Mary*. （共同者）
c. John loved Mary *with passion*. （様態）
(82) a. He has a daughter *by his first wife*. （手段）
b. He failed *by playing all the time*. （原因）

c. Mary was shot *by John*.　（受身の動作主）

（c）文法化

　認知的アプローチが文法や意味の歴史的変化を説明するために応用された例として，文法化の問題を取り上げよう．

　語彙には，大きく分けて，名詞・動詞など世界に存在するもの・事柄や，出来事などを表す**内容語**(content word)と，もっぱら文法関係や時制，モダリティなどの文法的意味を表す**機能語**(functional word あるいは grammatical word)がある．そして両者はまったく無関係に存在するのではなく，明らかに内容語と機能語が派生関係を持っていると見なせる例が，多くの言語で普通に観察される．例えば機能語に属する，英語の未来時制を表す will は，同時に「欲する」「望む」の内容語としても用いられる．そして両者の意味には類縁関係が認められる．すなわち，何事か行うことを意図する場合，その行為は起こるとすれば必ず未来に起こるからである．

　さらに詳細に観察を進めていくと，その派生は普通，内容語から機能語へと進むのであり，その逆はきわめてまれである(派生の**一方向性**，unidirectionality)．このような，内容語から機能語への派生を**文法化**(grammaticalization または grammaticization)と呼ぶ．文法化が進む過程で，意味，統語的機能，形態の点から，次のような現象が観察される．

(83)　a.　**意味の漂白化**(semantic bleaching)　本来の実質意味が弱まり，抽象化していく．同時に，修飾語や項の選択制限が弱まっていく．
　　　b.　**脱範疇化**(decategorization)　本来の語が持っていた屈折(活用)の形態的特徴や統語的制約が薄れ，本来の品詞から逸脱していく．
　　　c.　**語形の縮約**(contraction)　語形が短縮されたり，前後の語と融合するなど，音韻上の特徴が弱まっていく．

　will を例に取ると，「意志」の用法の場合は主語が人間に限られるが，「未来」という用法に移行するにしたがって，人間以外のものも取れるようになる(漂白化)．また，本動詞用法では人称・数・時制によって屈折するが，助動詞化した用法では屈折を一切失っている(脱範疇化)．また，助動詞化した用法では，

I'll, won't など形態上の縮約・融合が頻繁に起こる.

このような文法化の過程に，メタファーやイメージ・スキーマが重要な役割を果たしていることを示す例として，E. Sweetser の go についての研究を挙げておこう(Sweetser 1988). go はいうまでもなく，空間的移動を表す動詞すなわち内容語であるが，be going to の形においてのみ，未来時制を表す助動詞的な用法を発揮する.

(84) a. John is *going* to his home. （空間的移動）
b. John is *going* to be a doctor. （未来時制）

前者と後者を比較すると，後者には意味の漂白化，脱範疇化，語形の縮約(be gonna)などが見られる．さて，意味的に見ると，前者から後者への拡張は，空間的移動の枠組みに基づいて，時間的推移を理解するという**メタファー**の機能が適用されていると見られる．さらに，空間的移動の go には次のような**イメージ・スキーマ**(image-schema)が仮定される.

(85)

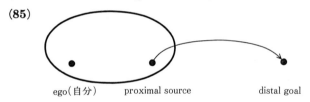

ego(自分)　　proximal source　　　　distal goal

すなわち，自己(ego)の近傍から遠方へと対象物が離れていくというイメージである．これが，時間的推移にも保持されて，自己に近い現在から遠方，すなわち未来へと出来事が推移していく意味が表現可能になるのである(ただし，空間的移動の場合は，対象はもとの位置に戻ることができるが，時間的推移の場合は戻ることがない，というような変質はある).

このように，人間の世界認識の特性は，文法の歴史的変化にも深い影響を与えているのである.

── 練習問題 6.10 ──────────────
進行・結果などを表す日本語の「ている」は，動詞「いる」から文法化された形式であると考えられる．意味の漂白化，脱範疇化，語形の縮約などがどの

ように起こっているか，次の例を参考にして考えなさい．
(a) a. 田中が部屋に<u>いる</u>．
    b. 壁に絵が{*いる／ある}．
(b) a. 田中が部屋で本を読んで<u>いる</u>．
    b. 壁に絵が掛かって<u>いる</u>．
(c) a. 田中が部屋で本を読ん<u>でる</u>．
    b. 壁に絵が<u>掛かってる</u>．

6.5 意味と人間くささ

　古典的論理学や形式意味論における概念的なカテゴリーは，世界にアプリオリに存在するものとして扱われ，その性質は形式的な意味で単純かつ均質であると仮定されている．しかし，今まで見てきたように，自然言語における概念的なカテゴリーは，人間の認知的特質を抜きにしては捉えられない．世界は，それ自体としては混沌としていて，そこにどんな意味も概念もあらかじめ存在してはいない．概念は，人間が自分の身体を世界に投げ込み，相互作用を起こしながらつかみ取っていくものである．それゆえに，概念にはおのずから，人間の知覚的，生理的，社会的特性が投影されていくのである．プロトタイプ，理想認知モデル，基本レベルなどの概念は，そのような人間くさい概念的カテゴリーの構造を捉えるための装置であった．

　同様のことは，メタファーやメトニミーについても言える．メタファーの場合，喩えられる対象と喩える材料の関係で見た場合，前者は人間にとって容易に捉えがたい，抽象的で混沌とした対象であるのに対し，後者は人間にとって直感的に捉えやすく，それだけにたやすく習得できるプリミティブな経験や構造である．したがって，喩えるための材料は，人間の認知的・生理的基盤や，基本的な文化的・社会的経験に多く依存している．世界に立ち現れる事象を，我々は客観的にそれ自体の姿を持って存在するものと考えがちであるが，それはむしろ錯覚である．我々が世界と相互作用を起こしていく中でつかみ取った

Langacker の認知文法

　R. Langacker は，文法への認知的アプローチを最大限に生かした**認知文法**（cognitive grammar）と呼ばれる研究を発表し，追随者に大きな影響を与えつつある（Langacker 1991 ほか）．彼は，ベース（base），プロファイル（profile），トラジェクタ（trajector），ランドマーク（landmark）など，ゲシュタルト心理学における図（figure）と地（ground）の概念を発展させた独自の用語を駆使し，動詞や前置詞などの形態の意味を巧みに図式化して示した．

　彼の研究の特徴は多岐にわたり，本書では紹介し切れないので，原著ならびに読書案内[3][4]などの参考書に当たっていただきたい．ここでは，モノ（thing），非時間的関係（atemporal relation），過程（proccess）がプロファイルの仕方（図で，太線で示された部分）によって区別され，それぞれが名詞，形容詞・前置詞・副詞，動詞という品詞に対応する様子を，enter, entering, entry という語例に対する図式化によって示しておく（tr はトラジェクタ，lm はランドマークを表わす）．

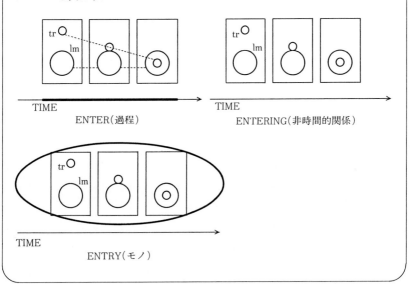

プリミティブな関係性を，より抽象的で難解な対象に投影しているのであり，我々が客観的に捉えていると思っている世界の姿には，我々の人間的な特質が常に投影されているのである．メトニミーもまた，「作家」と「作品」のように我々の社会の中で緊密に結びついた関係を利用したり，「鍋（料理）」のように状況の中で特に際立った特徴を利用して臨時的・動的に名付けを行い，さらにそれが社会的に慣習化されるなど，我々の生活のあり方や状況の認識の特性を抜きにしては説明できない現象である．

　さらに，認知的カテゴリーやメタファーなどの機構は，文法的現象やその歴史的変化にも関与していることを見てきた．人間の認知的特性は，自然言語に対し想像以上に広い範囲にその影を落としている．今日，言語学のあらゆる分野で，従来よく知られている現象であっても，人間の認知的基盤からそれを見直す傾向が広まっている所以である．また，従来なにげなく見すごされていた言語現象に人間の認知特性が色濃く反映されていることも，知られるようになってきた．

　ただし，上に見たような意味の認知的アプローチが，意味の形式的アプローチと対立したり，それを否定したりするようなものでないことを今一度強調しておきたい．まず第一に，形式意味論で前提されている数学的な基盤もまた人間の重要な認知的能力の一つであるという点である．数学的な仮定や推論は万人に理解可能であるがゆえに，科学の基本的な方法として採用されてきたが，この事実こそ，数学的思考が人間に備わった基本的な認知的能力の一つであることを示している．そして，意味的な現象の中にも，数学的な基盤によって一般化可能な部分は確かに存在する．そうであるからこそ，我々は，形式的アプローチから自然言語の意味的な現象に対する有益な帰結を依然として得続けることができるのである．第二に，研究方略として見た場合，形式的アプローチの数学的な厳密性がきわめて有効なものであることも疑いのないことである．認知的アプローチから得られた知見がいかに示唆に富んだものであると言っても，何らかの科学的検証にたえる事実を指し示せない限り，それは単なる「お話」であるにとどまる．認知的アプローチ，形式的アプローチそれに他の実験的手法によるアプローチなど，言語研究のさまざまのスタイルはそれぞれの得

失を十分自覚した上で，たえず協調し，連携していくことが重要である．

読書案内

[1] Lakoff, G. & Johnson, M. (1980): *Metaphors We Live by*. University of Chicago Press. 渡部昇一・楠瀬淳三・下谷和幸(訳)，『レトリックと人生』大修館書店，1986．
メタファーが認識と言語に果たす重要な役割を詳細に論じた，記念碑的著作．
[2] Lakoff, G. (1987): *Women, Fire, and Dangerous Things*. University of Chicago Press. 池上嘉彦・河上誓作他(訳)，『認知意味論』紀伊國屋書店，1993．
自然言語のカテゴリーのさまざまな性質について網羅的に論じている．認知言語学の基本的文献．
[3] 山梨正明(1995)：『認知文法論』ひつじ書房．
認知意味論，認知文法論の研究の現状が日本語の豊富な例文とともに概観できる．
[4] 河上誓作(編著)(1996)：『認知言語学の基礎』研究社出版．
認知言語学一般についての入門書であるが，特に Langacker の認知文法の紹介に力を入れている．

演習問題

6.1 子供のしりとり遊びに出現する語彙を収集・整理し，カテゴリー論の観点からその特色について論じなさい．また，大人がしりとりをする場合と違いがあるかどうかも検討しなさい(ヒント：特に，基本カテゴリーとの関係に着目すること)．

6.2 日本語から，「生命」に関するメタファーを採集・分類し，どのような特色が見られるか考えなさい．英語など他の言語とも比較しなさい．

6.3 日本語で，「1本，2本，…」と数えられるものには，棒，柱，野球のホームラン，剣道・柔道の勝敗，映画，脚本などさまざまなものがある．これらにはどのようなつながりがあるのだろうか．カテゴリー論とメタファー論の両面から考察しなさい．「枚」「体」「件」「匹」「頭」など，他の助数詞についても，それぞれの用法について，認知的な観点から考察しなさい(読書案内[2]を参照のこと)．

6.4 日本語の「名詞」はプロトタイプ的と言えるだろうか．動詞，名詞，副詞など他の品詞とは一線を画することが可能か，それとも連続的か．「学校」「犬」

「母」「自由」「至高」「究極」「集結」「進歩」など多くの名詞について，次のような，意味的特徴と形態・統語論的特徴の両面から調査・分類し，日本語の名詞のプロトタイプ性について論じなさい．

意味的特徴
・具体的・物理的なもの(人や生物も含めて)を指すか，属性，関係，出来事，程度などの抽象的な概念を指し示すか．

形態・統語論的特徴
・助詞「が」「を」を付けて主語や目的語になれるか．
・他の名詞を修飾するとき，「の」を付けるか，「な」を付けるか．
・連体修飾節によって修飾できるか．
・「する」を付けて動詞化できるか．

6.5 本書「はしがき」にはどのようなメタファーが用いられているか．喩えられるものと喩えるものについて体系的に分析しなさい．

意味から談話の構造へ

　この章では，発話の意味を文脈の構造の観点から捉える理論として，メンタル・スペース理論を紹介していく．まずメンタル・スペース理論の構想を概観し，次にメンタル・スペース理論の基礎概念の一つである，コネクターとアクセス原則を導入する．コネクターはメトニミーの研究から生まれた語用論的関数に基づく概念である．

　続いて，スペースとコネクターという基礎概念が実際にどう機能するかを，時間スペースの例を用いて説明する．

　また，不透明文脈や言表様相・事象様相という古典的な概念がメンタル・スペースでどう扱われるかを見た後で，ドラマや絵画といった，従来意味論でまったく注意されたことのなかった対象に関わる表現が，不透明文脈や言表様相・事象様相などの現象とまったく平行的な性質を示すことを見ていく．

　次に取り扱われる役割も，メンタル・スペース理論にとって重要な基礎概念で，照応的な名詞句の多様な解釈が文の曖昧性を増やしていくようすを示す．

　前提の問題は，意味論，語用論の間で難問の一つとして議論されてきたが，メンタル・スペースは一つのエレガントな解釈を示した．また，メタファーに対しても，有効なアプローチを提示している．

　最後に，形式意味論では適切な取り扱いが困難な反事実条件文が，メンタル・スペースの枠組みの中でどのように一般化されていくかを見ていく．

7.1 メンタル・スペース理論とは何か

メンタル・スペース理論は，G. Fauconnier の著作物(Fauconnier 1985, 1994, 1997)を中心に発展してきた，談話の表示理論である．この理論において，発話は**メンタル・スペース**(mental space)と呼ばれる**心的表示**(mental representation)を構成する指令とみなされる．その点において，**手続き的意味論**(procedural semantics)の一種と考えてよい．メンタル・スペースは，(1a)に示されるような，言語表現(E)と現実世界(R)を媒介する認知レベル(C)における構築物である．従来の古典的な形式意味論が，言語表現と現実世界の直接的対応を仮定する(1b)のような関係にあるとすれば，その点でメンタル・スペース理論は形式意味論と大いに異なっている．

(1) a. E ⟷ C ⟷ R
    b. E ⟷ R

形式意味論における意味が，あくまで文と世界との対応としての真理値/真理条件であるとするならば，メンタル・スペース理論は意味の理論ではない．真理値は認知レベル C と現実世界との間で決定されるが，メンタル・スペース理論はその部分に関してはほとんど何も言わない．しかし，メンタル・スペース理論は，形式意味論では十分捉えることのできなかった，あるいは形式意味論の枠組みでは気づかれなかったり無視されてきた，文の曖昧性や多義性の一部を明示的に表示し分けることに成功している．その点で，やはり自然言語の〈意味〉の理論として重要な価値を認めることができるのである．

メンタル・スペースによる心的表示は，人間のさまざまな認知的特性を反映していると考えられている．そのため，今まで本書でも見てきた，認知的カテゴリー，理想認知モデル(ICM)，フレーム，メタファー，メトニミーなどの研究を積極的に取り入れ，歩みをともにしている．

しかし一方で，談話の構造を対象とし，また部分的な情報を組み立てていくという発想が，形式意味論から生まれた談話表示理論と共通しており，実際，問題の取り扱い方もたいへん似た面を持っている．この相似は，形式的アプロ

ーチと認知的アプローチが対立するものではないことをよく示している(田窪他 1999:83 頁参照).

メンタル・スペース理論の中核的な概念である**スペース**(space)は,変数と命題の集合であり,その中で要素の設定,検索,推論などの心的操作が行われる.文や談話の意味はこのスペースを単位とし,複数のスペースから構成される.スペースの要素は,談話の進行に従い,動的に変化していく.各スペースは基本的に互いに区分され,独立しているが,単に独立しているだけでなく,コネクターや,スペースの包含関係に基づく前提の投射などによって互いに関連づけられる.

メンタル・スペース理論が仮定するスペース,コネクター,役割などの基礎概念は,いずれも,古典的な一階の論理学で用いられる概念に若干のアレンジを加えた単純なものであるが,それらを用いて構築される構造はじつに多彩な文の解釈を的確に表示し分ける.発話は,その構築に対してごく部分的で不完全な指令を与えるだけであるので,発話から作り出される認知的構築は驚くほど多様である.メンタル・スペース理論は,従来の哲学や言語学の意味論研究で議論されてきた,指示や前提や推論に関するパズルに対し,一定の解決を与えただけでなく,それらの問題が従来気づかれなかった多様な文や談話解釈のごく一部でしかなかったことを明らかにした.

以下,実例に即しながら,メンタル・スペース理論の枠組みについて概観していく.

7.2 語用論的関数とアクセス原則

G. Nunberg は,メトニミーを**語用論的関数**(pragmatic function)という概念で説明しようとした.名前が本来表す対象を a,結果として表される対象を b,そして語用論的関数を F と表すと,これらの関係は

(2)　b = F(a)

と表される.「漱石」の例によれば,

(3)　漱石の著作物 = F(漱石)

と表記される.

さらに,Fauconnierはこの語用論的関数を発展させ,いくつかの概念を付け加えた.(2)の関係は,次のような図として表せる.

(4)
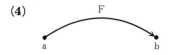

Fauconnierは,関数Fをコネクター(connecter),aをトリガー(trigger),bをターゲット(target)と呼び,次のようなアクセス原則(accsess principle,ID原則とも呼ばれる)を定義した.

(5) アクセス原則:
　　もし二つの要素aとbがコネクターFでリンクされているならば(b=F(a)),要素bをその対応物aの名前,記述を用いて,またはaを指し示すこと(pointing)によって同定できる.

コネクターには,トリガーとターゲットが同一物であるようなものも想定できる.この関係は,(6)のように図式化できよう.

(6)

このような再帰的なコネクターも認めると,メトニミーが作用している名詞句も,そうでない普通の名詞句も,すべて名詞句の解釈にはコネクターが適用される,と考えることができる.Fauconnierによれば,コネクターは理想認知モデル(ICM, 6.1節(e)参照)に属する装置であり,当該の名詞句に対してどのようなコネクターがいつ適用されるかは,文脈や,話し手が属する文化に依存して決まる.

この枠組みに基づいて,6.3節(a)の照応現象について振り返っておこう.

(7) a. 漱石は一番上の棚にあります.それは全部で10冊あります.
　　b. 漱石は一番上の棚にあります.彼は近代日本を代表する有名な作家です.

この第1文は，次のような関係として捉えられる．

(8)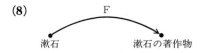

ここでトリガー a は作家としての漱石，ターゲット b は漱石の著作物である．コネクター F（創作者から創作物へ）が成立しているので，アクセス原則に基づき，トリガーの名前である「漱石」によってターゲットである漱石の著作物を同定することができる．ここで(7a)の第2文の「それ」は，ターゲット b を承けて指し示すのであるが，(7b)の第2文の「彼」は，トリガー a を承けて指し示すのである．このように照応表現は，ターゲットを承ける場合もトリガーを承ける場合もあるわけであるが，次のようにトリガーを承けることができない場合もある．

(9) a. サキソフォン（奏者）は今日は流感にかかっている．*それ(=サキソフォン)はアメリカで1000ドルで買ってきたものだそうだ．
    b. 昨日は鍋を食べた．*それ(=鍋)は有田焼だった．

Fauconnier は，このような違いをコネクターの違いと見て，トリガー，ターゲットともに照応表現で承けられるものを**開コネクター**（open connecter），ターゲットしか承けられないものを**閉コネクター**（closed connecter）と呼んだ．

6.3節の(c)では，メトニミーを次のように三つに分類した．

(10) a. 一般的な（暗黙の）知識に基づく構造的・生産的な種類のもの
        （例「漱石(=漱石の著作物)」）
    b. 状況に依存した臨時的・動的な名付け
        （例「イグアナ(=イグアナの絵柄のTシャツを着た人)」）
    c. 臨時的・動的な名付けが社会的に慣習化され，語彙化されたもの
        （例「鍋(=鍋料理)」）

このうち，(10a)は開コネクター，(10b)と(10c)は閉コネクターに対応するであろう．

練習問題 7.1

次のメトニミーに用いられたコネクターは，開コネクターか，閉コネクターか．照応表現を作って確かめなさい．
(a) 田中さんはこんどもトヨタ(=トヨタ製の車)を買った．
(b) さっきのサングラス(=サングラスを掛けた人)はどこへ行った？
(c) 3番テーブル(=3番テーブルに座っている人)に水を差し上げて下さい．

メンタル・スペース理論では，コネクターによってスペースとスペースが結合される．このコネクターは，メトニミーではなく，さまざまな意味での要素の**同一性**(identity)を表現する．そしてこのコネクターはすべて開コネクターである．

7.3 スペースとコネクター

次の文を見てみよう．

(11) 1966年に，私は10歳の少女だった私の妻に出会った．

この例の普通の解釈では，1966年に私が出会ったのは妻になるまえの少女であり，「私の妻」という記述は現在において成り立つが，1966年では成立しない（これを今，常識的解釈と呼んでおく）．そしてこの文では，現代の日本ではありえないが，「子供時代にまわりの大人に結婚をさせられ，1966年においてすでに私の妻であった10歳の少女に対面した」という解釈も成り立つ（これを仮に，「幼妻」解釈としておく）．

この例において，認知的構築はどのように構成されるか．認知的構築には，出発点として必ず**ベース**(base)と呼ばれるスペースが導入される．ベースは話し手にとっての現実であり，談話に関連のある要素や談話の状況内の要素があらかじめ設定される．通常，話し手の**視点**(viewpoint)はまずベースにある．談話の進行中に新たなスペースが導入され，視点もスペースを移っていけるが，話し手はいつでもベースに視点を戻すことができる．

次に，「1966年に」という表現は，新たなスペースを導入せよという指令と

見なせる．このような指令を含む表現を**スペース導入表現**（space builder）と呼ぶ．スペース導入表現には，後で見るように，統語的にさまざまな種類がある．今の場合，「1966 年に」によって新たに導入されたスペースを「1966 年スペース」と呼んでおこう．ベースに視点がある段階で 1966 年スペースが導入されたので，ベースから見て 1966 年スペースは**娘スペース**（daughter space）と呼ばれる．また，1966 年スペースから見てベースは**親スペース**（parent space）である．

(12)

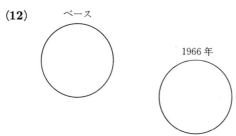

では次に，これらのスペースにどのような要素が設定され，解釈とどう結びつくか見ていこう．まず，ベースに「私」を表す名詞的要素 a を設定する．これはベースの性質により，自由に設定することができる．次に，常識的解釈では，ベースに現在の妻である「美佐子」を表す名詞的要素 b を設定する．そして，「b は a の妻である」という記述をベースに設定する．さらに，1966 年スペースに，a および b の対応物である a′ および b′ をそれぞれ設定する．a と a′，b と b′ の間にはコネクターが成立している．この 1966 年スペースで，「b′ は 10 歳である」「a′ が b′ に出会う」という記述が設定される．

(13)

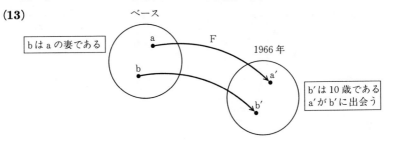

ここで，アクセス原則(5)により，ベースでの b の記述「私の妻」によって 1966 年スペースの b′ を指し示すことが可能になる．このようにして成立しているのがここでの常識的解釈である．

次に，「幼妻」解釈がどのように可能になるかを見ておこう．この解釈では，ベースに a が，1966 年スペースに a′ が設定されるのは常識的解釈と同じであるが，b はベースではなく 1966 年スペースに設定される．そして，「b は私の妻である」はこの 1966 年スペースにおいて成立するとみなされるのである．

(14)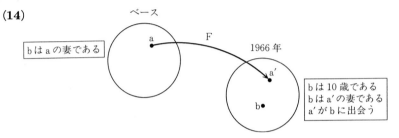

なお，この場合にベースに b の対応物があるかどうかは，この文だけでは決定できない．10 歳の幼妻は現在も私の妻であるかもしれないし，そうでないかもしれないし，生きているのかどうかもわからない．そのことは前後の文脈が明らかにするかもしれないし，しないかもしれない．

この例の二つの解釈は，コネクターとアクセス原則がベースと 1966 年スペースの間に適応されるか否かという点で二様に分かれたと説明できる．発話(11)は，どちらの構築をも許すのであり，どちらの文脈を選ぶかは文脈や常識に委ねられるのである．

─ 練習問題 7.2 ──────────────

次の文はどのように多義的であるか．上の認知的構築の図にならって作図し，考えなさい．

3 年前，山本さんは自分が勤めているスーパーマーケットで買い物をしたことがある．

7.4 透明/不透明性

次のような文を見てみよう.

(15) レンは,その青い目をした少女が緑の目をしていると信じている.

この文は,現実には青い目をしている少女(仮に,リサとしておく)のことを,レンが誤って緑の目をしていると思いこんでいるという(普通の)解釈と,レンがリサについて,青い目をしていると同時に緑の目をしているという,論理的に矛盾した信念を持っているという解釈とを持ちうる.この二つの解釈は,メンタル・スペースによる認知的構築で簡単に説明できる.

この例では,現実に対応するベース(B)と,レンの信念を表すスペース(M)が導入される.この場合,「信じている」という動詞がスペース導入表現となる.そして,リサを表す要素 a がベースに,その対応物 a′ が M に設定され,aとa′ の間にコネクターが設定される.M では,「a′(すなわちリサ)が緑の目をしている」という記述が設定される.普通の解釈では,ベースにおいて「a(リサ)が青い目をしている」という記述が成立していると解釈され,コネクターとアクセス原則に基づいて,現実(B)におけるリサ(a)の「青い目をした少女」によって M の対応物 a′ が同定されるのである.

(16)

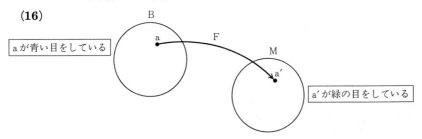

一方,レンが論理的に矛盾する信念を持っているとする解釈では,「a′ が青い目をしている」と「a′ が緑の目をしている」がともに M に設定されるのである(ただし,(17)では「少女」=リサそのものは現実に存在することになっている.しかし文脈によっては,リサは現実には存在しなくてもよい).

(17)

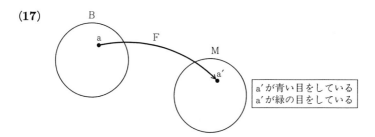

　一般に,「信じる」「思う」「考える」などの信念・思惟を表す動詞を含む文は**不透明文脈**(opaque context)と呼ばれ,論理的に特殊な現象を引き起こすと考えられてきた.しかしメンタル・スペース理論では,信念・思惟動詞がスペース構築表現となることと,コネクターとアクセス原則の適用から説明できる,ごく一般的な現象であるということになる.

練習問題 7.3

　つぎの文は,どのように多義的であるか.認知的構築に基づいて説明しなさい.
　探偵は,その貞淑な妻が夫殺しの犯人であるとにらんでいる.

7.5　言表様相/事象様相

　次の例を見てみよう.
　(18)　田中は新宿で『タイタニック』の主演者に会ったと言った.
この文は,間接引用を表す補文「『タイタニック』の主演者に会った」について大きく言って2種類の解釈を持つ.一つは,この補文が田中の発話をそのままなぞったものであるとするものである.例えば田中は次のように言ったのである.
　(19)　「新宿で『タイタニック』の主演者に会ったよ」
次に,田中は実際は例えば次のように言ったとする場合である.
　(20)　「新宿でディカプリオに会ったよ」

7.5 言表様相/事象様相

フォスフォラスとヘスペラス

意味論では,「ある語をそれと外延の等しい別の語で置き換えても真理値が変わらない」という **Leipniz の原理**が一般に成り立つとされる.例えば,「アメリカの第 42 代大統領」と「ヒラリーの夫」は外延が同じ(すなわちクリントン)であるから,次の a と b は真理値が変わらない.
  (i) a. アメリカの第 42 代大統領はスキャンダルでマスコミに非難された.
      b. ヒラリーの夫はスキャンダルでマスコミに非難された.

一方,G. Frege は,Leipniz の原理が成り立たない文脈があることに気が付いていた.フォスフォラス(明けの明星)とヘスペラス(宵の明星)は外延が「金星」で,ともに同じものを指示する.ところが(iia)の「フォスフォラス」を「ヘスペラス」に変えると(iib),偽となる.
  (ii) a. ジャックはフォスフォラスがヘスペラスであることを知らない.
       b. ジャックはヘスペラスがヘスペラスであることを知らない.

W. V. O. Quine は,この種の,同一指示の表現を入れ換えると真理値が変わる文脈のことを不透明文脈と名づけた((ii)の問題をメンタル・スペースの枠組みで捉えるためには,「a は b である」(a is b)という文型に対する理解が必要である.詳細は,Fauconnier(1994)の 5.2 節を参照されたい).

この場合,(18)の話し手(田中ではない)は「『タイタニック』の主演者」が「ディカプリオ」であることを知っていて,「ディカプリオ」を「『タイタニック』の主演者」と言い換えたのである.

伝統的な論理学では,前者の解釈を**言表様相**あるいは de dicto,後者の解釈を**事象様相**あるいは de re と呼び,次のような限量詞のスコープの差として表現している.

 (21) a. (∃x: x=田中)(x が (∃y: y∈『タイタニック』の主演者)(x が y に新宿で会った) と言った)　　　　　　　　　→ 言表様相
      b. (∃x: x=田中)(∃y: y∈『タイタニック』の主演者)(x が (x が y に新宿で会った) と言った)　　　　　　　　　→ 事象様相

Fauconnier は,この問題も,今まで見てきた装置で記述できることを示すと

ともに,次節で触れるように,上のようなスコープの差として捉えると,かえって問題の一般性を見失わせるとも主張している.

さてこの場合,話し手の現実を反映したベース(B)と,田中の発話の内容を反映したスペース(U)によって表される.スペース導入表現は「言った」という動詞である.aおよびa'は田中を表す.言表様相の場合は「『タイタニック』の主演者」を表すbがUに設定される.そしてUにおいて「a'がbに会う」が設定される.また,Uにおける記述「『タイタニック』の主演者」でUの要素bを指し示す.

(22) **言表様相**:

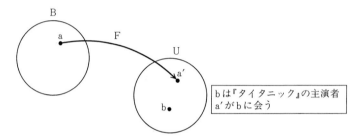

一方,事象様相の場合は,「『タイタニック』の主演者」を表すbがベースに,その対応物b'がUに設定される.そして,「a'がb'に会う」がUに設定される.さらに,ベースにおけるbの記述「『タイタニック』の主演者」とアクセス原則によって,b'を指し示している.

(23) **事象様相**:

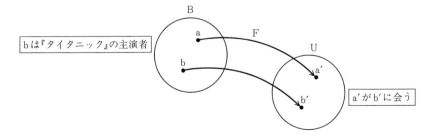

この図式から,言表様相と事象様相の次のような含意の違いをも説明するこ

とができる．

(24) a. 言表様相では，Uにおける「『タイタニック』の主演者」bの，ベースにおける対応物について，発話は何の情報も与えない．bの対応物がベースにあったとして，それがベースにおいて「『タイタニック』の主演者」である必要はまったくない．つまり，田中は「『タイタニック』の主演者」と言っているが，それは思い違いで，本当は「『スターウォーズ』の主演者」であるかもしれない．ひょっとすると，「『タイタニック』の主演者」というものは現実には存在しないかもしれない．すなわち，ベースにおける対応物がない可能性もある．

b. 事象様相では，話し手はbが「『タイタニック』の主演者」であることを知っていなければならないが，田中はその対応物b′が「『タイタニック』の主演者」であることを知っている必要はない．

すなわち，あるスペースで与えられた記述や属性は原則的にそのスペース内においてのみ有効であり，スペースを越えた対応物がその記述や属性を引き継ぐかどうかは別の条件に委ねられるのである．

練習問題 7.4

次の談話で，監督とコーチの間に生じた誤解を言表様相・事象様相の観点から説明しなさい．

（西部ライオンズの監督とコーチの会話）
監督： オーナーが苦篠をくびにしろといっている．
コーチ：さすがオーナー，9番バッターの名前を覚えているんですね．
監督： まさか最後のバッターのせいで負けたと思っているんだ．

7.6 イメージ・スペースとドラマ・スペース

すでにみたように，スペース導入表現には「1966年に」のような副詞句，「思う」「言う」のような思考や発話を表す動詞などがあった．このほか，「か

もしれない」「だろう」などの助動詞表現(英語ならば will, may など),「〜ならば」などの条件表現(英語ならば if … then …)などがある.意味的には,例えば次のように,「絵」の中の世界を表す**イメージ・スペース**(image space)がある.

(25)　レンの絵の中では,その青い目をした少女が緑の目をしている.

また,次のように「ドラマ」の世界を表す**ドラマ・スペース**(drama space)がある.

(26)　今度の月曜九時のドラマでは,人気女優が殺人犯人になる.

興味深いのは,今まで比較的よく研究されてきた不透明性や言表様相・事象様相とまったく平行的な現象が,これらのさまざまなスペースで観察されることである.これらの表現には「思う」「言う」などの動詞が用いられていないので,補文によるスコープが現れない.したがって,従来のスコープに基づく研究は,まったく役に立たないのである.具体的に見てみよう.

まず(25)のイメージ・スペースの例である.この例では,ベース(B)と,「レンの絵の中では」というスペース導入表現によりイメージ・スペース I が導入される.普通の解釈では,ベースに現実の少女 a が,I にその対応物(つまり描かれた少女)a′ が設定される.ベースにおいては「a は青い目をしている」,I においては「a′ は緑の目をしている」という属性が成立している.a の属性記述「青い目をした少女」とアクセス原則によって,a′ が同定されるのである.

(27)

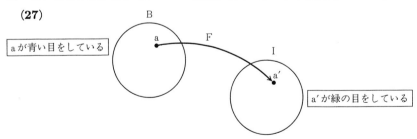

一方,普通でない解釈では,I に設定された少女 a′ について,「青い目をしている」と「緑の目をしている」という矛盾した属性が同時に成り立っていることになる.これは,透明/不透明文脈の例とまったく平行的である.

(28)

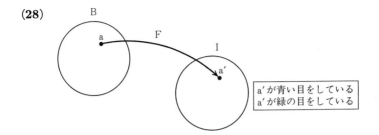

次にドラマ・スペースの例を見よう．

(29) 今度の月曜九時のドラマでは，人気女優が殺人犯人になる．

この例では，ベース(B)と，「今度の月曜九時のドラマでは」というスペース導入によりドラマ・スペースDが導入される．またベースには現実世界における女優を表すaが，Dにはその対応物でドラマにおけるaの役柄を表すa′が設定される．言表様相に相当する解釈では，「人気女優」という記述はDにおけるa′に設定される．

(30)

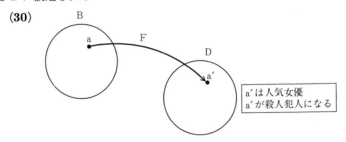

次に事象様相に相当する解釈では，「人気女優」という記述はベースにおけるaに設定され，aの記述「人気女優」とアクセス原則によってa′が同定される．

(31)

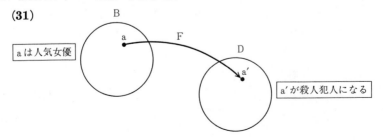

この二つの解釈で次のような違いが現れることが，スペースの構成から説明できる．

(32) a. 言表様相に相当する解釈では，「人気女優」という記述はDで成り立っている．つまり，「人気女優」という役柄をaは演じるのである．したがって，現実（つまりベース）におけるaは人気女優である必要はまったくない．つまり現実においてaが無名の女優であっても，解釈とは矛盾しない．

b. 事象様相に相当する解釈では，「人気女優」という記述はベースで成り立っている．aがドラマにおいて演じる役柄についてはこの発話では情報がないので，aは現実世界において人気女優であるが，ドラマではどのような役柄でもありえる．

練習問題 7.5

次の文は，どのように多義的であるか．認知的構築に基づいて説明しなさい．そのCMでは，27歳の俳優が20年前の後楽園球場で王選手と握手をしている．

7.7 役　　割

(a) 役割と役割関数

次の例を見よう．

(33) 文学部長は2年ごとに変わる．

この文で，普通に最初に出てくる解釈は，「文学部長」という役職をつとめる個体が2年ごとに交代する，というものであろう．しかし，例えば次のような解釈もありうる．つまり，今たまたま文学部長をつとめている人が中野先生という人であり，中野先生は2年ごとに人格が変わっていく，というものである．この「文学部長」のような名詞句は，今見たように，該当する個体が状況によって交代しうる性質をもっている．英語であれば，the dean のような**定記**

述(definite description. 確定記述とも訳す．87頁参照)がこれに当たる．

このような名詞句をメンタル・スペース理論では**役割**(role)と呼ぶ．(33)の2通りの解釈は，次のように説明できる．一つは，役割そのものの属性を表している，とするものである．この場合，「変わる」とは，該当する個体が入れ替わるということを表す．もう一つは，たまたまその状況において役割に当てはまる個体の属性を表している，とするものである．この場合，「変わる」とは，個体の属性が変わってしまうことを表す．

もう一つ例を出そう．これは P. Postal が示した英語の例である(Postal 1967)．普通，ワニのしっぽは生え替わらないが，Postal のワニは，トカゲのしっぽのように何度でも生え替わる．ワニが次のように言ったとする．

(34)　My tail fell off, but it always grows back.

　　　　(僕のしっぽは抜け落ちちゃった，でもいつも生えてきて元通りさ．)
この場合，第1文は，特定のしっぽが抜け落ちたことを表している．つまり my tail は，役割 *my tail* の，特定の状況における値を表していることになる．一方，第2文は，役割そのものの属性を表している．つまり，it は特定のしっぽではなく，役割そのものを表しているのである．また，この例を少し変えて次のようにしてみよう．

(35)　My tail fell off two weeks ago, but it grew back yesterday.

　　　　(ぼくのしっぽは二週間前に抜け落ちた，でも昨日生えて元通りさ．)
この場合の第2文の it は特定のしっぽを表しているが，もちろん第1文のしっぽとは別の個体である．つまり it は，役割を受けた上で，その役割の別の状況における値を指し示しているのである．

今，英語の the N のような定記述や，代名詞(he/she/it/they)をあわせて**定表現**(definite expression)と呼ぶことにすると，定表現の意味論はおおむね次のように表せる．

(36)　**定表現の意味論:**

　　　　定表現はすでに設定されている要素を表す．
しかしその語用論的な解釈は，次のように3通りある．

(37) 定表現の語用論:
　　a. すでに設定されている要素が単に値であれば，定表現はそれを指す．
　　b. すでに設定されている要素が役割関数であれば，定表現は(i)この関数を指すか，(ii)この関数を利用して得られる新たな値を指す．
　　c. すでに設定されている要素として，役割関数とそのある値があれば，定表現は，(i)その値を指すか，(ii)その関数を利用して得られる新たな値を指す．

ここで**役割関数**(role function)というのは，役割が状況(言い換えれば，スペース)を引数として特定の個体を返す関数と捉えられることを表している．今，(34)および(35)の my tail が表している役割関数を t と表すことにすると，(34)と(35)の解釈は次のように表すことができる．

(38) 　t(最近) fell off, but t always grows back.
(39) 　t(two weeks ago) fell off, but t(yesterday) grew back.

(b) 　役割が産み出す解釈の多様性

このように，定表現は値も，役割も，役割の別の値も指せるので，ときとして文の解釈を多様に(つまり曖昧に)する．例えば，次の例を見てみよう．

(40) 　今月のMVPは巨人の選手だが，田中は φ 阪神の選手だと思っている．

英語と違って，日本語の「それ」「彼」「彼女」などの照応表現は一般的に役割そのものや役割の新たな値を指しにくいので，ここではいわゆるゼロ代名詞(φ の位置にあると考える)を用いることにする．以下，ゼロ代名詞を pro で表す．

(40)の「今月のMVP」は第一義的には役割を表す．第 1 文の「今月のMVP」は，(値ではなく)役割そのものを指し，pro も役割そのものを受けているとしよう．すなわち，「巨人の選手である」「阪神の選手である」という属性は，特定の個人の属性ではなく，役割が持っている属性である，という解釈になる．「今月のMVP」が表す役割を r で表すこととする．

(41)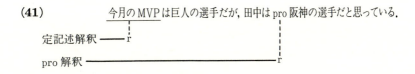

すると この文の解釈は，次のようになる．

(42) 今月の MVP は（ある事情で）誰であれ巨人の選手が取ると決まっている．しかし田中は，今月の MVP は誰であれ阪神の選手が取るものと思っている．

次に，第 1 文の「今月の MVP」は役割に対する特定の値を指すものとしよう．つまり，第 1 文は，今月の MVP は巨人の特定の選手，例えば高橋が取ったことを表している．一方，第 2 文は，役割の別の値を指すものとしよう．つまり，田中は，今月の MVP は阪神の特定の選手，例えば新庄が取ったと思っているのである．現実を B，田中の信念を M とすると，次のように表せる．

(43)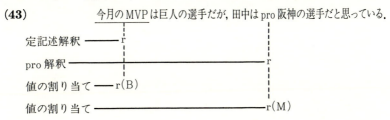

ここで，r(B) とは，役割 r のベース（B）における値を表す．役割関数が，「スペースを引数とし，特定の個体を値として返す関数」であったことを思い出そう．ここでは，pro の解釈としては先行詞「今月の MVP」と同じく，役割を受けたのに，先行詞と pro とで値の割り当てを別々に適用した結果，別々の値（特定の選手）が指されるわけである．

この場合の心的構築は(44)のように表せる（この図では，役割の同一性を強調するため，M における r の対応物はあえて r′ ではなく r と記している．役割の解釈がスペースによって変わるときは，後に見るように別の関数 g にしている）．

(44)

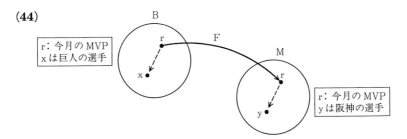

なお、この図において、y は x の直接の対応物ではない点に注意されたい。x の対応物 (つまり高橋) は、M において、y とは別に存在していると考えられる (場合によっては存在しなくてもよいが).

また、次のような場合もありうる。第1文の「今月のMVP」は特定の値を指し示す。例えば、高橋としよう。第2文の pro は、値を受けるものとする。つまり田中は、高橋が阪神の選手だと思っているのである。

(45)

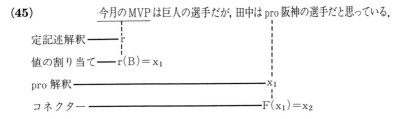

この場合の認知的構築は次のように表せる.

(46)

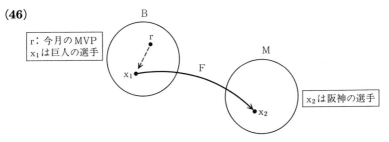

結局、理論的には、(40)の解釈は次のようなヴァリエーションがあることになる。

(47)

今月のMVP	pro
r	r
r(B)	r
r	r(M)
r(B)	r(M)
r(B)	F(r(B))

練習問題 7.6

(47)の表で，本文の中で取り上げていないのはどの組み合わせか．それはどのような解釈か．また，その認知的構築はどのように図示できるか．

じつは，可能な解釈はこれだけにとどまらない．「今月のMVP」は優秀な成績を収めた選手に贈られるが，田中はなぜか，「今月のMVP」とは「ばかげたミスをした選手に贈られる賞」だと思っているとする．つまり，役割の記述自体に不透明性が生じている場合が考えられるのである．この場合，田中が考える「今月のMVP」の役割関数をgで表そう．すると，(40)の解釈の可能組み合わせは次のように増大する．

(48)

今月のMVP	pro
r	r
r	g
r(B)	r
r(B)	g
r	r(M)
r	g(M)
r(B)	r(M)
r(B)	g(M)
r(B)	F(r(B))

上の表で，例えば8番目の解釈について考えてみよう．今月のMVPは巨人の高橋なのであるが，田中は，「今月のMVP」は最もばかげたミスをした選手のことだと思っていて，それが阪神の新庄だと思っている，というものである．

---練習問題 7.7----------------------------
(48)の残りの組み合わせについて，どのような解釈になるか，説明しなさい．

7.8 前　　提

(a) 前提をめぐる問題

1.4節(e)で取り上げた**前提**(presupposition)の問題に再び着目しよう．論理学・言語学では，前提が生じるとされる表現として，伝統的に次のような例文が考えられている(Fauconnier 1994 より)．

(49) **定記述** (definite description): *the person who won* (勝った人は…)
　　 叙述動詞 (fictive): We *regret* that somebody won.（我々は誰かが勝ったことを残念がっている）
　　 分裂文 (creft): It was Mary *who won*.（勝ったのはメアリだ）
　　 アスペクト表現 (aspectual): Somebody *stopped* winning.（誰かが勝つのを止めた）
　　 反復の副詞 (adverbial iterative): Somebody won *again*.（誰かがまた勝った）
　　 その他: Mary won, *too*.（メアリも勝った）

これらの表現は，すべて "somebody won"（誰かが勝った）を前提とする．このように，特定の文法形式によって生じる前提を，**文法的前提**(grammatical presupposition)と呼んでおこう．

前提の問題は，まず論理学の分野で問題にされた．すなわち，前提は文の主張の一部であるのか，あるいは文の真理値に関わるのか否か，という問題である．次の例は B. Russell が示した定記述を含む文である．

(50) The king of France is bald. （フランスの現国王は，ハゲである．）

Russell は，この文の前提，すなわち "There is a king of France." もこの文に

よって主張されているとし，したがってこの文は偽であると考えた．しかしこのような考え方は自然言語の意味論としては不自然であるとする研究者もあり，前提は当該の文によっては主張されておらず，(50)のように前提が満たされない文は真理値を持てないとする考え方が提出されている（詳しくは，Heim & Kratzer(1998)の第6章を参照）．

さて，(49)は語彙的・統語論的特徴から見た前提の記述であるが，前提を過不足なく定義することはたいへん困難である．前提の定義は大きく意味論的なものと語用論的なものに分けられるが，単純化して言えばおおむね次のようになる．

(51) **意味論的定義**: P とその否定 ¬P がともに Q を含意するなら，P（および ¬P）は Q を前提とする．

語用論的定義: P の発話が健全に行われるためには，Q が旧情報でなければならないなら，Q は P の前提である．

意味論的定義では，例えば次のような例を説明できない．

(52) わたしは妻を殴ることを止めたりはしなかった．なぜって，
    a. わたしは妻を殴ったことがなかったからね．
    b. わたしは独身だからね．

この例では，「止める」や「妻」によって導入された文法的前提が否定されている．また，語用論的定義も問題を含んでいる．(53)で，A の問いに対して，B1 と B2 はともに自然な答となっているが，B1 では前提となっている命題が B2 では新情報として主張されている．

(53) A: なぜあの男はあんなに陰気な様子をしているんだ．
    B1: あいつはたばこを吸うのを止めたばかりなのさ．
    B2: あいつはたばこを吸っていたけど，たばこを吸うのを止めたばかりなのさ．

(b) 前提の投射

言語学的に前提の問題が有意義な成果をもたらしたのは，前提の**投射** (projection) の議論であった．これは単純化して言えば，「埋め込み文の前

提は文全体の前提となりうるか否か」という問題である．研究の出発点では「主文および埋め込み文の前提の総和が文全体の前提である」という単純な仮定が提出されたが，すぐに反例が示された．次の例を見られたい．

(54) もしマックスに子供があったら，<u>マックスの子供</u>はアメリカ人だ．

後件の「マックスの子供」という表現は「マックスに子供がいる」という文法的前提を持つが，これは普通，文全体の前提とはならない．

前提の投射に対するアプローチには，大きく言って次の三つが知られている．

(55) **合成的アプローチ** (combinational approach)：単文の前提と，それより上位の文にある動詞，結合子，副詞などの投射特性をもとに，複文の前提を計算する明示的アルゴリズムを提示しようとする (Langendoen & Savin 1971 ほか)．

取り消しアプローチ (cancellation apporach)：文法構造により潜在的前提を定義し，もしそれらが両立不可能な会話の含意や論理的含意により取り消されないときには，実際の前提として浮上することを許す (Gazdar 1979)．

手続き意味論的アプローチ (procedural approach)：談話は前提が成立する世界を創造すると考える．このアプローチでは，投射問題はいかなる前提が現実世界にまで転送されるかの決定に帰着する (Dinsmore 1979 ほか)．

メンタル・スペース理論における前提の取り扱いは，手続き意味論的アプローチに属する．前提の問題を解決するための特別な装置は必要なく，認知的構築のための一般的な方略によって前提の問題が自然に解決されることを示している．

(c) 表記法と規則

まず，Fauconnier (1994) に基づき，若干の表記法と規則を導入しておく．まず文は，スペース導入表現と命題部分とからなる．

(56)

$$\left\{\begin{array}{l}\text{スペース導入表現}_M \\ \text{その絵の中では} \\ \text{ルークが信じるところでは} \\ \text{もしボリスが来るなら} \\ \text{おそらく}\end{array}\right\} \quad \left\{\begin{array}{l}\text{命題} \\ \text{マクシーンは青い目をしている} \\ \text{オルガは来るだろう} \\ \text{マックスはたばこを吸うのをやめた}\end{array}\right\}$$

さらに命題部分を断定部分 A と前提部分 P とに分ける．例えば「マックスはたばこを吸うのをやめた」の断定部分は｛マックスは現在たばこを吸わない｝=A，前提部分は｛マックスは以前たばこを吸った｝=P である．ある断定や前提 Q が表す関係がスペース H で成立するとき，Q はスペース H において**満たされている**と言う．また，Q の実際の値が談話のその時点では判明していないとしても，満たされているかいないかのどちらかであることがわかっていることを，Q は H において**決定されている**という．また，Q が H に関して決定されていなければ，すなわち H に関して Q と ¬Q がともに可能ならば，Q は H で**未決定である**と言う．簡略な表記法は次の通り．

(57)　　Q/H　　Q はスペース H において満たされている．

　　　　¬Q/H　Q はスペース H において満たされていない．

　　　　Q!H　　Q はスペース H において決定されている．

　　　　Q?H　　Q はスペース H において未決定である．

(56)のような発話が与えられたとき（すなわち，スペース M で命題部分が成立するという意味を持つ構造で，命題部分が A を断定し P を前提とするとき），M の親スペースを R とするなら，次のような規則が働く．

(58)　　R_1: A/M（断定部分 A がスペース M において満たされている）

　　　　R_2: P/M（前提部分 P がスペース M において満たされている）

　　　　R_3: P/R（前提部分 P がスペース R において満たされている）

R_3 は，典型的な場合で言えば，ある文の前提が現実世界でも成り立つ（すなわち前提が現実世界に転送された）ということを表す．次の図を参照されたい．

(59)

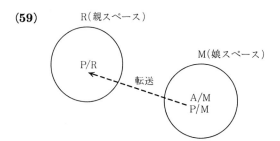

ただし R_3 は随意的な規則であり，以下に示す方略 SP_2 の一部としてのみ適用される．

次に，**明示的前提**(explicit presupposition)を以下のように定義する．

(60) D_1: もし Q/M が談話時 t において確立されているなら，Q からの到達可能な帰結は t 以降の明示的前提である．

これにより，談話時 t における M の明示的前提とは，t 以前に確立された背景情報であると定義される．t における非明示的前提とは，(56)のような構造によって M に導入される前提であり，かつその構造が現れる t 以前には M に導入されてはいないものである．注意すべきは，t において M に導入された非明示的前提は，t 以後のいかなる時点においても M の明示的前提となるということである．

次に，スペース構築の方略原則を示す．

(61) 方略原則:

SP_1: スペース内の矛盾を避けよ(たとえば，¬Q/H かつ Q/H は避けよ)．

SP_2: 背景的仮定と非明示的前提に関して，スペース M とその親スペース R ができる限り同じになるように組み立てよ．

(SP_1 は SP_2 に優先する)

以上の設定から，次のような帰結が導ける．

(62) C_1: P/R ならば，P/R, M(R_2 による)．(なお，P/R, M は P/R かつ P/M の簡略表記)

C_2: ¬P/R ならば R_3 を適用するな．(SP_1 による)

C_3: P!R ならば R_3 を適用せよ．(SP_2 による)

　　　（すなわち，非明示的前提に関して M と R が最大限同じになるように，P が R でも満たされていると仮定せよ）

C_4: P?R ならば R_3 を適用するな．(SP_1 による)

　　　（なぜなら，P?R は R での ¬P の可能性を含意し，したがって P と両立不可能だから）

(d)　ケース・スタディ：条件文

Fauconnier(1994)が取り上げた例にそって，本節(c)で示した道具立てがどう動くかを，確かめてみよう．Fauconnier はいくつかの文型を取り扱っているが，ここでは条件文を取り上げることにする．

「S なら＿」（英語では "If S ＿"）は，S が満たされているスペース M を設定するスペース導入表現である．

［ケース 1］

(63)　マックスの子供が出かけているなら，彼はたった一人だ．
　　　（P: マックスには子供がいる）

文脈　話し手はマックスを知っており，マックスに子供があるかどうか知っているものとする．

解釈　文脈により P!R，よって C_1 および C_2 が働き，P/R, M が導かれる．よって，P は R に**受け継がれる**．

［ケース 2］

(64)　あの男の子供たちが出かけているなら，彼はたった一人だ．
　　　（P: あの男には子供がいる）

文脈　話し手は「あの男」について，あらかじめいかなる情報も持っていない．すなわち P?R である．

解釈　P?R，よって C_4 が R_3 の適用を阻止し，P は R に**受け継がれない**．

もし，文脈によって P!R とも P?R とも推定できなければ，二つの解釈のどちらも選ぶことができるが，SP_2 により，前提を受け継ぐ方が好まれると Fauconnier は述べている．

[ケース3]

文脈　P!R とも P?R とも推定できないものとする．

(65)　<u>マックスに子供がいるなら</u>，<u>マックスの子供たちはアメリカ人だ</u>．
　　　　　　　　S

　　　（P: マックスには子供がいる）

解釈　S がスペース M において満たされているので，D_1 により P は M での明示的前提である．つまり，P は S の自明な帰結であり，S は M で P の発話以前に確立されている．したがって SP_2 は P に適用されず，そのため SP_2 の一部である R_3 も適用されない．単に P/M が成り立つだけで，前提は**受け継がれない**．

(65)のように現在の事態についての仮定条件文は，普通，S が R で未決定，すなわち S?R のときに使われる．そうであるならば，R_3 の適用は上とは別に C_4 によっても阻止されると言える．しかしこのことは，P が R において満たされることを常に阻止することを意味しない．次のように，(65)を P が R において明示的前提となるような文脈に埋め込むことも可能なのである．

(66)　アメリカ国籍の子供を持つ親は経済的な援助を受ける．**マックスには君も知っているように子供がいる**．また，彼自身カリフォルニアの出身だから，**マックスに子供がいるなら，彼の子供たちはアメリカ人である**．したがって，彼には経済的援助を受ける権利がある．

[ケース4]

(67)　<u>マックスが集会に行っているなら</u>，家には<u>マックスの子供たち</u>しか
　　　　　　　　　S
　　　いない．

　　　（P: マックスには子供がいる）

文脈1　特に指定がないとする．

解釈1　SP_2 を阻止するものは何もなく，R_3 がスペースの類似性を最大にするよう適用され，P/R, M を産み出す．すなわち，P は R に**受け継がれる**．

文脈2　たまたま，「集会」が学校の父兄会であることを知っているとする．

解釈2　この場合，マックスに子供がいることは S の帰結となり，M での明示的前提となる．よって SP_2 は適用されず，P は R に**受け継がれない**（た

だしこの場合も，より広い文脈で，P が R の明示的前提となっていることはありうる）．

[ケース 5]

(68) オークランドがモントリオールを破るなら，シカゴもモントリオールを破るだろう．
　　　　　　S

　　（P: シカゴ以外のチームがモントリオールを破る）

文脈　特に指定がないとする．

解釈　P は S からの直接の帰結である．したがって P は M の明示的前提である．SP_2 と R_3 は適用されず，R_2 が P/M を与え，前提は**受け継がれない**．

──**練習問題 7.8**──────────

次の文の文法的前提は，現実(R)に受け継がれるか，受け継がれないか．また，文脈によって解釈がどのように変わるか．説明しなさい．

（保険の外交員の証言）

きのう，M さんのお宅に伺ったら，M さんが一人でいらっしゃいました．たぶん，(M さんの)お子さんは学校にいらっしゃってるんだろうと思いました．

────────────────

(e)　前提投射の一般的性格

以上，本節(c)で規定した規則が，(d)の諸例をうまく説明する様子を確認した．これらの予測は，我々の直観にもよく合うものである．ここで注意すべきことは，(c)の諸規則のほとんどが定義上自明のことがらとその帰結である点である．前提のみに特殊的・技術的に適用される唯一の規則は，文法的前提が単一の発話により二つ以上のスペースに付着するのを可能にする随意規則 R_3 である．そして，この R_3 は，より一般的な SP_2 の一部として適用されることを見た．SP_2 を再び確認しておこう．

(69)　SP_2: 背景的仮定と非明示的前提に関して，スペース M とその親ス

ペース R ができる限り同じになるように組み立てよ.

結局これは，M で明示的に付け加えられたことがら以外は R でも成り立つように見なせ，という指令である.

この SP_2 と深い関わりを持つのが，次に示す，**スペース最適化**(space optimization)方略である.

(70) スペース最適化:
  娘スペース M が親スペース R の内部に設定されるときは，R との類似が最大となるように M を非明示的に組み立てよ．とくに明示的な反対の規定がないときは，次の仮定を行え.
  a. R の要素は M において対応物を持ち，
  b. R で成立する関係は M での対応物についても成立し，
  c. R の背景的仮定は M でも成立する.

この方略は，親スペースから娘スペースが作られる際，娘スペースに明示的に付け加えられる要素以外は親スペースに同じと見なせ，という指令である.実際には，付け加えられた要素に応じて R のどの部分を変更するかという点でさまざまな問題が生じるのであるが，原則としてはきわめて自然な仮定と考えられる．例えば，次の文を見られたい.

(71) 田中課長には妻がいるが，部下の多賀子は田中課長が独身だと思っている.

この談話から作られる認知的構築において，「現実」に対応する R と多賀子の信念に対応する M の間には，R には「田中課長」の妻がいて，M にはいないという明示的な差異がある．むろん，R と M はそれ以上に違っていて当然であるが，実際にどう異なるかが不明である時点では，とりあえず同じと仮定しておいてよい，というのがこの方略である.

このように見てきたとき，前提に関する SP_2 と，スペース最適化方略とが，精神において同じものであることがわかるであろう．スペース最適化方略は，親スペースをもとに，娘スペースを作り上げるための方略であった．その際，娘スペースに明示的に付け加えられた要素によって親スペースの要素や関係は修正されつつ娘スペースに流し込まれる．一方，SP_2 は，娘スペースの状態や

出来事に基づいて，親スペースを逆に作り上げる方略と見なされる．その際，非明示的な要素や関係は親スペースにも存在すると見なしてよいが，明示的な要素や関係は，娘スペースにおいて付け加えられたものであるので，親スペースには転送されないのである．結局 SP_2 とスペース最適化方略は，適用の方向が違うだけで，同じ方略であったわけである．

(72)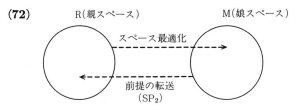

7.9 メタファーの理解

6.2 節で，メタファーとは，何物かの構造を与えることによって対象を把握・理解するする仕組みであることを見てきた．このメタファーの構造は，複数の領域の対応関係を表すことのできるメンタル・スペースによっても捉えることができる．今，喩えに用いる事柄が属するスペースを**ソース領域**(source domain)，喩えるべき対象が属するスペースを**ターゲット領域**(target domain)と呼ぼう．

従来，メタファー研究では，このソース領域とターゲット領域のみに注意が払われてきたが，Fauconnier & Turner(1994)およびFauconnier(1997)などでは，二つの領域をつなぐ**一般領域**(generic domain)というものの働きが重要であることが示されている．今，これらのスペースの関係を，ことわざを用いて考えてみる．例えば，次の会話を見てみよう．話し手 A と B は，ある会社の営業マンである．

(73) A: X 社の中村部長と直接会うところまでいったんだが，何度会ってもなかなか取引に応じてくれない．
B: 中村部長の奥さんは大の甘い物好きだそうだ．評判のケーキやお菓子を調べて買って，部長の家に持って行け．<u>将を射んとすれば馬を</u>

射よだ．

ここで，ソース領域はいわば「(古代の)戦争」スペースで，武将 a_1 と，武将が乗っている馬 b_1 が存在する(射手もいるが，図式の単純化のため省略しておく)．一方，ターゲット領域は「(現在の)取引先」スペースであり，部長 a_2 とその奥さん b_2 がいる．部長は武将に，奥さんは馬にそれぞれ喩えられているわけであるが，これらの間には普通の意味での同一性は存在しない．これらをつなぐのが一般領域であり，この領域には一般的な意味での「目標の人物」a_0 と「(目標の人物が)頼りにするもの」b_0 が存在する．a_1 と a_2，b_1 と b_2 は直接コネクターによって結ばれているのではなく，一般領域の a_0, b_0 を介して結び付けられているのである．

(74)

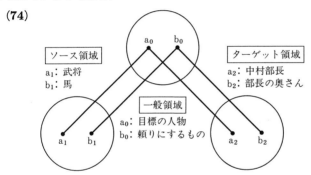

一般領域が一定であれば，ソース領域が変わっても，捉えられる関係は同じである．例えば次のようなものである．

(75) A: 英語の高橋先生，ハリソン・フォードに似てない？

B: ええっ！ハリソン・フォード!? 高橋先生とハリソン・フォードじゃ，天地雲泥の差．月とすっぽん，提灯に釣り鐘よ！

ここで，一般領域は「一見似ているが，実質はまったく異なる二者」を要素とし，一定であるが，ソース領域は「"外界の風景"スペース(天地)」「"不定形物体"スペース(雲泥)」「"丸い物"スペース(月とすっぽん)」「"吊す物"スペース(提灯に釣り鐘)」と移り変わっている．

---練習問題 7.9---

次の談話におけることわざの解釈を，ソース領域，ターゲット領域，一般領域の構造とともに示しなさい．
A: F1レーサーのM選手が，自宅のガレージで車をぶつけたんだって．
B: 弘法も筆の誤り，と言うからね．
A: そう．猿も木から落ちる，カッパの川流れさ．

7.10 非現実条件文と混合スペース

真理条件的意味論では，**非現実条件文**(counterfactual condition)はたいへん捉えにくい特徴を持っている．例えば次のような文を考えてみよう．

(76) もしわたしがあなたなら，わたしはわたしを雇うだろう．

もし(76)が真理関数 $P \rightarrow Q$ を表しているとすると，非現実条件文は前件が偽であることがわかっているので，後件は何であっても真になってしまう．これでは意味がない．しかし，非現実条件文には明らかに有意味な解釈があり，何らかの推論が行われ，それに基づいて何事かを伝達しているのである．メンタル・スペース理論は，このような文を理解する場合に何が起こっているのかという点について，有益な手掛かりを与えてくれる．

テストケースとして，次のような文を例にとる(Fauconnier 1997:6.2節より)．

(77) フランスでなら，ウォーターゲート事件はニクソンになんの害も及ぼさなかっただろう．

この発話を理解するためには，二つの入力スペースが必要である．一つはもちろんアメリカであり，ニクソン(a_1)，ウォーターゲート事件(b_1)などの要素が設定されている．いま一つは現実のフランスであり，例えばニクソンに対比されるミッテラン(a_2)が設定される．二つの入力スペースのほかに，単純な「欧州型政治機構」フレームが一般領域として導入され，この一般領域内の，政治的リーダーとでも言うべき要素(a_0)を介して，ニクソンとミッテランは結び付

けられる.

(78)

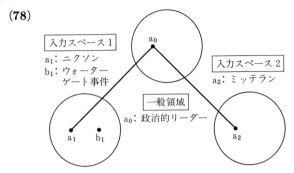

さて，日本語なら「〜ただろう」，英語なら would のようなスペース導入表現により，**非現実スペース**(counterfactual space)が導入される．そしてこの非現実スペースには，二つの入力スペースから要素が導入され，その要素に基づいて適切な推論が起動される．このスペースのように，複数の入力スペースから要素や属性を受け継いで作られるスペースを**混合スペース**(blend space)と呼ぶ．さて，このような新しいスペースの導入の際に一般的に働くのが，7.8 節で見たスペース最適化方略である．(77)における「フランスでは」というスペース導入表現から明らかなように，非現実スペースは基本的にフランスであり，入力スペース2から多くのもの(フランスの地理的条件，政治的風土，国民性など)を受け継ぐ．そして，これに矛盾しないように，入力スペース1から，ニクソンに相当する政治的リーダー(a_3)と，ウォーターゲート事件に相当する政治的スキャンダル(b_2)が非現実スペースに設定される．

しかし，一般的に発話が含む言語コードはスペース構築に対して非決定的であり，きわめて不完全な指令しかあたえない．非現実スペースにどのような要素を導入するか，また導入された要素に親スペースからどのような属性を引き継がせ，どのような属性を取り去るかについては多くの可能性が残されており，その仕方によって発話の解釈は何通りにも分かれるのである．実際にどのような構築が行われるかは，この発話の前後の文脈によって詳細化されるかもしれない．例えば，次のようである．

7.10 非現実条件文と混合スペース

(79) フランスでは，ウォーターゲート事件はニクソンになんの害も及ぼさなかっただろう．なぜなら，フランス大統領はもっと用心深く，政敵の本部から物を盗んでも決して捕まることはないからだ．

(80) フランスでは，ウォーターゲート事件はニクソンになんの害も及ぼさなかっただろう．なぜなら，フランス大統領は年に一回すべての政党本部を捜索しなければならない憲法上の義務があるからだ．

ここで，混合スペースの「フランスの大統領」(a_3)は，a_1からのアクセス原則によって「ニクソン」という名前で指し示されはするが，入力スペース1においてa_1が持っていたさまざまな属性(ニクソンの性格，英語を話すこと，などなど)はことごとくぬぐい去られている．そのかわりに，入力スペース2のa_2から，政治的立場その他の属性がa_3に流し込まれている．

(81)
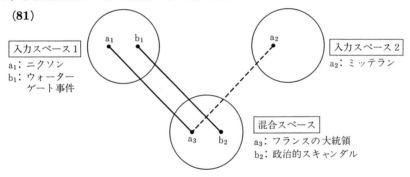

また，次のような展開もありうる．

(82) フランスでは，ウォーターゲート事件はニクソンになんの害も及ぼさなかっただろう．なぜなら，ニクソンはフランス人に愛されているからだ．

この場合には，a_3はニクソンの性格，ニクソンの風貌など，a_1から多くの属性を受け継いでいる．

さらに，異なるスペースの構築があり得る．

(83) フランスでは，ウォーターゲート事件はニクソンになんの害も及ぼさなかっただろう．なぜなら，フランス大統領はアメリカのスキャンダ

ルの影響は受けないからだ．

(84) フランスでは，ウォーターゲート事件はニクソンになんの害も及ぼさなかっただろう．なぜなら，アメリカの政党に対してスパイ行為を働くことは世論が支持しているからだ．

これらの例では，そもそも非現実スペースにおいて，フランスでの政治スキャンダル b_2 は設定されておらず，「ウォーターゲート事件」はそのままアメリカでの事件として捉えられている．

(85)

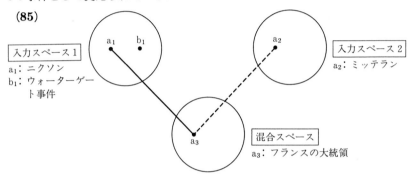

練習問題 7.10

(83)と(84)の違いは何か．

次のような場合はどうであろう．

(86) フランスでは，ウォーターゲート事件はニクソンになんの害も及ぼさなかっただろう．なぜなら，彼はそもそも大統領に選ばれることはなかったであろうから．

この例では，非現実スペースにニクソンに相当する人物は設定されるが，この人物と大統領は別人である．つまりフランスのニクソンは大統領でもなんでもないので，ウォーターゲート事件のような政治的スキャンダルにもまったく影響されないのである．

(87)

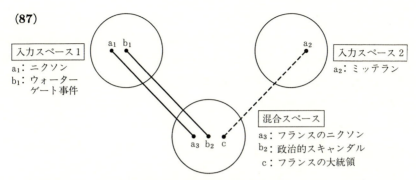

以上見てきたように、発話は認知的構築に対して重要な手掛かりを与えはするが、それは部分的な指令にすぎず、多くの部分は談話の流れの中で決定されていく。したがって、談話からの情報が十分でなければ、話し手の意図した構造は聞き手において復元されず、まったく違った理解を生んでしまうかもしれない。

このことは、用例の文法的な判断に基づく言語学的実験を行うさいにも十分注意しなければならない。実験者が意図した意味で発話を理解させるためには、文脈に対する、注意深いコントロールが必要なのである。

─ 練習問題 7.11 ─────────────

例文(76)には、どのような解釈があり得るか。認知的構築に基づいて説明しなさい。

7.11 さらなる意味と文脈の探究に向けて

メンタル・スペース理論では、ここで取り上げた以外にも、スペース間操作子としてのコピュラ文、比較文、テンス・アスペクトおよびムード、マッチング(matching)と推論など、興味深い問題が取り上げられているが、紙面の関係で省略する。詳しくは、Fauconnier(1994, 1997)を参照されたい。

さて、メンタル・スペースに端的に示されていたのは、単独の文あるいは発話が持つ情報は、コミュニケーションの中で取り交わされる情報のごく一部を

規定するにすぎない,という点である.このような見方は関連性理論にもはっきり現れていたが,つまるところ,発話は話し手の意図する意味を運ぶ容器などではなく,情報の流れに対する部分的な制約にすぎないのである.我々が発話の意味として捉えているのは,発話と,発話状況と,言語的文脈の調和によって生じる解釈と言うべきである.

このような観点からの,言語の意味の見直しは始まったばかりと言ってよい.例えば関連性理論やメンタル・スペース理論は,研究の方向性に対して有効な手掛かりを与えてくれている.また,形式意味論からのアプローチも,もちろん重要である.さらには,これらの研究の融合,またまったく新しい観点からの意味と文脈へのアプローチも期待される.

その際注意したいのは,本書で取り上げてきた研究の大部分が,英語を中心とする西洋語に基づく研究である,という点である.このことは言語研究すべてに言えることであるが,意味の理論的研究においては,特にその傾向が著しい.西洋語中心の意味研究には,西洋語個別の問題が影を落としている可能性が高い.意味の研究を志すものは,既成の理論をまず自分の母語で組み立て直し,さらにいろいろな言語への適用例も参照しながら,注意深く問題の個別性と普遍性をより分けていく必要がある.日本語のような,西洋語とは形態的・統語論的に大きく異なる言語に基づく研究が,理論を大きく発展させていく可能性は十分あると考えられる.

読書案内

[1] Fauconnier, G. (1994): *Mental Spaces*. Cambridge University Press. 坂原茂・水光雅則・田窪行則・三藤博(訳),『新版 メンタル・スペース —— 自然言語の認知インターフェイス』白水社, 1996.
言うまでもなく,メンタル・スペース理論の出発点であり,最も重要な基本文献である.本書の旧版は 1985 年に MIT Press から出版されている.訳本に付けられた解説は,優れた意味論・語用論の研究史概観となっている.

[2] Fauconnier, G. (1997): *Mappings in Thought and Language*. Cambridge Univer-

sity Press. 坂原茂・田窪行則・三藤博(訳),『思考と言語におけるマッピング——メンタル・スペース理論の意味構築モデル』岩波書店, 2000.
Fauconnier およびその共同研究者による研究の展開を踏まえてまとめられた, メンタル・スペース理論の最新の里程標と言うべき著作.

[3] 田窪行則・西山祐司・三藤博・亀山恵・片桐恭弘(1999): 『談話と文脈』岩波講座 言語の科学, 第7巻, 岩波書店.
第2章「談話の意味表示」が, 形式意味論とメンタル・スペース理論の対比を行っていて, 有用である. なお, 第1章「語用論の基礎」は本書第5章と並行して読むのに適したテキストである.

演習問題

7.1 次の例には, 通常の論理式では書けない読みがあると言われている(Ioup 1977).

Everyone believes that a witch blighted their mares.

困難を引き起こす解釈は,「すべての人が同一の魔女が彼等の雌馬をだめにしたと信じているが(したがって, "a witch" は "everyone" より広いスコープを持つ), 具体的にはどの魔女か知らない(したがって, 非特定的で, "a witch" は "believe" の補文内になければならない)」というものである. つまり, どの魔女であれ, ある一人の魔女が彼らの雌馬すべてをだめにしたと信じている, という解釈である. この解釈が論理式で表せるかどうか確かめなさい. さらに, メンタル・スペースによる認知的構築ではどのように表せるか考えなさい(Fauconnier 1994:2.4節, および同邦訳版の解説参照).

7.2 次の談話は, *Drabble* という漫画から取られたものである(原文は英語). 父親の最初の発話に対する, 父親と母親の解釈の違いがどこにあるか, 認知的構築に基づいて説明しなさい(Fauconnier 1997:4.3節参照).

父親 (テレビのプロレスを見ながら): おれが全盛期のころには, ハルク・ホーガンなんざ, ほんの数秒でピン・ホールドしてただろうさ.
息子 (母親に): 本当!?
母親: ああ, たぶんね.
母親 (次の, 最後のコマで): もちろん, 父ちゃんが全盛期のころには, ハルク・ホーガンは幼稚園にいたけどね.

7 意味から談話の構造へ

（ハルク・ホーガンは，テレビに映っている現役のプロレスラー．）

7.3 本書の「はしがき」に用いられているメタファーを，認知的構築の面から分析しなさい．

付録
集合論の基本概念

A.1 集　　合

　G. Cantor が 19 世紀の終わりに生み出した集合論は，その理論的装置の単純さのゆえに豊かな応用を可能にした理論である．集合論の核は，**集合**(set)すなわちものの集まりである．ところで，ものを集めようとするとき，集められるものの特徴とか性質とかをまず定めておく必要がある．そうしておかなければ，なにを集めてよいかわからないからである．無目的に集めたにしても，その集まりは「無目的に集められたもの」という性質を持つわけである．
　集合 A は，次のように定義される．
$$A = \{x \mid P(x)\} \quad \text{または} \quad A = \{x \mid x \text{ は P という性質を持つ}\}$$
これらは，「A は，P という性質(属性)を持つものの集まりである」を記号化したものである．「x は P という性質をもつ」というのは，具体的には，たとえば「x は人間であるという属性をもつ」あるいは「x は人間である」というのと同じである．このように，ある性質(属性)に基づいて集合 A を定義したものを**内包的定義**(intensional definition)と呼ぶ．集合 A は，「人間である」という性質 P を用いずに，直接人間であるもの，つまり，バッハ，ヴィヴァルディ，…を列挙することによっても定義できる．この場合は，
$$A = \{ バッハ, ヴィヴァルディ, コレリ, \ldots \}$$

と表記する．このような定義は**外延的定義**(extensional definition)と呼ばれる．
a が集合 A を形成するものの一つである場合，および，そうではない場合はそれぞれ次のように表記される．

$a \in A, \quad a \notin A$

前者の場合 a は A の**要素**(element，または**元**)であるといい，後者の場合 a は A の要素でないという．以上から，

(1) 「要素 a が P という性質を持つ」ということと「要素 a が(P を性質とする)集合 A の要素である」ということとは(集合論の中では)同じである

ことがわかる．本文の述語論理 L' では，性質つまり自然言語で言えば述語が指すものと集合とは同一視されるのであるが，これは(1)に基づいている．

集合 A を考える場合，集合 A の要素だけが取り上げられるのはまれである．通常は，集合 A の要素を含むもっと大きい領域，つまり**全体集合**(universe) U が考えられている．たとえば，哺乳類の集合 A を考える場合，通常は，A は生き物であるとか対象物の全体であるといったより大きな領域 U の中に位置づけられる．この領域 U は，自明である場合は省略される場合もあるが，明記する場合は次のようになる．

$A = \{x \in U \mid x \in A\}$ (または $A = \{x \mid x \in U \text{ かつ } x \in A\}$)

集合 A が集合 B の中に含まれているとき，A は B の**部分集合**(subset)であるという．A が B の部分集合であるとき，次のように表記される．なお，$A \subset B$ という表記は，$A \subseteq B$ を表すものとして用いられる場合もあるので注意が必要である．

$A \subseteq B$ (または $A \subset B$)

$A \subset B$ であり，かつ $a \in B$ であるが $a \notin A$ であるような a が存在するとき，A は B の**真部分集合**(proper subset)であるという．また，何も含まない集合は**空集合**(empty set)と呼ばれ，ϕ または $\emptyset$ と表記される．なお，$\emptyset$ を要素として含む集合 $\{\emptyset\}$ は，$\emptyset$ と同じではないので注意が必要である．

集合 A と集合 B の**共通部分**(intersection，または**積**)は $A \cap B$，**和**(union)は $A \cup B$ と表記される．

$A \cap B = \{x \mid x \in A \text{ かつ } x \in B\}$

$A \cup B = \{x \mid x \in A \text{ または } x \in B\}$

集合が n 個ある場合，それらの共通部分の全体からなる集合およびそれらの和の全体からなる集合は，次のように表記される．

$A_1 \cap A_2 \cap \cdots \cap A_n$ （または $\bigcap_{k=1}^{n} A_k$）

$A_1 \cup A_2 \cup \cdots \cup A_n$ （または $\bigcup_{k=1}^{n} A_k$）

また，**差集合**(difference set)は $A-B$，**補集合**(complement)は A^c と表記される．

$A - B = \{x \mid x \in A \text{ かつ } x \notin B\}$

$A^c = \{x \mid x \notin A\}$

このように，$\cap, \cup, -$，補集合の c は，集合 A と B から別の集合を作る働きをする．一般に，ある対象から別の対象を作る働きをするものを**演算子**(operator)と呼ぶ．なお，$\cap, \cup, -$，補集合の c における演算については，次のような性質が成り立つ．

交換律 $A \cup B = B \cup A$ $A \cap B = B \cap A$

結合律 $A \cup (B \cup C) = (A \cup B) \cup C$ $A \cap (B \cap C) = (A \cap B) \cap C$

分配律 $A \cup (B \cap C) = (A \cup B) \cap (A \cup C)$

$A \cap (B \cup C) = (A \cap B) \cup (A \cap C)$

吸収律 $A \cup (A \cap B) = A$ $A \cap (A \cup B) = A$

ド・モルガンの法則 $(A \cup B)^c = A^c \cap B^c$ $(A \cap B)^c = A^c \cup B^c$

全体集合と空集合 $A \cup \emptyset = A$ $A \cup A^c = U$ $A \cap A^c = \emptyset$ $A \cap \emptyset = \emptyset$

$A \cap U = A$ $A \cup U = U$

なお，集合 A の要素の個数は**濃度**(cardinality，または**基数**)と呼ばれ，$|A|$ と表記される．たとえば，$A = \{a, b, c\}$ である場合，$|A| = 3$ である．二つの集合 A, B が同じ元から成るとき**等しい**(equal)といい，$A = B$ と表記する．たとえば，

$\{a, b, c\} = \{b, c, a\}$

A.2 順　　序

エベレストはアイガーより高いが，エベレストとアイガーの順序を変えて，アイガーはエベレストより高いと言うとうそを言ったことになる．つまり，「x_1 は x_2 より高い」という表現では，x_1 と x_2 の間に順序があると見ることができる．他動詞においても，主語と目的語の間に順序がある．たとえば，「健児が美沙子を愛している」は「美沙子が健児を愛している」と同じではない．つまり，「x が y を愛している」では，1 番目の x に来るのは誰で，2 番目の y に来るのは誰かという順序を考慮する必要がある．

$a_1, \cdots, a_n$ をそれぞれ $A_1, \cdots, A_n$ の元とするとき，

(2)　　$P = \langle a_1, \cdots, a_n \rangle$

は，$A_1, \cdots, A_n$ の**順序 n-組**(ordered n-tuple)と呼ばれる．特に，二つの要素の間に順序をつけたものを**順序対**(ordered pair)と呼ぶ．健児と美沙子が集合 A の要素だとすると，A, A の可能な順序対は，〈健児, 美沙子〉, 〈美沙子, 健児〉, 〈健児, 健児〉, 〈美沙子, 美沙子〉 の四つである．なお，$\langle a, b \rangle$ では a と b の間に順序があるが，集合 {a,b} の a と b の間には順序がないので注意が必要である．順序対については，関係を説明する際にもう一度立ち戻る．

$\langle a_1, \cdots, a_n \rangle$ の集合 Π は，次のように表記される．

(3)　　$\Pi = \{ \langle a_1, \cdots, a_n \rangle \mid a_1 \in A_1, \cdots, a_n \in A_n \}$　　(または $\Pi = A_1 \times \cdots \times A_n$)

これは $A_1, \cdots, A_n$ の**デカルト積**(cartesian product, あるいは**直積**)と呼ばれる．

A.3　集合族とべき集合

集合は，集合そのものを要素として持つこともできる．集合の集合は**集合族**(family of sets)と呼ばれる．A を {a,b,c} とすると，たとえば，二つの要素を含む集合の族は(4)である．

(4)　　{{a,b}, {a,c}, {b,c}}

A を集合とすると，A の部分集合すべての集合 $\wp(A)$ は，A の**べき集合**(power

set)と呼ばれる．たとえば，A が a と b の二つの要素を含む集合である場合，A のべき集合 $\wp(A)$ は(5)となる．

(5)　$\wp(\{a, b\}) = \{\emptyset, \{a\}, \{b\}, \{a, b\}\}$

A.4　関　数

関数(function，あるいは**写像**)というのは，あるものを別のものに対応づける働きのことである．関数は，私たちの日常生活のあらゆる場面で用いられている．たとえば，道路の信号機がその例である．信号が赤なら止まれ，青なら進め，という具合に，私たちは一つの色に一つの交通方法を対応づけることで交差点の衝突を避けている．この対応づけが，関数と呼ばれているものである．この関数を記号として捉える(それを f とする)ことにすると，この対応づけは「f(赤) = 止まれ」のように表される．

　　青 → 進め　(f(青) = 進め)
　　黄 → 止まる準備をせよ　(f(黄) = 止まる準備をせよ)
　　赤 → 止まれ　(f(赤) = 止まれ)

この交通法規は関数を利用したものであるが，実際の車の動きには怪しいものがある．たとえば，ある人にとっては，黄色は「止まる準備をせよ」であるときもあれば「アクセルを踏め」だったりする．しかし，関数は，定義上，一つのものにたった一つのものを対応づける働きのことなので，この人の場合は，色と交通方法との間に関数の働きはないことになる(赤と青は関数の条件に合っているが，黄がこの条件を満たしていない)．

A と B は集合であるとする．f が A のそれぞれの要素 a に B のある要素 b を一意に対応させる働きを持つとき，f を関数と呼び，次のように表記する．

　　f: $A \to B$

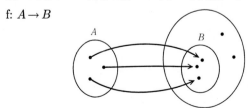

このとき，A は f の**定義域**(domain)，B は**値域**(range)と呼ばれる．また，f が a を b に対応づけるとき，

$$f(a) = b$$

と書く．このとき，b は f による a の**像**(image)であると言う．C を A の部分集合とする．f が C から B への関数であり，また，a$\in C$ であるとき，f(a) をすべて集めたものは B の部分集合である．このとき，

$$f(C) = \{f(a) \mid a \in C\}$$

を，C の f による像と呼ぶ．なお，$A = C$ のとき f は**全域的**(total)，C が A の真部分集合であるとき f は**部分的**(partial)と呼ばれる．（厳密には，部分的である f は関数とは呼ばない．単に，f は一意対応であるという．）

関数 f: $A \to B$ において，f(A) = B であるとき，f は B の**上への**(onto)写像である，または，f は A から B への**全射**(surjection)であると言う．また，f(A) $\subset B$ であるとき，f は B **への**(into)写像であると言う．また，x, y $\in A$ かつ x $\neq$ y であるならつねに f(x) $\neq$ f(y) であるとき（つまり，定義域の要素が，それぞれ値域の中の異なる要素に対応づけられているとき），f は**一対一の**(one to one)写像である，または，f は A から B への**単射**(injection)であると言う．さらに，一対一で上への写像を**全単射**(bijection)と言う．

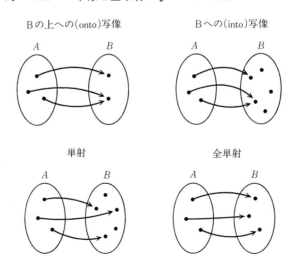

なお，関数に関連して，**準同型**(homomorphism)という考え方が形式意味論ではよく用いられる．これは，一口で言えば，二つのシステム(集合 A とそれに対する演算を持ついわゆる代数系)の構造の類似性を指摘する働きをするものである．なお，集合 A における二項演算とは，A の(任意の)二つの元(の順序対)に対して A の一つの元を対応づける関数をいう．f を演算とするとき，$\langle a, b \rangle \in A \times A$ に対応づけられる元(演算結果)を f(a, b)(厳密には，f($\langle a, b \rangle$))と書く．集合とその集合における演算をまとめて考えるとき，それを**代数系**(algebraic system)と呼ぶ．

まず準同型の定義から見てみよう．異なる代数系 G と H があるとする．そして，G の集合 A においては f という演算，H の集合 B においては g という演算があるとする．このとき，A から B の上への一対一の関数 ϕ が存在し ϕ が次を満足するなら，G と H は**同型**(isomorphism)であると言う．なお，a, b $\in$ A とする．

(6) $\phi(f(a, b)) = g(\phi(a), \phi(b))$

同型の例として，二つの数の最大公約数を求める演算(を持つ代数系 G)と，集合の交わりを求める演算(を持つ代数系 H)が同型になっていることを見てみよう．G の領域を $\{1, 2, 3\}$ とし，H の領域を $\{\emptyset, \{a\}, \{b\}\}$ とする．そうすると，次のようになる．

	1	2	3		$\emptyset$	$\{a\}$	$\{b\}$
1	1	1	1	$\emptyset$	$\emptyset$	$\emptyset$	$\emptyset$
2	1	2	1	$\{a\}$	$\emptyset$	$\{a\}$	$\emptyset$
3	1	1	3	$\{b\}$	$\emptyset$	$\emptyset$	$\{b\}$

準同型は，関数 ϕ が多対一関数であってもよいという点を除いて，同型と同じである(多対一関数とは，A の要素のいくつか $a_1, \dots, a_n$ が B の一つの要素 b に対して対応づけられる場合を指す)．準同型の例として，命題論理を挙げておこう．代数系 G (この場合は統語部門)は，命題の集合 $\{p, q, r, \dots\}$ と選言の演算 $\vee$ を持つとする．他方の代数系 H (この場合は意味部門)の領域は真理値の集合 $\{1, 0\}$ をもち，真理値における選言の演算 OR を持つとする．(2.2 節の命題論理では選言の意味計算は真理条件の形で与えてある．OR は，この真理条件を

一つの演算として表したものである.）ϕ は, 代数系 G から代数系 H への関数である. たとえば, 代数系 G で, $p \vee q$ という演算があるとする（なお, $p \vee q$ と $\vee(p, q)$ は同じもので, 表記が異なるだけである). また, $\phi(p)=1, \phi(q)=0$ となっているとする（他の命題も 1 か 0 を取るので, ϕ は多対一関数となっている). さて, 関数 ϕ による写像を取ると, $\phi(p \vee q)$ が得られる. 今度は, 代数系 H の演算を見ることにすると, これは, $\phi(p)$ と $\phi(q)$ に対する OR の演算であるから, $\phi(p)$ OR $\phi(q)$ である（OR$(\phi(p), \phi(q))$ と同じ). (6) により, 代数系 G と代数系 H が準同型である場合, $\phi(p \vee q)=\phi(p)$ OR $\phi(q)$ である（つまり, $\vee$ は上の f に相当し, OR は g に相当する). $\phi(p)$ と $\phi(q)$ の真理値を考慮に入れて計算すると, 次のようになる.

$\phi(p \vee q)=\phi(p)$ OR $\phi(q)=1$

別の見方をすれば, H と G は準同型であるので, たとえば,

$\phi(p \vee q)=1, \qquad \phi(p)$ OR $\phi(q)=0$

のようなことは起こらない. 準同型は二つの代数系の類似性を指摘するものであるが, 命題論理の場合, 統語部門の演算（この場合は選言 $\vee$）を使ってどんな複合命題を作っても, その値は意味部門の演算をした結果と常に一致するようになっているというくらいの意味である.

A.5 関　係

関係（relation）も, 私たちの周りにあふれている. 関数と異なり, 関係では, 一つのものに複数のものが対応していてよい（対応していなくてもよい）. 愛情関係という表現があるが, 実際のところ, これは関係の例になっている. 1 人の人物が 2 人以上の人物を愛しているというのは大いにあり得ることである.

$A_1, \cdots, A_n (n \geqq 0)$ を集合とすると,

(7)　$R \subseteq A_1 \times \cdots \times A_n$

を, $A_1 \times \cdots \times A_n$ の上の **n 項**（または n 値）**関係**（n-ary relation）という. どの関係記号も, このように, 正数 n, すなわちその記号の**項数**（arity）と関連づけられている. 自然言語における関係の具体例は, 先に見た「愛している」という

他動詞である．「愛している」は愛しているものと愛されているものとの（順序を持つ）関係であるので，

(8) 　I(love) = {⟨x, y⟩ | x が y を愛する}

である（I(love) は love という動詞が（意味的に）指すものを表す）．したがって，「健児が美沙子を愛している」は，⟨k, m⟩∈{⟨x, y⟩ | x が y を愛する} であるが，通常は，これにかわる表記として(9)が用いられる．

(9) 　love(k, m)

「愛している」は，このように二つの項を取るので**二項関係**と呼ばれる．また，R が 1 項である場合は R(a)，3 項である場合は R(a, b, c) のような表記法がよく用いられる．

一項関係の例は「走る」や「美しい」，三項関係の例は「贈る」である．ただ実際問題としては，自然言語の動詞・形容詞などの項数は常に明確なわけではない．次の文を見てみよう．

(10)　ジョバンニは恋をしている．

恋をしているからには，相手がいるはずである．そうすると，(10)は，「X に」という項が省略されていると考えることができ，その場合は「恋をしている」は二項動詞であるということになる（X の値（たとえば「マリア」）は状況から与えられると考えることができる）．しかし，(10)は，恋をしている状態を述べる文と考えれば，省略がない，つまり，一項動詞が用いられていると見ることもできる．このように，自然言語の動詞や形容詞では，それらの項数は，項数を決めるための理論的な制約を加えない限り一意的に決まらない場合がある．

A.6 　意味公準

PTQ では，「運転する」という動詞の外延的性質を扱うために，次の MP2 という意味公準が立てられる．以下では，PTQ の MP2 から内包という概念を取り去ったもの（これを MP2′ と呼ぶことにする）を解説するが，今後の学習のために MP2 もあわせて挙げておく．

MP2′：　$\exists S \forall x \forall X \Box (\delta(x, X) \leftrightarrow X(\lambda y S(x, y)))$

MP2: $\exists S \forall x \forall X \Box(\delta(x, X) \leftrightarrow {}^\vee X({}^\wedge \lambda y\, {}^\vee S(x, y)))$

ここで，δ は「運転する」や「見つける」といった（外延的）動詞を表すものとする．(MP2 では，S は二つの個体の間の関係の内包を表す述語であり，X は個体概念の集合の内包である．また，${}^\wedge \alpha$ は α の内包を表す．β を内包を表す表現とすると，${}^\vee \beta$ は β から内包を取り去ったものを表す．${}^\vee {}^\wedge \alpha = \alpha$ であり，${}^\wedge \alpha$ に ${}^\vee$ を適用して α を得ることを ${}^\vee {}^\wedge$ 打ち消しという．）意味公準は，語の特殊性を明記するためのものであり，要するに，「運転する」のような動詞と「探している」のような動詞（この動詞では「鬼」などの存在しないものを目的語として取ることが可能である）との違いを定義しておこう，といった性質のものである（「鬼」などを厳密に扱うには MP2 が必要である）．MP2′（および MP2）は，高階の目的語を一階にまで下げる働きをする．

このことを(11a)の文を用いて見てみよう．まず，(11a)の論理表示は(11b)，内包を用いる場合は(11c)である．

(11) a. アームストロングが車を運転している．
b. drive(a, $\lambda Q \exists x(car(x) \wedge Q(x))$)
c. drive(a, ${}^\wedge \lambda Q \exists x(car(x) \wedge {}^\vee Q(x))$)

まず，(11b)の方から見てみよう．MP2′ を(11b)に適用すると，(12)となる．

(12) MP2′ : $\lambda X \exists x(car(x) \wedge X(x))(\lambda y S(a, y))$ （λ 変換 (X)）
$\Rightarrow \exists x(car(x) \wedge \lambda y S(a, y)(x))$ （λ 変換 (y)）
$\Rightarrow \exists x(car(x) \wedge S(a, x))$

また，(11c)の方は，以下のようになる．

(13) MP2: ${}^\vee {}^\wedge \lambda X \exists x(car(x) \wedge {}^\vee X(x))({}^\wedge \lambda y\, {}^\vee S(a, y))$
   （${}^\vee {}^\wedge$ 打ち消し, λ 変換 (X)）
$\Rightarrow \exists x(car(x) \wedge {}^\vee {}^\wedge \lambda y\, {}^\vee S(a, y)(x))$ （${}^\vee {}^\wedge$ 打ち消し, λ 変換 (y)）
$\Rightarrow \exists x(car(x) \wedge {}^\vee S(a, x))$

しかし，(12)の最後の式はまだ $S(a, x)$ という部分を含んでいる（(13)では ${}^\vee S(a, x)$）．これを，一階述語論理のスタイルに近づけるために，次のような表記上の規約が用いられる．

表記上の規約 ($NC'_{MP2'}$) δ が $\langle\langle\langle e, t\rangle, t\rangle, \langle e, t\rangle\rangle$ のタイプの表現であるなら

A.6 意味公準   245

ば，$\lambda y \lambda x \delta(x, \lambda X X(y))$ を，δ_* で置き換えてもよい．

表記上の規約（NC_{MP2}） δ が $\langle\langle s, \langle\langle s, \langle e, t \rangle\rangle, t\rangle\rangle, \langle e, t \rangle\rangle$ のタイプの表現であるならば，$\lambda y \lambda x \delta(x, \char`^\lambda X \char`~ X(y))$ を，δ_* で置き換えてもよい．

規約 NC′ と MP2′ から，$S(x, y)$ と $\delta_*(x, y)$（ここでは $\text{drive}_*(x, y)$）が等値であることは以下のようにして導かれる．まず，NC′ から，$\delta_*(x, y)$ は，$\delta(x, \lambda X X(y))$ と等値である．MP2′ によって，後者は $\lambda X X(y)(\lambda y S(x, y))$ と等値である．この式に対して，X における λ 変換を行い，さらに，y における λ 変換を行うと，$S(x, y)$ が得られる（なお，NC′ と MP2′ とから次の定理が導かれる．$\models \forall x \forall X \Box(\delta(x, X) \leftrightarrow X(\lambda y \delta_*(x, y)))$．したがって，(11b) の最終式を得るのにこの定理を用いてもよい．）

また規約 NC と MP2 からは，$\char`~ S(x, y)$ と $\delta_*(x, y)$（ここでは $\text{drive}_*(x, y)$）が等値であることは以下のようにして導かれる．まず NC から，$\delta_*(x, y)$ は $\delta(x, \char`^\lambda X \char`~ X(y))$ と等値である．MP2 より後者は $\char`~\char`^\lambda X \char`~ X(y)(\char`^\lambda y \char`~ S(x, y))$ と等値である．この式に対して，$\char`~\char`^$ 打ち消し，および，X における λ 変換を行い，さらに，$\char`~\char`^$ 打ち消し，および，y における λ 変換を行うと，$\char`~ S(x, y)$ が得られる（なお，NC と MP2 とから次の定理が導かれる．$\models \forall x \forall X \Box(\delta(x, X) \leftrightarrow \char`~ X(\char`^\lambda y \delta_*(x, y)))$．

さて，MP2′ では，$S(x, y)$ と $\delta_*(x, y)$ が等値であることがわかったので，(11b) は，最終的に次のように書き換えることができる．

(14) $\exists x(\text{car}(x) \wedge \text{drive}_*(a, x))$

こうして，(11a) の文に，一階述語論理のスタイルの式を与えることができるようになったわけである．(14) は，(11b) と論理的には等値であり，したがって，(11a) に必ずしも (14) の論理表示を与える必要はない．要するに，望むなら，(11a) に一階述語論理スタイルの式を与えることができるということにすぎない．

参考文献

赤間世紀(1998): 『自然言語・意味論・論理』共立出版.
Allwood, J., Anderson, L. G. & Dahl, Ö. (1977): *Logic in Linguistics.* Cambridge University Press. 公平珠躬・野家啓一(訳),『日常言語の論理学』産業図書, 1979.
Asher, N. (1993): *Reference to Abstract Objects in Discourse.* Kluwer.
Austin, J. L. (1962): *How to Do Things with Words.* Harvard University Press. 坂本百大(訳),『言語と行為』大修館書店, 1979.
Barker, S. (1997): E-type pronouns, DRT, Dynamic semantics and the Quantifier/variable-binding model. *Linguistics and Philosophy*, **20**, pp. 195–228.
Barwise, J. (1989): Noun phrases, Generalized quantifiers and Anaphora. In Gädenfors, P. (ed.), *Generalized Quantifiers*, pp. 1–29. Kluwer.
Barwise, J. & Cooper, R. (1981): Generalized Quantifiers and Natural Language. *Linguistics and Philosophy*, **5**, pp. 159–220.
van Benthem, J. (1984): The Logic of Semantics. In Landman, F. & Veltman, F. (eds.), *Varieties of Formal Semantics.* Foris.
Berlin, B. & Kay, P. (1969): *Basic Color Terms: Their Universality and Evolution.* University of California Press.
Berman, S. (1987): A Situation-Based Semantics for Adverbs of Quantification. In Blevins, J. & Vainikka, A. (eds.), *UMOP*, **12**, GLSA, University of Massachusetts.
Blakemore, D. (1987): *Semantic Constraints on Relevance.* Blackwell.
Blakemore, D. (1992): *Understanding Utterances.* Blackwell. 武内道子・山﨑英一(訳),『ひとは発話をどう理解するか』ひつじ書房, 1994.
Cann, R. (1993): *Formal Semantics: An Introduction.* Cambridge University Press.
Carlson, G. (1989): The Semantic Composition of English Generic Sentences. In Chierchia, G., Partee, B. H. & Turner R. (eds.), *Properties, Types and Meaning*, **2**, pp. 167–191. Kluwer.
Carpenter, B. (1997): *Type-Logical Semantics.* MIT Press.
Chierchia, G. (1992): Anaphora and Dynamic Binding. *Linguistics and Philosophy*, **15**, pp. 111–183.

Chierchia, G. (1995): *Dynamics of Meaning*. University of Chicago Press.

Chierchia, G. & McConnell-Ginet, S. (1990): *Meaning and Grammar: Introduction to Semantics*. MIT Press.

Coleman, L. & Kay, P. (1981): Prototype Semantics: The English Verb *lie*. *Language*, **(57)**1, pp. 26–44.

Croft, W. (1991): *Syntactic Categories and Grammatical Relations: The Cognitive Organization of Information*. University of Chicago Press.

Dekker, P. (1993): Existential Disclosure. *Linguistics and Philosophy*, **16**, pp. 561–587.

Dinsmore, J. (1979): *Pragmatics, Formal Theory, and the Analysis of Presupposition*. Doctoral dissertation, University of California at San Diego.

Does, J. van der. (1996): An E-type Logic. In Seligman, J. & Westerståhl, D. (eds.), *Logic, Language and Computation*, pp. 555–570. CSLI, Stanford University.

Dowty, D. (1979): *Word Meaning and Montague Grammar*. Reidel.

Dowty, D., Peters, S. & Robert, W. (1981): *Introduction to Montague Semantics*. Reidel. 井口省吾・山梨正明・白井賢一郎・角道正佳・西田豊明・風斗博之(訳),『モンタギュー意味論入門』三修社, 1987.

Evans, G. (1989): Pronouns. *Linguistic Inquiry*, **11**, pp. 337–362.

Fauconnier, G. (1985): *Mental Spaces*. MIT Press. 坂原茂・水光雅則・田窪行則・三藤博(訳),『メンタル・スペース: 自然言語の認知インターフェイス』白水社, 1987.

Fauconnier, G. (1994): *Mental Spaces*. Cambridge University Press. 坂原茂・水光雅則・田窪行則・三藤博(訳),『新版 メンタル・スペース: 自然言語の認知インターフェイス』白水社, 1996.

Fauconnier, G. (1997): *Mappings in Thought and Language*. Cambridge University Press. 坂原茂・田窪行則・三藤博(訳),『思考と言語におけるマッピング: メンタル・スペース理論の意味構築モデル』岩波書店, 2000.

Fauconnier, G. & Turner M. (1994): Conceptual projection and middle spaces. UCSD Cognitive Science Technical Report.

Frege, G. (1892): Über Sinn und Bedeutung. Zeitschrift für Philosophie und Philosophische Kritik, pp. 22–50. Reprinted in Geach, P. & Black, M. (eds.), *Translations from the Philosophical Writings of Gottlob Frege*. Blackwell, 1960.

Gazdar, G. (1979): *Pragmatics, Implicature, Presupposition and Logical Form*. Academic Press.

Gamut, L. T. F. (1991): *Logic, Language and Meaning.* **1, 2**. University of Chicago Press.

Green, G. M. (1989): *Pragmatics and Natural Language Understanding.* Lawrence Erlbaum Associates. 深田淳(訳),『プラグマティクスとは何か: 語用論概説』産業図書, 1990.

Grice, H. P. (1975): Logic and conversation. In Cole, P. & Morgan, J. L. (eds.), *Syntax and Semantics*, **3**: *Speech Acts.* Academic Press.

Groenendijk, J. & Stokhof, M. (1991): Dynamic Predicate Logic. *Linguistics and Philosophy*, **14**, pp. 39–100.

郡司隆男・阿部泰明・白井賢一郎・坂原茂・松本祐治(1998):『意味』岩波講座 言語の科学, 第4巻, 岩波書店.

Heim, I. (1990): E-type Pronouns and Donkey Anaphora. *Linguistics and Philosophy*, **13**, pp. 137–178.

Heim, I. & Kratzer, A. (1998): *Semantics in Generative Grammar.* Blackwell.

Hoji, H. (1995): Demonstrative binding and Principle B. *NELS*, **25**, pp. 255–271.

Hopper, P. & Thompson, J. (1984): The discourse basis for lexical categories in universal grammar. *Language*, **60**, pp. 703–752.

Hughs, G. & Cresswell, M. J. (1968): *Introduction to Modal Logic.* Methuen. 三浦聡・大浜茂生・春藤修二(訳),『様相論理入門』恒星社厚生閣, 1981.

池上嘉彦(1975):『意味論: 意味構造の分析と記述』大修館書店.

Ioup, G. (1977): Specificity and interpretation of quantifiers. *Linguistics and Philosophy*, **1**, pp. 233–245.

Jackendoff, R. (1990): *Semantic Structures.* MIT Press.

Jacobsen, W. M. (1992): *The Transitive Structure of Events in Japanese.* くろしお出版.

Janssen, T. (1996): Compositionality. In van Benthem, J. & ter Meulen, A. (eds.), *Handbook of Logic and Language*, pp. 417–473. Elsevier.

Kadmon, N. (1990): Uniqueness. *Linguistics and Philosophy*, **13**, pp. 273–324.

影山太郎(1999):『形態論と意味』くろしお出版.

Kamp, H. (1981): A Theory of Truth and Discourse Representation. In Groenendijk, J., Janssen, T. & Stokhof, M. (eds.), *Formal Methods in the Study of Language*, pp. 277–322. Mathematical Centre.

Kamp, H. & Reyle, U. (1993): *From Discourse to Logic.* Kluwer.

Kanazawa, M. (1994): Weak vs. Strong Readings of Donkey Sentences and Monotonicity Inferences in a Dynamic Setting. *Linguistics and Philosophy,* **17**, pp. 109–158.

Karttunen, L. (1969): Pronouns and Variables. *CLS* 5.

河上誓作(編著)(1996):『認知言語学の基礎』研究社出版.

神野慧一郎・内井惣七(1976):『論理学: モデル理論と歴史的背景』ミネルヴァ書房.

Keenan, E. L. & Stavi, J. (1986): A Semantic Characterization of Natural Language Determiners. *Linguistics and Philosophy,* **9**, pp. 253–326.

金水敏(1992):「ボケとツッコミ: 語用論による漫才の会話の分析」. 大阪女子大学国文学研究室(編),『上方の文化: 上方ことばの今昔』, pp. 61–90.

金水敏(1999):「日本語の指示詞における直示用法と非直示用法の関係について」.『自然言語処理』, **6-4**, pp. 67–91.

金水敏・田窪行則(1992):『日本語研究資料集 指示詞』ひつじ書房.

小泉保(1990):『言外の言語学: 日本語語用論』三省堂.

Kratzer, A. (1995): Stage-level and Individual-level Predicates. In Carlson, G. & Pelletier, J. (eds.), *The Generic Book.* pp. 125–175. University of Chicago Press.

Kripke, S. (1980): *Naming and Necessity.* Blackwell. 八木沢敬・野家啓一(訳),『名指しと必然性』産業図書, 1985.

久野暲(1973):『日本文法研究』大修館書店.

久野暲(1978):『談話の文法』大修館書店.

Lakoff, G. (1982): Categories: an essay in cognitive linguistics. In The Linguistic Society of Korea (ed.), *Linguistics in the Morning Calm,* pp. 139–193. Hanshin.

Lakoff, G. (1987): *Women, Fire, and Dangerous Things.* University of Chicago Press. 池上嘉彦・河上誓作他(訳),『認知意味論』紀伊國屋書店, 1993.

Lakoff, G. & Johnson, M. (1980): *Metaphors We Live by.* University of Chicago Press. 渡部昇一・楠瀬淳三・下谷和幸(訳),『レトリックと人生』大修館書店, 1986.

Landman, F. (1989): Groups, I. *Linguistics and Philosophy,* **12**, pp. 559–605.

Langacker, R. W. (1987): *Foundations of Cognitive Grammar,* vol.1: *Theoretical Prerequisites.* Stanford University Press.

Langacker, R. W. (1991): *Foundations of Cognitive Grammar,* vol.2: *Descriptive Application.* Stanford University Press.

Langendoen, T. and Savin, H. (1971): The projection problem for presuppositions.

In Fillmore, C. & Langendoen, D. T. (eds.), *Studies in Linguistic Semantics*. Holt, Rinehart and Winston.

Lappin, S. & Reinhart, T. (1988): Presuppositional effects of strong determiners: a processing account. *Linguistics*, **26**, pp. 1021-37.

Lappin, S. & Francez, N. (1994): E-type Pronouns, I-sums, and Donkey Anaphora. *Linguistics and Philosophy*, **17**, pp. 391-428.

Larson, R. & Segal, G. (1995): *Knowledge of Meaning*. MIT Press.

Leech, G. (1980): *Explorations in Semantics and Pragmatics*. John Benjamins. 内田種臣・木下裕昭(訳),『意味論と語用論の現在』理想社, 1986.

Leech, G. (1983): *Principle of Pragmatics*. Longman. 池上嘉彦・河上誓作(訳),『語用論』紀伊國屋書店, 1987.

Lerner, J. Y. & Zimmermann, T. E. (1983): Presuppositions and quantifiers. In Bäuerle, R., Schwarze, C. & Stechow, von A. (eds.), *Meaning, Use and Interpretation of Language*, pp. 290-301. de Gruyter.

Lions, J. (1977): *Semantics*. **1, 2**. Cambridge University Press.

McCawley, D. J. (1981):*Everything that Linguists have Always Wanted to Know about Logic but * were ashamed to ask*. University of Chicago Press.

Matsumoto, Y. (1996): Subjective-change expressions in Japanese and their cognitive and linguistic bases. In Fauconnier, G. & Sweetser, E. (eds.), *Spaces, Worlds and Grammar*, pp. 124-156. University of Chicago Press.

松本裕治・影山太郎・永田昌明・斎藤洋典・德永健伸(1997):『単語と辞書』岩波講座言語の科学, 第3巻, 岩波書店.

Mey, J. L. (ed.) (1998): *Concise Encyclopedia of Pragmatics*. Elsevier.

三上章(1955):『現代語法新説』刀江書院. くろしお出版より再刊, 1972.

Minsky, M. (1985, 1986): *The Society of Mind*. Simon & Schuster. 安西祐一郎(訳),『心の社会』産業図書, 1991.

Montague, R. (1970): English as a Formal Language. In Visentini, B. et al (eds.), *Linguaggi nella società e nella tecnica*, Edizioni di Communicità : Milan. Reprinted in *Formal Philosophy, selected papters of Richard Montague*, pp. 188-221. Yale University Press, 1974.

Montague, R. (1973): The Proper Treatment of Quantification in Ordinary English. In Hintikka, J., Moravcsic, J. & Suppes, P. (eds.), *Approaches to Natural Language*, pp. 221-242. Reidel.

長尾真・淵一博(1983): 『論理と意味』岩波講座 情報科学, 第7巻, 岩波書店.

Nishigauchi, T. (1990): *Quantification in the Theory of Grammar*. Kluwer.

Ogden, C. K. & Richards, I. A. (1923): *The Meaning of Meaning*. Routledge & Kegan Paul. 石橋幸太郎(訳),『意味の意味』新泉社, 1967.

Ogihara, T. (1996): *Tense, Attitudes, and Scope*. Kluwer.

大江三郎(1975):『日英語の比較研究: 主観性をめぐって』南雲堂.

Partee, H. B. (ed.) (1976): *Montague Grammar*. Academic Press.

Partee, H. B., Meulen ter A. & Wall, E. R. (1990): *Mathematical Methods in Linguistics*. Kluwer.

Pelletier, F. J. (1994): On an Argument against Semantic Compositionality. In Prawitz, D. & Westerståhl, D. (eds.), *Logic and Philosophy of Science in Uppsala*, pp. 599–610. Kluwer.

Postal, P. (1967): Linguistic anarchy notes. *Syntax and Semantics*, **7**, Academic Press.

Reddy, M. (1979): The conduit metaphor. In Ortony, A. (ed.), *Metaphor and Thought*. pp. 284–324, Cambridge University Press.

Reinhart, T. (1995): *Interface Strategies*. OTS Working Paper TL-95-002, Utrecht University.

Rosch, E. & Mervis, C. B. (1975): Family resemblances: studies in the internal structure of categories. *Cognitive Psychology*, **7**, pp. 573–605.

坂原茂(1985):『日常言語の推論』東京大学出版会.

坂原茂(1996):「英語と日本語の名詞句限定表現の対応関係」.『認知科学』, **3-3**, pp. 38–58.

坂井秀寿(1979): 『日本語の文法と論理』勁草書房.

Searle, J. R. (1969): *Speech Acts: An Essay in the Philosophy of Language*. Cambridge University Press. 坂本百大(訳),『言語行為』勁草書房, 1986.

Searle, J. R. (1979): *Expression and Meaning: Studies in the Theory of Speech Acts*. Cambridge University Press.

柴田武(1976):「世界の中の日本語」.『日本語と国語学』岩波講座 日本語, 第1巻, pp. 1–29, 岩波書店.

柴谷方良(1985): 「主語プロトタイプ論」.『日本語学』, **4-10**, pp. 4–16.

Shibatani, M. (1985): Passives and related constructions. *Language*, **61-4**, pp. 821–

848.

柴谷方良・影山太郎・田守育啓(1982): 『言語の構造: 理論と分析 意味・統語篇』くろしお出版.

清水義夫(1984):『記号論理学』東京大学出版会.

白井賢一郎(1985): 『形式意味論入門』産業図書.

白井賢一郎(1991): 『自然言語の意味論』産業図書.

Schubert, L. & Pelletier, F. (1989): Generally Speaking. In Chierchia, G., Partee, B. H. & Turner, T. (eds.), *Properties, Types and Meaning*, **II**, pp. 193–268. Kluwer.

Sperber, D. and Wilson, D. (1986): *Relevance: Communication and Cognition*. (2nd ed., 1995), Blackwell. 内田聖二・中達俊明・宋南先・田中圭子(訳), 『関連性理論: 伝達と認知』研究社出版, 1993.

杉本孝司(1998):『意味論 1: 形式意味論』『意味論 2: 認知意味論』くろしお出版.

de Swart, H. (1998): *Introduction to Natural Language Semantics*. CSLI, Stanford University.

Sweetser, E. (1988): Grammaticalization and semantic bleaching. *BLS*, **14**, pp. 389–405.

田窪行則(1988):「語用論」. 林栄一・小泉保(編), 『言語学の潮流』第 6 章 4, 勁草書房.

田窪行則・金水敏(1996):「複数の心的領域による談話管理」.『認知科学』, **3-3**, pp. 59–74.

田窪行則・西山祐司・三藤博・亀山恵・片桐恭弘(1999): 『談話と文脈』岩波講座 言語の科学, 第 7 巻, 岩波書店.

Talmy, L. (1988a): Force dynamics in language and thought. In *Papers from the 21th Regional Meeting of Chicago Linguistics Society* (Part 2), pp. 293–337, Chicago Linguistic Society.

Talmy, L. (1988b): Force dynamics in language and cognition. *Cognitive Science*, **12**, pp. 49–100.

Taylor, J. R. (1989, 1995): *Linguistic Categorization: Prototypes in Linguistic Theory*. Oxford University Press. 辻幸夫(訳), 『認知言語学のための 14 章』紀伊國屋書店, 1996.

Thomason, R. H. (ed.) (1974): *Formal Philosophy; Selected Papers of Richard Montague*. Yale University Press.

張勤(1999):『比較言語行為論: 日本語と中国語を中心に』好文出版.
内井惣七(1981):『いかにして推理・証明するか』ミネルヴァ書房.
Ueyama, A. (1998): *Two Types of Dependency*. Doctoral dissertation, University of Southern California, distributed by GSIL publications, USC.
Ullman, S. (1959): *The Principles of Semantics*. Blackwell. 山口秀夫(訳),『意味論』紀伊國屋書店, 1964.
Ullman, S. (1962): *Semantics*. Blackwell. 池上嘉彦(訳),『言語と意味』大修館書店, 1969.
Westerståhl, D. (1985): Logical Constants in Quantifier Language. *Linguistics and Philosophy*, **8**, pp. 387–413.
山梨正明(1995a):『推論と照応』くろしお出版.
山梨正明(1995b):『認知文法論』ひつじ書房.
山岡政紀(1999):「発話機能と発話内行為」『創価大学人文論集』, **11**, 135–154.
吉村公宏(1995):『認知意味論の方法: 経験と動機の言語学』人文書院.
Zadrozny, W. (1994): From Compositional to Systematic Semantics. *Linguistics and Philosophy*, **17**, pp. 329–342.
Zeevat, H. (1989): Compositional Approach to Discourse Representation Theory. *Linguistics and Philosophy*, **12**, pp. 95–131.

索　引

B モデル　　*114*
de dicto　　*205*
de re　　*205*
E タイプ分析　　*106*
λ 演算子　　*84*
λ 抽象化　　*86*
λ 変換　　*85*
Leipniz の原理　　*205*
main-DRS　　*102*
n 項関係　　*242*
n 値関係　　*242*
PTQ　　*79, 80*
S4 モデル　　*114*
S5 モデル　　*114*
sub-DRS　　*102*
T モデル　　*114*

ア 行

曖昧性　　*16*
アクセス原則　　*198*
アスペクト表現　　*216*
暗喩　　*170*
意志動詞　　*184*
一律束縛　　*101*
一階述語論理　　*61*
一般領域　　*225*
一般量化子理論　　*91*
異綴異義語　　*13*
意図的明示的伝達　　*154*

意味公準　　*88*
意味素性　　*18*
意味の三角形　　*7*
意味の漂白化　　*188*
意味分解　　*18*
意味役割　　*186*
意味論　　*36*
イメージ・スキーマ　　*189*
イメージ・スペース　　*208*
依頼　　*138*
言われたこと　　*155*
隠喩　　*10, 170*
埋め込み　　*100*
運用論　　*5*
演算子　　*237*
親スペース　　*201*

カ 行

外延　　*109*
外延的定義　　*236*
下位語　　*7, 12*
開コネクター　　*199*
解釈　　*63*
解釈関数　　*51*
階層　　*79*
外来語　　*8*
会話の含意　　*148*
拡張性　　*94*
確定記述　　*87*

256　索　引

下降単調性　95
仮定　152
カテゴリー　161
可能性　112
可能世界　111
含意　19, 35
関係　242
漢語　8
関数　37, 239
関数適用　74
間接言語行為　140
換喩　10, 170
慣用句　14
関連性　152
　——の原則　142, 146
　——の原理　153
関連性理論　151
基数　237
機能語　188
帰納的定義　35
基本タイプ　74
基本レベル・カテゴリー　168
疑問文　133
吸収律　237
給料文　107
協調の原理　141
共通部分　236
共範疇的な記号　64
空集合　236
空量化　58
繰り込み　105
警告　138
形式意味論　x, 4, 29, 119
べき集合　238

結合子　34, 35
結合律　237
元　236
言語行為論　136
現実世界　115
原子命題　35
限定詞　91
現場指示　127
言表様相　205, 206
語彙　35, 60
項　50
高階述語論理　61
交換律　237
後件　42
高次表意　157
項数　242
構成性原理　70, 71
構成的意味論　78
後続役割　187
公理系　36
語形の縮約　188
個体　50
古典的カテゴリー　162
コード・モデル　174
コネクター　198
語用論　x, 5, 122
語用論的関数　197
混合スペース　228

サ　行

再帰的定義　35
最適の関連性　154
差集合　237
作用連鎖　186

索　引　257

三段論法　20
自己言及型のパラドクス　31
自己同一化　126
指示　8
指示詞　123, 127
指示対象の割り当て　156
事実の前提　23
指示物　8, 63
指示マーカー　99
事象様相　205, 206
時制論理　115
実質含意　42, 149
質の原則　142, 145
視点　125, 126, 200
写像　239
　　一対一の——　240
　　上への——　240
　　…への——　240
集合　32, 235
集合族　83, 238
自由変項　58
主観的移動　177
主観的変化　178
樹形図　73
授受動詞　123
述語　50
述語論理　44
順序対　238
準同型　241
準備条件　138
上位語　7, 12
照応関係　23, 129
条件　99
条件文　221

上昇単調性　95
証明論　36
叙実的述語　23
叙述的な文　134
叙述動詞　216
心的映像　6
心的表示　196
信念文　72
真部分集合　236
真理関数　38
真理条件　3, 52
真理条件の意味論　3, 25
真理値　3, 36
推意　158
　　——されたこと　156
推移性　114
遂行的な文　134
遂行動詞　135
遂行分析　136
数量的表現　129
スキーマ　167
スクリプト　167
スコープ　57
スペース　197
スペース最適化　224
スペース導入表現　201
スロット　168
誠実性条件　138
成分分析　17
積　236
ゼロ代名詞　212
全域的　240
選言　35
前件　42

先行詞　24
先行役割　187
全射　240
全称読み　103
全称量化子　55
全体集合　236
選択素性　18
全単射　240
前提　21, 216
　——の投射　218
像　240
総記　144
総称演算子　62
総称文　61
想像上の移動　177
属性　50
属性記述　7
束縛　55
ソース領域　225
存在的前提　22
存在閉包　100
存在読み　103
存在量化子　55

タ行

対象　184
対象言語　31
対称性　114
対象変化動詞　184
代数系　241
タイプ　73, 79, 80
タイプ理論　73
怠慢代名詞　108
多義語　14

ターゲット　198
ターゲット領域　225
多対一関数　241
脱範疇化　188
他動性　184
タブロー法　40
多様性　94
単射　240
談話　5
談話構造　98
談話表示理論　98
談話領域　51
談話連結詞　158
値域　240
力の動態　186
中立叙述　144
直示　119, 122
直示的中心　125
直積　238
直喩　170
定義域　240
定記述　210, 216
定項　63
丁寧性の原理　148
定表現　211
提喩　170, 180
デカルト積　238
適切性条件　138
手続き的意味　151, 158
手続き的意味論　196
伝達の原理　154
同音異義語　13
同義語　7, 11
同型　241

統語規則　35
動作主　184
投射　217
到達可能な関係　113
同値　35
同綴異義語　13
時の名詞　123
特性関数　78
トートロジー　39
ド・モルガンの法則　237
ドラマ・スペース　208, 209
トリガー　198

ナ 行

内包　109
内包的定義　235
内包論理　80, 109
内容語　188
内容の詳細化　156
二階述語論理　61
二項演算　241
二項関係　243
人称詞　123, 124
認知　161
認知意味論　x, 122
認知の原理　153
認知文法　191
濃度　237

ハ 行

排他的選言　39
漠然性　17
派生タイプ　74
派生の一方向性　188

裸名詞句　61
発語行為　137
発話　25
　——の力　137
発話内行為　137
発話媒介行為　137
反射性　114
反対語　7
範疇　80
範疇的な記号　64
範疇文法　80
反復の副詞　216
非現実条件文　227
非現実スペース　228
非現場指示　127
卑語　8
必然性　112
否定　35
等しい　237
非明示的遂行文　136
比喩　170
表意　156
表示的意味　151
ビリヤード・ボール・モデル　186
非論理記号　60
複合語　11
複合命題　35
付値関数　37
不透明文脈　205
部分集合　236
部分的　240
フレーゲの原理　70
フレーム　167
プロトタイプ効果　165

プロトタイプ的カテゴリー　164
分析的真理　12
分配的解釈　129
分配律　237
文法化　188
文法的前提　216
文脈効果　151, 152
分裂文　216
閉コネクター　199
ベース　200
変項　54
ベン図　4
包括的選言　39
方略原則　220
補集合　237
保守性　93
本質条件　138

マ 行

矛盾　39
娘スペース　201
名詞句　81
明示的遂行文　136
明示的前提　220
命題　34
命題内容条件　138
命題論理　34
命令文　133
メタ言語　31
メタファー　10, 170, 225
メトニミー　10, 170, 178
メンタル・スペース　196

メンタル・スペース理論　196
モデル　44
モンタギュー意味論　79

ヤ 行

役割　211
役割関数　212
唯一性前提　108
融合　187
様式の原則　142, 147
要素　236
様相命題論理　115
様相論理　112

ラ 行

ラッセルのパラドクス　32
理想認知モデル　166
立証する　100
量化表現　24
量の原則　142, 143
類義語　8
連言　35, 41
労力　153
ロバ文　101
論理記号　59
論理式　35
論理的真理　12

ワ 行

和　236
和語　8
割り当て関数　54

■岩波オンデマンドブックス■

現代言語学入門 4
意味と文脈

2000 年 3 月17日　第 1 刷発行
2008 年 2 月25日　第 6 刷発行
2016 年 4 月12日　オンデマンド版発行

著　者　金水　敏　今仁生美
発行者　岡本　厚
発行所　株式会社　岩波書店
　　　　〒101-8002　東京都千代田区一ツ橋 2-5-5
　　　　電話案内　03-5210-4000
　　　　http://www.iwanami.co.jp/

印刷／製本・法令印刷

© Satoshi Kinsui, Ikumi Imani 2016
ISBN 978-4-00-730391-3　　Printed in Japan